NOVO OITO PASSOS PARA A FELICIDADE

Ordem sugerida de estudo ou de leitura dos livros de Venerável Geshe Kelsang Gyatso Rinpoche

Como Transformar a sua Vida
Como Entender a Mente
Caminho Alegre da Boa Fortuna
Novo Coração de Sabedoria
Budismo Moderno
Solos e Caminhos Tântricos
Novo Guia à Terra Dakini
Essência do Vajrayana
As Instruções Orais do Mahamudra
Grande Tesouro de Mérito
Novo Oito Passos para a Felicidade
Introdução ao Budismo
Como Solucionar Nossos Problemas Humanos
Contemplações Significativas
O Voto Bodhisattva
Compaixão Universal
Novo Manual de Meditação
Viver Significativamente, Morrer com Alegria
Oceano de Néctar
Joia-Coração
Clara-Luz de Êxtase
Mahamudra-Tantra

Este livro é publicado sob os auspícios do
Projeto Internacional de Templos da NKT-IKBU,
e o lucro recebido com a sua venda está direcionado para
benefício público através desse fundo.
[Reg. Charity number 1015054 (England)]
Para mais informações:
tharpa.com/br/beneficie-todos

Venerável Geshe Kelsang
Gyatso Rinpoche

Novo Oito Passos para a Felicidade

O CAMINHO BUDISTA DA BONDADE AMOROSA

1ª edição

Tharpa Brasil

São Paulo, 2017

Primeira edição em língua inglesa em 2000 como *Eight Steps to Happiness*
Reimpressões: 2000, 2001, 2003, 2004, 2005, 2006, 2008, 2009
Segunda edição em inglês, revista pelo autor, em 2012 e reimpressa em 2015
Primeira edição em língua inglesa em 2016 como *The New Eight Steps to Happiness*
e reimpressa em 2017

Primeira edição no Brasil em 2007 como *Oito Passos para a Felicidade*
Segunda edição no Brasil, revista pelo autor, em 2013
Primeira edição no Brasil em 2017 como *Novo Oito Passos para a Felicidade*

Título original:
The New Eight Steps to Happiness: The Buddhist Way of Loving Kindness

Tradução do original autorizada pelo autor

Tradução, Revisão e Diagramação Tharpa Brasil

A imagem da capa é de Buda Tara Branca, e as imagens no frontispício são de Buda Amitabha e Bodhisattva Langri Tangpa.

Dados Internacionais de Catalogação na Publicação (CIP)

Kelsang, Gyatso (Geshe), 1932-
Novo oito passos para a felicidade: o caminho budista da bondade amorosa /
Geshe Kelsang Gyatso; tradução Tharpa Brasil - 1. ed. - São Paulo: Tharpa Brasil, 2017.
380p.

Título original em inglês: The new eight steps to happiness: the buddhist way of loving kindness

ISBN 978-85-8487-058-5

1. Budismo 2. Carma 3. Meditação I. Título.
05-9278 CDD-294.3

Índices para catálogo sistemático:
1. Budismo: Religião 294.3

2017

EDITORA THARPA BRASIL
Rua Artur de Azevedo 1360, Pinheiros
05404-003 - São Paulo, SP
Fone: 11 3476-2328
www.tharpa.com/br

Sumário

Ilustrações

As ilustrações retratam os Gurus-linhagem das etapas do caminho à iluminação

Agradecimentos

Este livro, *Novo Oito Passos para a Felicidade*, fornece um comentário detalhado e prático ao respeitado poema budista mahayana *Oito Estrofes do Treino da Mente*, escrito pelo Bodhisattva Langri Tangpa (1054–1123). O poema expressa os métodos essenciais para desenvolver amor e compaixão universais, e o faz de um modo que tem inspirado gerações de praticantes por quase já mil anos.

O livro baseia-se nas transcrições de dois cursos de ensinamentos orais dados pelo autor no *Manjushri Kadampa Meditation Centre*. As transcrições foram cuidadosamente verificadas e substancialmente aumentadas pelo autor durante retiros intensivos de revisão e edição deste livro, em 1998 e 1999.

Somos profundamente gratos a Venerável Geshe Kelsang Gyatso Rinpoche por sua grande bondade em preparar um comentário que torna vívido o significado completo deste celebrado texto para o benefício de todo o mundo. O poder e a lucidez do comentário mostra claramente que o autor escreve com plena realização pessoal do tema.

Gostaríamos também de agradecer a todos os dedicados estudantes sêniores de Dharma que auxiliaram o autor com a revisão e preparação do manuscrito final para publicação.

Roy Tyson,
Diretor Administrativo,
Manjushri Kadampa Meditation Centre,
Agosto de 1999.

Nota do Tradutor

As palavras de origem sânscrita e tibetana, como *Bodhichitta*, *Bodhisattva*, *Dharma*, *Geshe*, *Sangha* etc., foram grafadas como aparecem na edição original deste livro, em língua inglesa, em respeito ao trabalho de transliteração previamente realizado e por evocarem a pureza das línguas originais das quais procedem.

Em alguns casos, contudo, optou-se por aportuguesar as palavras já assimiladas à língua portuguesa (Buda, Budeidade, Budismo, carma) em vez de escrevê-las de acordo com a sua transliteração (*Buddha*, *karma*).

Introdução

Todos, sejam religiosos ou não religiosos, estão à procura de felicidade o tempo todo e desejam ser permanentemente livres de problemas e sofrimento. Podemos satisfazer esses desejos através de compreender e praticar as instruções dadas neste livro.

Este livro está fundamentado no renomado poema *Oito Estrofes do Treino da Mente* (*Lojong Tsig Gyema*, em tibetano), escrito pelo Bodhisattva Langri Tangpa, um mestre budista tibetano do século XI. Embora contenha apenas oito estrofes de quatro versos cada, esse notável texto revela a essência do caminho budista à iluminação, mostrando como podemos transformar nossa mente a partir do seu estado atual, confuso e autocentrado, até a sabedoria e a compaixão perfeitas de um Buda iluminado.

Todo ser vivo tem o potencial para se tornar um Buda, alguém que purificou por completo sua mente de todas as falhas e limitações e aperfeiçoou todas as suas boas qualidades. Nossa mente é como um céu nublado; sua essência é clara e pura, mas está encoberta pelas nuvens das delusões, ou aflições mentais. Assim como as nuvens mais densas por fim se dissipam no céu, nossas delusões mais graves podem também ser removidas da nossa mente. Delusões, como o ódio, a avareza e a ignorância, não são uma parte intrínseca da mente. Se aplicarmos os métodos adequados, elas podem ser completamente eliminadas e experienciaremos a felicidade suprema da plena iluminação.

Todos querem ser felizes e ninguém deseja sofrer, mas pouquíssimas pessoas compreendem qual é a verdadeira causa de felicidade

Buda Shakyamuni

e a verdadeira causa de sofrimento. Temos a tendência de procurar felicidade fora de nós, pensando que, se tivéssemos uma boa casa, um bom carro, um bom emprego e bons amigos dos quais gostássemos, seríamos verdadeiramente felizes. Gastamos quase todo o nosso tempo fazendo ajustes no mundo exterior, tentando moldá-lo de acordo com os nossos desejos. Durante toda a nossa vida, temos tentado nos cercar de pessoas e de coisas que nos façam sentir confortáveis, seguros ou estimulados, mas, ainda assim, não encontramos felicidade pura e duradoura. Mesmo quando somos bem-sucedidos em satisfazer nossos desejos, não tardará para que eles mudem e queiramos outra coisa. Talvez encontremos a casa dos nossos sonhos, mas, alguns meses mais tarde, vamos achar que precisamos de uma cozinha maior, de um quarto a mais ou de um jardim mais espaçoso, e começaremos a pensar em nos mudar. Ou talvez encontremos o companheiro "perfeito" e, apaixonados, decidamos morar juntos. No começo, nosso companheiro, ou companheira, nos parecerá a pessoa mais encantadora do mundo, mas não tardará muito para começarmos a ver falhas nele ou nela. Descobriremos que não estamos mais apaixonados e logo estaremos à procura de alguém que satisfaça nossos desejos.

Ao longo da história, os seres humanos têm tentado melhorar sua situação exterior, mas, apesar de todos os nossos esforços, não estamos mais felizes que antes. É verdade que, do ponto de vista do desenvolvimento material, muitos países estão fazendo progressos. A tecnologia vem se tornando mais e mais sofisticada e o conhecimento mundano aumentou de maneira surpreendente. Conhecemos hoje muitas coisas que antes não conhecíamos e podemos fazer outras com as quais nem sequer havíamos sonhado. Superficialmente, nosso mundo parece estar melhorando, mas, se observarmos um pouco mais profundamente, veremos que agora existem muitos problemas que nunca existiram antes. Armas aterrorizantes foram inventadas, nosso meio ambiente está sendo envenenado e novas doenças estão surgindo. Até simples prazeres, como comer ou tomar banho de sol, estão se tornando mais perigosos.

O resultado dessa busca desenfreada por felicidade em fontes exteriores é que nosso planeta está sendo destruído e nossas vidas estão se tornando mais complicadas e insatisfatórias. É hora de procurarmos felicidade numa fonte diferente. Felicidade é uma parte da mente que experiencia paz interior, ou paz mental, de modo que a verdadeira fonte de felicidade só pode estar dentro da mente, não em condições exteriores. Se nossa mente for pura e pacífica, seremos felizes, independentemente das nossas circunstâncias exteriores; mas, se ela estiver impura e agitada, nunca seremos felizes, não importando o quanto tentemos alterar as nossas condições exteriores. Podemos mudar de casa ou de companheiro incontáveis vezes, mas, a não ser que mudemos nossa mente agitada e descontente, nunca encontraremos felicidade verdadeira.

Se tivéssemos que andar por um caminho áspero e espinhoso, uma maneira de proteger nossos pés seria cobrir o solo inteiro com couro, mas isso não seria muito prático. Podemos obter o mesmo resultado de uma maneira muito mais simples – cobrindo nossos pés. Do mesmo modo, se temos o desejo de nos proteger do sofrimento, podemos tentar mudar as condições exteriores para que se ajustem aos nossos desejos ou podemos mudar nossa mente. Até agora, temos tentado mudar as condições exteriores, mas é evidente que isso não tem funcionado. Agora, precisamos mudar nossa mente.

O primeiro passo para mudar a mente é identificar quais são os estados mentais que produzem felicidade e quais os que produzem sofrimento. Os estados mentais que conduzem à paz mental e à felicidade são chamados de "mentes virtuosas", ao passo que aqueles que destroem nossa paz mental e nos causam sofrimento são chamados de "delusões". Temos muitos tipos diferentes de delusão, tais como o desejo descontrolado (também conhecido como apego desejoso), a raiva, a inveja (ou ciúme), o orgulho, a preguiça e a ignorância. Essas delusões são conhecidas como "inimigos interiores" porque estão, a partir de dentro de nós, destruindo continuamente a nossa paz interior, a nossa felicidade. Sua única função é nos prejudicar.

Delusões, ou aflições mentais, são maneiras distorcidas de enxergar a nós mesmos, as outras pessoas e o mundo que nos rodeia.

A maneira como uma mente deludida vê esses fenômenos não corresponde à realidade. A mente deludida do ódio, por exemplo, vê uma outra pessoa como intrinsecamente má, porém tal coisa não existe – uma pessoa intrinsecamente má. O apego desejoso, por outro lado, vê seu objeto de desejo como intrinsecamente bom e como uma verdadeira fonte de felicidade. Se tivermos um forte anseio de comer chocolate, o chocolate aparecerá para nós como sendo um objeto intrinsecamente desejável. Contudo, uma vez que tenhamos comido muito e comecemos a nos sentir enjoados, ele não nos parecerá mais tão desejável e, talvez, apareça até como repulsivo. Isso mostra que, em si mesmo, o chocolate não é desejável nem repulsivo. É a mente de apego que projeta sobre ele todos os tipos de qualidades agradáveis e, então, relaciona-se com o chocolate como se ele realmente possuísse essas qualidades.

Todas as delusões funcionam desse modo, projetando no mundo suas próprias versões distorcidas da realidade e, então, relacionando-se com essa projeção como se fosse verdadeira. Quando nossa mente está sob a influência das delusões, perdemos o contato com a realidade e estamos, num certo sentido, alucinando. Uma vez que nossa mente está, o tempo inteiro, sob a influência de, pelo menos, formas sutis de delusão, não é de surpreender que nossas vidas estejam tão frequentemente repletas de frustração. É como se estivéssemos constantemente perseguindo miragens, apenas para nos desapontarmos quando elas não nos dão a satisfação que esperávamos.

A fonte de todas as delusões é uma percepção distorcida, denominada "ignorância do agarramento ao em-si", que se aferra aos fenômenos como se fossem inerentemente, ou independentemente, existentes. Na realidade, todos os fenômenos são "surgimentos dependentes", o que significa que sua existência depende inteiramente de outros fenômenos, como suas causas, suas partes e as mentes que os apreendem. Objetos não existem do seu próprio lado, por sua própria conta, ou em-si mesmos; o que eles são depende do modo como são vistos ou percebidos. Nossa falha em compreender isso é a fonte de todos os nossos problemas.

O tipo de agarramento ao em-si que mais nos prejudica é agarrar-se ao nosso próprio *self*, ou *eu*, como se fosse inerente ou independentemente existente. Instintivamente, sentimos que possuímos um *self*, ou *eu*, que é completamente real e objetivo e que existe independentemente de todos os outros fenômenos, inclusive do nosso corpo e mente. Uma consequência de nos agarrarmos ao nosso *self* como uma entidade independente, separada do mundo e das outras pessoas, é que desenvolvemos autoapreço, uma mente que considera nós próprios como supremamente importantes. Como nos apreciamos tão intensamente, somos seduzidos por pessoas e coisas que achamos atraentes, queremos nos separar de pessoas e de coisas que achamos não atraentes, e não estamos interessados por pessoas e coisas que não achamos atraentes nem não atraentes. Desse modo, o apego, a raiva e a indiferença nascem. Porque temos uma noção exagerada da nossa própria importância, sentimos que os interesses dos outros estão em conflito com os nossos próprios interesses, e isso, por sua vez, faz surgir competitividade, inveja (ou ciúme), arrogância e falta de consideração pelos outros. Agindo sob a influência dessas e de outras delusões, envolvemo-nos em comportamentos destrutivos, como matar, roubar, má conduta sexual, mentir e falar ofensivamente. O resultado dessas ações negativas é sofrimento, tanto para nós como para os outros.

Embora nossas delusões estejam profundamente arraigadas, elas não são uma parte intrínseca da nossa mente e, por isso, podem ser removidas de modo definitivo. As delusões são apenas maus hábitos mentais e, como todo hábito, elas podem ser abandonadas. Investindo esforço sincero e consistente para nos familiarizar com estados mentais construtivos, podemos eliminar até as delusões mais persistentes e substituí-las pelas virtudes que lhes são opostas. Por exemplo, podemos enfraquecer nossa raiva familiarizando nossa mente com paciência e amor; podemos enfraquecer nosso apego familiarizando nossa mente com antiapego; e podemos enfraquecer nossa inveja, ou ciúme, regozijando-nos com a boa fortuna dos outros.

No entanto, para erradicar por completo as delusões, devemos destruir sua raiz – a mente de agarramento ao em-si. Para isso, precisamos familiarizar nossa mente com a verdadeira natureza da realidade, ou verdade última. Isso está explicado em detalhes no capítulo sobre treinar a bodhichitta última. Se destruirmos o agarramento ao em-si, todas as outras delusões cessarão naturalmente, do mesmo modo que as folhas e os galhos de uma árvore morrem se destruirmos suas raízes. Quando tivermos erradicado por completo as nossas delusões, será totalmente impossível experienciarmos estados mentais agitados. Como não teremos mais as causas interiores de sofrimento, as causas exteriores – como doença ou morte – não terão o poder de perturbar nossa mente. Essa cessação permanente da delusão e do sofrimento é conhecida como "libertação", ou "*nirvana*" em sânscrito.

Embora a conquista da nossa própria libertação do sofrimento seja uma aquisição maravilhosa, isso não é suficiente. Não somos indivíduos isolados, mas pertencemos à grande família de todos os seres vivos. Tudo que possuímos, tudo de que desfrutamos, todas as nossas oportunidades de desenvolvimento espiritual e, até mesmo, nosso próprio corpo provêm da bondade dos outros. Iríamos, então, escapar sozinhos do sofrimento e abandonar os outros à sua própria sorte? Isso seria como um jovem, aprisionado junto com seus pais idosos, que realiza sua própria fuga deixando os pais para trás. Não admiraríamos uma pessoa assim. Precisamos, definitivamente, fazer um esforço para nos libertarmos da prisão mental das nossas mentes deludidas, mas nossa meta última deve ser ajudar todos os outros a fazerem o mesmo.

Assim, nossa meta final é a conquista da plena iluminação, ou Budeidade. O termo sânscrito "Buda" significa "O Desperto" e refere-se a qualquer pessoa que tenha acordado do sono da ignorância e esteja livre do sonho da aparência equivocada. Porque seres comuns, como nós, ainda não acordaram do sono da ignorância, continuamos a viver em um mundo semelhante a um sonho, de aparências equivocadas, e não enxergamos a verdadeira natureza das coisas. Essa é a razão fundamental porque experienciamos sofrimento e porque somos tão limitados para beneficiar os outros. Por terem removido por completo todos os vestígios da escuridão da ignorância de suas mentes, os Budas alcançaram a sabedoria onisciente e a habilidade ilimitada para ajudar todos os seres vivos.

A compaixão ilimitada e totalmente abrangente dos Budas dá-lhes a energia para trabalharem ininterruptamente para o benefício dos outros. Eles compreendem as verdadeiras causas de felicidade e de sofrimento e sabem exatamente como ajudar os seres vivos de acordo com suas necessidades e tendências individuais. Os Budas têm o poder de abençoar a mente de todos os seres vivos, fazendo com que experienciem paz interior, e têm também a habilidade de emanar inúmeras formas para beneficiar os outros. Dentre todos os meios pelos quais os Budas ajudam os seres vivos, o mais efetivo é ensiná-los a como controlar suas mentes e seguir o caminho espiritual à libertação e à iluminação.

O fundador do Budismo neste mundo foi Buda Shakyamuni. Depois de ter conquistado a iluminação, Buda deu 84 mil ensinamentos, todos eles conselhos sobre como aplacar e superar as delusões, ou aflições mentais, por meio de cultivar estados mentais virtuosos. Os ensinamentos de Buda, assim como as realizações interiores obtidas ao colocar esses ensinamentos em prática, são conhecidos como "Dharma".

No texto que serve de base a este livro, o Bodhisattva Langri Tangpa condensou a essência do Budadharma em oito breves estrofes. Contemplando o significado dessas estrofes, veremos que elas contêm um caminho passo a passo à completa paz interior e felicidade. Se colocarmos sinceramente esses ensinamentos em prática, dominaremos gradualmente nossos hábitos mentais destrutivos e autocentrados e iremos substituí-los pelas mentes positivas de amor e compaixão incondicionais. Em particular, por praticar as instruções dadas no capítulo sobre a bodhichitta última, iremos nos tornar capazes de superar a delusão fundamental da ignorância do agarramento ao em-si, juntamente com suas marcas, e, assim, experienciar o êxtase da plena iluminação. Através de colocar em prática as instruções dadas neste livro, desenvolveremos e manteremos uma mente pacífica o tempo todo, de modo que seremos felizes o tempo todo. Esse é o verdadeiro significado de procurar felicidade numa fonte diferente.

Embora o poema *Oito Estrofes* tenha sido escrito há mais de novecentos anos, ele continua tão relevante hoje quanto o foi em sua época. Independentemente de serem ou não budistas, todos os que têm o desejo sincero de superar seus problemas diários e de alcançar paz interior e felicidade permanentes podem se beneficiar com os conselhos de Langri Tangpa. Como foi mencionado acima, felicidade é uma parte da mente que experiencia paz mental. Ela não existe fora de nós. De modo semelhante, nossos problemas e sofrimento são parte da mente que experiencia sensações desagradáveis. Eles não existem fora de nós. Se nosso carro quebrar, isso é um problema exterior, e precisamos solucionar esse problema através de aplicar métodos exteriores. *Nossos* problemas, porém, são problemas interiores, e precisamos solucionar esses problemas através de desenvolver e manter uma mente pacífica. Os seres vivos são felizes apenas no momento que estão experienciando uma mente pacífica. Geralmente, por si próprios, eles não têm o poder de desenvolver uma mente pacífica. É somente através de receber as bênçãos de Buda em suas mentes que os seres vivos desenvolvem e mantêm uma mente pacífica. Esta é a razão pela qual Buda é a fonte da felicidade de todos os seres vivos.

RENASCIMENTO E CARMA

O nosso *dormir* é semelhante à morte, o nosso *sonhar* é semelhante ao estado intermediário, e o nosso *acordar* é semelhante a renascer. O ciclo destes três mostra-nos a existência de renascimento futuro. Visto que ter algum conhecimento básico sobre renascimento e carma é útil para compreender as práticas principais explicadas neste livro, segue-se uma breve introdução a esses tópicos.

A mente não é algo físico nem um subproduto de processos físicos, mas um *continuum* sem forma que é uma entidade separada do corpo. Quando o corpo se desintegra na morte, a mente não cessa. Embora nossa mente consciente superficial cesse, ela o faz dissolvendo-se num nível mais profundo de consciência, chamado "mente muito sutil". O *continuum* da nossa mente muito sutil não tem começo nem fim, e é essa mente que, quando completamente purificada, transforma-se na mente onisciente de um Buda.

Toda ação que executamos deixa uma marca, ou potencial, em nossa mente muito sutil, e cada potencial cármico, por fim, fará surgir seu próprio efeito. Nossa mente é como um campo, e executar ações é como plantar sementes nesse campo. Ações positivas, ou virtuosas, plantam sementes de felicidade futura, e ações negativas, ou não virtuosas, plantam sementes de sofrimento futuro. Essa relação definida entre as ações e seus efeitos (virtude causando felicidade e não-virtude causando sofrimento) é conhecida como "lei do carma". A compreensão da lei do carma é o fundamento da moralidade budista.

Depois que morremos, nossa mente muito sutil deixa nosso corpo e ingressa no estado intermediário, ou "*bardo*" em tibetano. Nesse estado sutil, que é como um sonho, experienciamos muitas visões diferentes, que surgem dos potenciais cármicos que foram ativados no momento da nossa morte. Essas visões podem ser agradáveis ou aterrorizantes, dependendo do carma que amadurece. Uma vez que essas sementes cármicas tenham amadurecido plenamente, elas irão nos impelir a renascer sem escolha.

É importante entender que, como seres samsáricos comuns, não escolhemos nosso renascimento, mas renascemos unicamente em conformidade com o nosso carma. Se um carma bom amadurece, renascemos num estado afortunado, como um ser humano ou um deus; mas, se carma negativo amadurece, renascemos num estado inferior, como um animal, espírito faminto ou ser-do-inferno. É como se fôssemos "soprados" para as nossas vidas futuras pelos ventos do nosso carma, indo parar, algumas vezes, em renascimentos superiores e, outras vezes, em renascimentos inferiores.

Esse ciclo ininterrupto de morte e renascimento sem escolha é denominado "existência cíclica", ou "*samsara*" em sânscrito. O samsara é como uma roda gigante, que nos leva ora para cima, aos três reinos afortunados, ora para baixo, aos três reinos inferiores. A força motriz da roda do samsara são as nossas ações contaminadas, motivadas pelas delusões, e o eixo da roda é a ignorância do agarramento ao em-si. Enquanto permanecermos nessa roda, experienciaremos um ciclo incessante de sofrimento e de insatisfação e não teremos oportunidade de experienciar felicidade pura e duradoura. Contudo, praticando o caminho budista à libertação e à iluminação, podemos destruir o agarramento ao em-si, libertando-nos assim do ciclo de renascimento descontrolado, e conquistar um estado de perfeita paz e liberdade. Estaremos, então, em condições de ajudar os outros a fazerem o mesmo. Uma explicação mais detalhada sobre renascimento e carma pode ser encontrada nos livros *Introdução ao Budismo* e *Caminho Alegre da Boa Fortuna*.

O Bodhisattva Langri Tangpa

O AUTOR DE *Oito Estrofes do Treino da Mente* é o mestre budista kadampa, ou geshe, Bodhisattva Langri Tangpa. Conhecer sua biografia e boas qualidades nos ajudará a desenvolver fé nesse mestre e a apreciar a autenticidade das *Oito Estrofes*, o que fortalecerá nossa determinação de colocar essas instruções em prática.

O Bodhisattva Langri Tangpa nasceu no Tibete Central, no século XI. Seu verdadeiro nome era Dorje Senge, mas se tornou conhecido como Langri Tangpa porque viveu numa região chamada Lang Tang. Ele foi discípulo de Geshe Potowa, que, por sua vez, foi um dos principais discípulos do mestre budista Atisha, o fundador do Budismo Kadampa no Tibete.

Geshe Potowa era renomado, em todo o Tibete, como um grande erudito que mostrava um exemplo imaculado aos demais praticantes, enfatizando a prática da bodhichitta, a mente altruísta de iluminação. Ele escreveu muitas escrituras profundas do Budismo Kadampa e, em particular, um texto intitulado *A Escritura dos Exemplos*, no qual utilizou-se de experiências cotidianas para ilustrar o significado do Dharma. Nesse texto, ele conta a história de um ladrão que arrombou uma casa, encontrou um barril de *chang*, ou cerveja tibetana, e ficou bêbado. A família foi acordada por sua cantoria: "Como sou feliz por estar bebendo da boca do barril de *chang*, mas quão maravilhoso seria se eu estivesse bebendo do fundo do barril!". Geshe Potowa usou a canção do ladrão como uma parábola, modificando as palavras: "Como somos felizes em praticar o Dharma com a boca, mas quão maravilhoso

Maitreya

seria se o estivéssemos praticando do fundo do nosso coração!". Havia um ditado no Tibete que dizia que os discípulos de Geshe Potowa eram tão numerosos quanto as estrelas no céu, e que seus dois principais discípulos, Geshe Langri Tangpa e Geshe Sharawa, eram como o Sol e a Lua.

O Bodhisattva Langri Tangpa era amplamente respeitado em todo o Tibete como uma pessoa santa e foi reconhecido por muitos grandes meditadores como uma emanação de Buda Amitabha. Embora os outros o considerassem como alguém especial, ele sempre se comportava de maneira humilde e considerava os outros como importantes e dignos de respeito. Completamente indiferente à riqueza, *status* e outras aquisições mundanas, ele foi muito pobre por muitos anos, vivendo quase como um mendigo. Interiormente, contudo, ele estava empenhado com uma prática conhecida como "aceitar a derrota e oferecer a vitória aos outros", aceitando alegremente quaisquer dificuldades e condições adversas que encontrasse e oferecendo sua felicidade e boas condições aos outros. Sua aceitação, de bom grado, da pobreza e das dificuldades era um bom exemplo para os outros praticantes espirituais.

A conduta do Bodhisattva Langri Tangpa era muito diferente do comportamento da maioria das pessoas. Tendemos a ficar excessivamente preocupados se os outros gostam de nós e, por isso, fazemos um grande esforço para mostrar uma aparência alegre, não importando como estamos nos sentindo por dentro. Langri Tangpa era o oposto. Ele mantinha uma expressão severa e séria e, por isso, foi apelidado de "carrancudo". Certa vez, seu assistente lhe disse: "As pessoas estão te chamando de 'carrancudo'. Quando elas te procuram para receber tuas bênçãos, às vezes seria bom se pudesses sorrir para elas e lhes falar gentilmente". Langri Tangpa respondeu: "O que dizes é verdade, mas acho difícil encontrar qualquer coisa no samsara que mereça um sorriso. Sempre que vejo alguém, penso em seus sofrimentos e, ao invés de rir, tenho vontade de chorar". Era devido à sua profunda compaixão por todos os seres vivos que Langri Tangpa achava difícil sorrir. É importante não ter uma má compreensão sobre isso. Langri Tangpa não era infeliz; sua compaixão e outras realizações espirituais o protegiam de qualquer sensação depressiva e faziam com que experienciasse grande alegria. Contudo, ele via com clareza que não existe felicidade verdadeira no samsara, e que confundir prazer mundano com felicidade verdadeira serve apenas para nos amarrar mais fortemente ao samsara. Seu comportamento severo incitava as pessoas a se defrontarem com a verdadeira situação samsárica delas e a ingressarem nos caminhos espirituais.

Langri Tangpa raramente sorria, e era tão raro quando o fazia que seu assistente registrava quando isso acontecia. Numa ocasião, Langri Tangpa meditava numa caverna na encosta de uma colina, com vista para um rio. Era pleno inverno e o rio estava completamente congelado. Um oleiro viajante tentava atravessar o rio, mas, carregado de potes, ele escorregava e os quebrava. Como o oleiro sabia que Langri Tangpa estava em algum lugar na encosta da colina, sempre que escorregava, exclamava "Ó Langri Tangpa, Carrancudo!", do mesmo modo que, no Ocidente, algumas pessoas dizem "Ó Deus!" ou "Ó Jesus!", em situações semelhantes. Langri Tangpa ouviu-o e achou aquilo tão engraçado que começou a rir.

Em outra ocasião, após Langri Tangpa ter recebido uma grande turquesa como oferenda, ele viu um camundongo tentando roubá-la de sua mesa de meditação. Incapaz de mover a pedra, o camundongo foi embora e voltou com outros quatro ratinhos. O primeiro camundongo, que era o menor, deitou-se de costas, e os outros empurraram a turquesa para cima da sua barriga. Então, cada um dos camundongos pegou numa de suas patas e, empurrando e puxando, conseguiram arrastar a turquesa até o buraco onde moravam. Porém, ao chegarem ali, perceberam que a pedra era grande demais para passar pelo buraco e, então, tiveram que deixá-la para trás. Langri Tangpa achou isso tão divertido que riu bem alto.

Apesar de sua aparência severa, as pessoas começaram a entender gradualmente, através das ações do Bodhisattva Langri Tangpa, que a sua real natureza era muito especial. Reconhecendo-o como um ser sagrado, as pessoas lhe faziam muitas oferendas, mas assim que alguém lhe dava qualquer coisa, ele imediatamente a oferecia ao seu Guia Espiritual, Geshe Potowa, e à comunidade de discípulos de Geshe Potowa. Pouco antes de Geshe Potowa falecer, Langri Tangpa fez duas promessas em sua presença: dar todas as suas próprias posses e nunca permanecer num mesmo lugar por muito tempo. A partir de então, sempre que viajava para um novo lugar, dava tudo o que acumulara e ia embora de mãos vazias. Por aceitar a pobreza com alegria e praticar generosidade continuamente, Langri Tangpa acumulou uma vasta quantidade de mérito. Como resultado de todo esse mérito, ele recebeu, mais tarde em sua vida, tantas oferendas que foi capaz de fundar um grande monastério, sustentar dois mil monges e ajudar muitas pessoas pobres. Sem se envolver com quaisquer atividades comerciais ou fazer qualquer esforço para obter riquezas, ele, no entanto, ficou rico simplesmente acumulando mérito. Todo mês, ele dava tudo o que possuía, mas, no mês seguinte, recebia ainda mais! Embora a generosidade de Langri Tangpa, inicialmente, o tenha feito pobre, o mérito que acumulou por meio da sua prática de dar tornou-o, mais tarde, muito rico.

Langri Tangpa também era um grande erudito e praticante. Suas práticas principais eram trocar eu por outros, aceitar a derrota e oferecer a vitória, e a bodhichitta – todas elas explicadas neste livro. Ensinando essas práticas aos outros, ele conduziu milhares de discípulos à iluminação. Até mesmo a região de Lang Tang, onde viveu, foi abençoada por sua presença, de modo que o povo local tornou-se pacífico e amigável e os animais e pássaros viviam em harmonia. Ele também tinha um dom especial para curar doenças e pacificar obstáculos e, numa ocasião, foi capaz de proteger a vida de muitas pessoas, fazendo recuar as águas de uma perigosa enchente.

Langri Tangpa praticava "aceitar a derrota e oferecer a vitória aos outros" o tempo todo, tanto em meditação como na vida diária. Certa vez, uma jovem mulher que morava na vizinhança tinha uma bebê que ficou seriamente doente. Ela já tinha perdido seu primeiro filho e, temendo que sua filha pudesse também morrer, perguntou à sua mãe o que fazer. Sua mãe lhe disse que a maneira de salvar sua filha era dá-la a Geshe Langri Tangpa. "Mas como pode um monge cuidar de um bebê?", perguntou a jovem. Sua mãe respondeu: "Geshe Langri Tangpa é um Bodhisattva. Sua natureza é aceitar toda dificuldade e dar aos outros todas as boas condições e, por isso, ele seguramente concordará em cuidar da tua criança".

A mulher levou seu bebê até Geshe Langri Tangpa, mas encontrou-o sentado no trono dando ensinamentos a uma vasta audiência. Ainda não acreditando realmente que ele aceitaria o bebê, mas convicta de que, se não lhe entregasse, o bebê com certeza morreria, ela se dirigiu a Langri Tangpa a passos largos e colocou o bebê em seu colo, dizendo: "Aqui está o teu bebê. Não posso mais alimentá-lo. Cuida dele!". Para a surpresa de seus discípulos, Langri Tangpa aceitou a criança. Embora algumas pessoas acreditassem que ele era realmente o pai e começassem a desenvolver dúvidas a seu respeito, Langri Tangpa estava indiferente. Com ternura, envolveu a criança em seu manto amarelo e deu continuidade ao ensinamento. Quando terminou, levou a criança para sua casa, alimentou-a e a abençoou. Ele cuidou dela durante dois anos e, por meio de suas bênçãos, ela ficou completamente curada. Após esses dois anos, a mãe retornou para ver se sua filha estava bem. Quando a viu tão saudável, perguntou a Langri Tangpa se poderia ter sua filha de volta, e o bondoso Geshe imediatamente concordou. A partir desse e de tantos outros exemplos de comportamento não egoísta, todos vieram a compreender que Langri Tangpa era uma pessoa santa, muito especial.

Não foi apenas naquela vida que Langri Tangpa trabalhou de modo extensivo para beneficiar os seres vivos e difundir o Budadharma no Tibete; ele havia feito o mesmo em muitas encarnações anteriores e continuou a fazê-lo em vidas posteriores. Em uma vida anterior, como o tradutor Gowa Pagtse, ele viajou para a Índia, aprendeu sânscrito e traduziu muitos textos budistas para o tibetano. Mais tarde, reencarnou como o principal discípulo de Je Tsongkhapa, Khedrubje, e também como Gyalwa Ensapa e como o I e o II Panchen Lamas.

Quando eu estava em Lhasa, conheci meu Pai Espiritual, Vajradhara Trijang Rinpoche, pela primeira vez, e assim que o vi ele me lembrou o Bodhisattva Langri Tangpa. Senti uma grande devoção e pensei muitas vezes que ele deveria ser uma emanação de Langri Tangpa. Mais tarde, um monge mais antigo deu-me um pequeno livro que mencionava os nomes das encarnações anteriores de Trijang Rinpoche e, dentre eles, estava o nome "Geshe Langri Tangpa". Fiquei muito feliz em descobrir que minha convicção anterior havia se confirmado!

Porque Langri Tangpa é Buda Amitabha e a compaixão de um Buda é ilimitada, com certeza existem emanações de Langri Tangpa por todo o mundo, mesmo que não as reconheçamos. Podemos estar certos de que suas emanações estão trabalhando no Ocidente para beneficiar os seres vivos e para difundir o Budadharma. A única razão pela qual não as reconhecemos é que nossas mentes estão encobertas pela ignorância.

Praticando sinceramente as instruções do treino da mente, o Bodhisattva Langri Tangpa encontrou felicidade última e ajudou muitos outros a fazerem o mesmo. Então, ele explicou a essência da sua experiência de Dharma em *Oito Estrofes do Treino da Mente*. Posteriormente, com base nesse texto, vários lamas kadampas, como Geshe Chekhawa, difundiram o estudo e a prática do *Lojong Kadam*, ou treino da mente, por todo o Tibete. Devemos nos considerar muito afortunados por termos encontrado ensinamentos tão preciosos.

As Preeminentes Qualidades dessas Instruções

O TEXTO *Oito Estrofes do Treino da Mente* surgiu da sabedoria de um ser plenamente iluminado e, por isso, é uma instrução abençoada e muito preciosa. Para desenvolver uma apreciação profunda do seu valor, explicarei alguns dos seus benefícios. De modo geral, colocando essas instruções em prática, experienciaremos felicidade temporária e última. A razão para isso é que, por meio dessa prática, podemos eliminar a mente ignorante de autoapreço e de agarramento ao em-si, a raiz de todo sofrimento e problemas.

Esse ensinamento nos mostra, especialmente, como transformar condições adversas em caminho espiritual, por meio do qual experienciaremos felicidade pura e duradoura. Do ponto de vista do desenvolvimento espiritual, esta época atual é extremamente degenerada, com muitas condições que dificultam o progresso espiritual. No entanto, colocando essas instruções em prática, podemos fazer uso de todas essas adversidades e transformá-las em oportunidades de crescimento espiritual.

Hoje, as mentes dos seres humanos são menos puras do que eram no passado, e as delusões e visões errôneas estão mais predominantes. Como os seres humanos do passado tinham mentes mais puras, era relativamente fácil, para eles, verem seres puros, como Budas e Bodhisattvas, mas, nos dias de hoje, é difícil para as pessoas acreditarem até mesmo na existência de seres sagrados. No passado, as pessoas eram menos propensas a desenvolver pensamentos distrativos

Asanga

e, por isso, era mais fácil para elas alcançar o tranquilo-permanecer e outros níveis avançados de concentração meditativa. Com a mente do tranquilo-permanecer, podiam obter vários tipos de clarividência, como a habilidade de ver formas que estão além do escopo da visão comum ou de ouvir sons sutis e distantes. Muitos obtinham o poder de conhecer as mentes alheias ou de enxergar vidas passadas e futuras; e poderes miraculosos, como a capacidade de voar no céu ou de emanar várias formas, eram bastante comuns. Além dessas aquisições mundanas, incontáveis pessoas conquistaram a libertação e a plena iluminação.

Essas aquisições tornaram-se, gradualmente, menos frequentes. Hoje em dia, pouquíssimas pessoas conseguem ver Budas diretamente e tornou-se extremamente difícil alcançar o tranquilo-permanecer, clarividência e outras realizações espirituais. Isso é uma indicação clara de que estamos vivendo em tempos espiritualmente degenerados. Não é apenas mais difícil obter realizações espirituais, mas também experienciamos muitas dificuldades e perigos que antes não existiam. A situação política do mundo é, agora, muito instável e, com a proliferação de armas cada vez mais destrutivas, a vida humana tornou-se mais precária do que nunca. Apesar dos avanços da medicina moderna, novas doenças estão aparecendo, e as antigas, voltando. A cada ano, mais e mais pessoas morrem como consequência direta ou indireta da poluição ambiental e, mesmo as condições que, em geral, consideramos úteis – como carros, eletricidade ou remédios – são causas potenciais de morte prematura.

As pessoas do passado, geralmente, tinham uma perspectiva mais espiritual, mas, hoje em dia, a visão de mundo da maioria das pessoas é cada vez mais densa e materialista. É muito difícil encontrarmos pessoas que sustentem visões puras e corretas; quase todas alimentam visões que são incompatíveis com o desenvolvimento espiritual. Algumas pessoas têm uma inclinação natural para adotar visões errôneas, enquanto outras as adquirem de suas famílias, de amigos próximos ou no decorrer de seus estudos. Poucas pessoas conseguem escapar completamente da influência das visões errôneas.

Hoje, nossas delusões, ou aflições mentais, são muito fortes e difíceis de serem controladas. Temos tão pouca paz interior que é raro desfrutarmos de uma mente serena, mesmo que por poucas horas. Se examinarmos nossa mente, perceberemos que vivemos num estado de desconforto e ansiedade quase constantes. Logo que paramos de nos preocupar com uma coisa, outra começa a nos inquietar. Nossas delusões não nos dão sossego. Temos mentes desconfortáveis e experienciamos muito pouca felicidade verdadeira. Nossas vidas atuais são extremamente atarefadas e complicadas, preenchidas por uma variedade sempre crescente de distrações. Mesmo quando temos tempo para relaxar, nossa tendência é ligar a televisão ou o rádio e ficar expostos a uma sucessão acelerada de imagens e de sons. Estamos tão acostumados a sermos estimulados a partir do exterior que achamos difícil ficar quietos e de desfrutar a tranquilidade da nossa própria mente. Nossa capacidade de prestar atenção está diminuindo o tempo todo e está ficando cada vez mais difícil concentrarmo-nos no desenvolvimento interior, como cultivar visões puras e intenções puras.

Nosso mundo está se tornando cada vez mais perigoso e poluído, enquanto interiormente nossas mentes estão se tornando mais grosseiras e mais descontroladas. Embora tais condições tornem a prática espiritual convencional muito difícil, se praticarmos as instruções contidas em *Oito Estrofes* poderemos transformar todas essas adversidades em caminho à iluminação e viver felizes em meio a este mundo impuro. Em vez de serem um obstáculo ao nosso progresso espiritual, as impurezas desta época atual podem se tornar um combustível para a nossa prática espiritual. Penso que, sem praticarmos esses ensinamentos nos dias de hoje, será muito difícil encontrar verdadeira paz e felicidade.

O professor de Atisha, Dharmarakshita, comparou o samsara a uma floresta de plantas venenosas, pois estamos constantemente rodeados por objetos atraentes e repulsivos, que estimulam os venenos mentais do apego e da raiva. Ele comparou a corvos aqueles que são incapazes de transformar suas adversidades em caminho espiritual, pois os corvos não podem digerir plantas venenosas.

No entanto, os praticantes do treino da mente são como pavões, que, segundo se diz, alimentam-se à base de plantas que são venenosas para outros pássaros, já que esses praticantes podem transformar tanto os objetos atraentes como os objetos repulsivos em caminho espiritual. Esses praticantes são capazes de desfrutar objetos atraentes sem desenvolver apego e podem aceitar alegremente objetos repulsivos, como doenças e outras condições adversas, sem ficarem com raiva ou desanimados. Sejam quais forem as circunstâncias que surjam, os praticantes do treino da mente conseguem desfrutá-las e fazer bom uso delas. Visto que nestes tempos degenerados estamos constantemente rodeados por objetos de apego e de aversão, precisamos definitivamente aprender como transformá-los em caminho espiritual, por meio do treino da nossa mente.

Ao praticar os ensinamentos de Lojong, ou treino da mente, de Langri Tangpa, temos uma maravilhosa oportunidade de encontrar verdadeira paz interior, destruindo nosso agarramento ao em-si e autoapreço, as causas principais de todo o nosso sofrimento. Isso é muito difícil de ser obtido por meio de qualquer outro método. Por essa razão, no início do texto *Treinar a Mente em Sete Pontos*, que é um comentário a *Oito Estrofes*, Geshe Chekhawa compara as instruções do treino da mente a um diamante, ao Sol e a uma árvore medicinal. Elas são como um diamante porque, assim como um pequeno fragmento de diamante é valioso, colocar em prática ainda que uma pequena parte das instruções do treino da mente possui imenso poder para mudar nossa mente de um estado de infelicidade para um estado de felicidade. Elas são como o Sol porque, assim como os primeiros raios do Sol nascente iluminam a escuridão da madrugada, até a experiência superficial de uma parte desses ensinamentos reduz a escuridão interior da nossa ignorância; e assim como a luz plena do Sol dissipa por completo toda a escuridão, uma experiência profunda de toda a prática do treino da mente supera por completo a nossa ignorância. Essas instruções são como uma árvore medicinal porque, assim como cada parte de uma árvore medicinal possui propriedades curativas, cada parte desses ensinamentos tem o poder de curar a doença interior das nossas delusões.

Eu poderia continuar explicando as boas qualidades desses ensinamentos por muito mais páginas, mas o único modo de você ser capaz de apreciá-los plenamente é colocando-os em prática e experienciar seus benefícios você mesmo. Como disse Geshe Chekhawa: "O significado desse texto deve ser conhecido", o que indica que é somente pela compreensão do significado dessas instruções e por colocá-las em prática que viremos a apreciar todas as suas excelentes qualidades. Por exemplo, talvez um vendedor tente nos convencer da excelência de um determinado chá, mas o único modo pelo qual podemos saber com certeza se o chá é tão bom como ele diz é provando-o nós mesmos.

Sabemos, por experiência própria, que nunca conseguimos extrair paz e felicidade puras de coisas materiais. Não importa quão perfeitamente organizemos nossa situação exterior, problemas continuarão a nos atrapalhar enquanto permanecermos no samsara. De fato, parece que quanto mais ênfase colocamos no desenvolvimento material, mais problemas encontramos. Felicidade pura somente pode ser obtida através do desenvolvimento da nossa mente. Aperfeiçoando nossas qualidades de amor, compaixão e sabedoria, podemos eliminar gradualmente todos os nossos sofrimentos e problemas e, por fim, conquistar a alegria duradoura da plena iluminação. Eu garanto que, se você colocar as instruções do treino da mente em prática na sua vida diária, você encontrará a paz interior e a alegria que todos estão procurando. Compreendendo isso, você deve desenvolver a firme determinação de praticar estas instruções.

Vasubandhu

As Práticas Preliminares

Realizações interiores não brotam magicamente da terra, tampouco caem do céu. A obtenção de uma experiência profunda das práticas explicadas em *Oito Estrofes* depende de certas condições interiores, que podemos criar envolvendo-nos nas práticas preliminares. Assim como um agricultor precisa preparar o solo antes de plantar, também precisamos preparar nossa mente antes de poder colher o resultado das realizações espirituais. Há muitas pessoas que estão muito interessadas em meditação, mas por não compreenderem a importância das práticas preliminares, negligenciam-nas e, consequentemente, ficam decepcionadas quando seus esforços para meditar não produzem resultados. Elas são como um agricultor que deixa de capinar, fertilizar ou irrigar sua plantação e, ainda assim, espera obter uma colheita abundante. Quanto mais conscienciosamente praticarmos as preliminares, mais facilmente obteremos realizações da nossa prática do treino da mente.

As práticas preliminares cumprem três funções: elas purificam nossa mente das negatividades, acumulam mérito – boa fortuna, ou boa sorte – e nos ajudam a receber as bênçãos dos Budas e Bodhisattvas. Purificar nossa mente equivale a remover pedras e ervas daninhas de um terreno antes da semeadura. No momento atual, nossa mente está poluída pelas marcas dos pensamentos negativos e potenciais deixados por todas as ações não virtuosas que cometemos no passado. Até que removamos essa negatividade da nossa mente por meio da prática de purificação, ela obstruirá o crescimento de qualidades virtuosas e nossa meditação não produzirá resultados.

Em segundo lugar, precisamos acumular mérito para dotar nossa mente com o vigor para sustentar o crescimento das realizações de Dharma. Mérito é a energia positiva das ações virtuosas. Assim como um solo bem fertilizado produz uma colheita abundante, se a nossa mente estiver enriquecida com mérito, colheremos uma safra abundante de realizações espirituais.

Em terceiro lugar, precisamos receber as bênçãos dos seres sagrados. A não ser que nossa mente seja regada por uma chuva de bênçãos, ou energia inspiradora, dos Budas e Bodhisattvas, ela permanecerá como um solo seco, no qual as sementes das realizações espirituais plantadas por meio de meditação serão incapazes de crescer. O modo de receber bênçãos é desenvolver intensa fé e devoção pelos seres sagrados e pedir-lhes que abençoem nossa mente. Assim como a chuva é capaz de dar vida a um deserto, se nossa mente receber as bênçãos dos seres sagrados, nossos potenciais virtuosos serão ativados e realizações espirituais crescerão em nossa mente.

Se prepararmos bem a nossa mente purificando negatividades, acumulando mérito e recebendo bênçãos, nossas meditações serão bem-sucedidas. Uma maneira simples de fazer isso é começar cada sessão de meditação do treino da mente recitando o conjunto de preces intitulado *Essência da Boa Fortuna*, que pode ser encontrado no Apêndice III, enquanto contemplamos seu significado e fazemos as visualizações apropriadas. Para aqueles que têm menos tempo, há uma prática mais condensada, denominada *Preces para Meditação*, que também pode ser encontrada no Apêndice III. Os dois conjuntos de preces contêm as seis práticas preparatórias para uma meditação bem-sucedida. São elas:

1. Limpar o local de meditação e montar um altar;
2. Dispor belas oferendas;
3. Sentar-se na postura correta de meditação, buscar refúgio e gerar a bodhichitta;
4. Visualizar o Campo para Acumular Mérito;

5. Oferecer os sete membros e o mandala;
6. Pedir aos seres sagrados que concedam suas bênçãos.

As instruções sobre as seis práticas preparatórias fundamentam-se nos *Sutras Perfeição de Sabedoria*. Atisha recebeu-as de seu Guru, lama Serlingpa, e, posteriormente, essa tradição floresceu por todo o mundo kadampa.

Ambos os conjuntos de preces, *Essência da Boa Fortuna* e *Preces para Meditação*, incluem a prática de Guru-Ioga, que é a porta de entrada para receber as bênçãos de todos os Budas e Bodhisattvas. Nesta prática específica de Guru-Ioga, visualizamos Buda Shakyamuni no espaço à nossa frente, rodeado por todos os Budas e Bodhisattvas. Focando Buda Shakyamuni – e considerando Buda Shakyamuni e nosso Guru, ou Guia Espiritual, como sendo uma única e mesma pessoa – desenvolvemos fé e pedimos suas bênçãos. Quando recitamos essas preces como uma preparação para meditar nas *Oito Estrofes*, é auspicioso fazer uma pequena alteração na visualização. No coração de Guru Buda Shakyamuni, visualizamos Buda Amitabha, que tem um corpo vermelho e está sentado com as duas mãos no gesto do equilíbrio meditativo. Alternativamente, podemos visualizar Buda Amitabha, em vez de Buda Shakyamuni. A razão para fazermos essa pequena alteração é fortalecer nossa conexão com o Bodhisattva Langri Tangpa, que, como foi explicado, é uma emanação de Buda Amitabha. Ao visualizarmos desse modo, isso ajuda-nos a desenvolver grande fé no autor desses versos e nas suas instruções, e isso irá nos auxiliar a receber mais rapidamente suas bênçãos inspiradoras.

Buda Amitabha é conhecido como o "Buda da Fala-Vajra", o que indica que ele é a manifestação da fala de todos os Budas. No futuro, todos os seres vivos encontrarão esse Buda no aspecto de um ser comum, que os guiará ao longo do caminho à iluminação. Buda Amitabha, Buda Amitayus e Buda Vajradharma são a mesma natureza, diferindo somente na aparência. Na coroa de Avalokiteshvara, o Buda da Compaixão, encontra-se sempre presente Buda

Amitabha – seu Guia Espiritual. Do mesmo modo, sobre a coroa de todos os discípulos sinceros, estará sempre Buda Amitabha, seu Guia Espiritual.

A não ser por essa mudança na visualização, o restante das práticas preparatórias é exatamente igual. Uma breve explicação das seis práticas preparatórias será apresentada a seguir.

LIMPAR O LOCAL DE MEDITAÇÃO E MONTAR UM ALTAR

A PRÁTICA DE LIMPEZA

Sabemos, por experiência própria, que um lugar sujo e desarrumado tende a debilitar nossa mente e consumir nossas energias, enquanto um ambiente limpo e bem arrumado estimula nossa mente, tornando-a clara e vibrante. Quando as pessoas convidam alguém especial para visitá-las em casa, é natural que queiram mostrar seu respeito aplicando esforço para limpar a casa com antecedência. Em nossa sessão de meditação, convidamos todos os Budas e Bodhisattvas para que apareçam à nossa frente, aceitem nossas oferendas e preces e nos auxiliem em nossa meditação; logo, é natural que dediquemos algum tempo para limpar nosso local de meditação antes de começar nossa sessão.

Depois de limpar o local fisicamente, devemos imaginar que nosso ambiente se converte na Terra Pura de Buda. Sentimos que todos os seres iluminados estão deleitados em vir à nossa meditação e sentimos que nossa mente se tornou lúcida e concentrada. É muito útil nos lembrarmos da história de Lam Chung, cuja única prática consistia em varrer o chão do templo. Imaginando que estava varrendo suas próprias delusões, ou aflições mentais, Lam Chung empregou todo o seu tempo limpando o templo e, por fazer isso, purificou suas obstruções cármicas, recebeu as profundas bênçãos de Buda e desenvolveu espontaneamente elevadas realizações. Essa história está explicada em detalhes no livro *Caminho Alegre da Boa Fortuna*.

MONTAR UM ALTAR

Se nossas circunstâncias permitirem, é muito benéfico montar um altar com representações do corpo, da fala e da mente de Buda. Um altar serve de foco para nossa fé e nos faz lembrar constantemente dos Budas, por cuja bondade os seres vivos têm a oportunidade de alcançar paz interior permanente e a suprema felicidade da iluminação.

No centro do nosso altar, para representar o corpo de Buda, colocamos ou uma estátua ou uma figura de Buda Shakyamuni e de quaisquer outros seres sagrados que tenham uma conexão especial com nossa prática diária. À direita do altar (nossa esquerda), para representar a fala de Buda, colocamos um livro de Dharma; e à esquerda do altar (nossa direita), para representar a mente de Buda, colocamos uma estupa.

Quando buscamos refúgio nas Três Joias, comprometemo-nos a considerar todas as imagens de Buda como Budas verdadeiros, e todos os livros de Dharma como Joias Dharma verdadeiras. Assim, é muito importante tratar com respeito as imagens de Buda e os livros de Dharma. Devemos dispô-los de uma maneira bonita num local limpo e elevado e nunca colocá-los casualmente, como uma xícara de chá. Os livros de Dharma são o principal meio para afastar nossa ignorância, a fonte de todos os nossos problemas, mas se tratarmos esses livros com desrespeito, isso somente fará aumentar nossa ignorância. Portanto, não devemos deixar nossos livros de Dharma no chão, pisá-los ou misturá-los com revistas e livros comuns.

Um dos melhores métodos para aumentar nossa fé nos Budas e para receber suas bênçãos é fitar a imagem de um Buda muitas e muitas vezes, considerando-a como um Buda real, que é supremamente bondoso com todos os seres vivos. Por exemplo, quando vemos uma estátua de Buda, em vez de pensar nela como um objeto feito de metal ou de pedra, ou focar em suas falhas ou méritos artísticos, devemos sentir que estamos, verdadeiramente, na presença de um Buda vivo e desenvolver profunda fé. Ao considerar as imagens dos Budas dessa maneira, é como se estivéssemos abrindo uma janela em nossa mente, pela qual as bênçãos dos seres sagrados podem entrar. Essa maneira especial de ver as imagens dos Budas fundamenta-se em sabedoria, não em ignorância, e serve para aumentar nossa fé e receber bênçãos.

As representações do corpo, da fala e da mente de Buda são tão abençoadas que, mesmo se não tivermos fé, a simples visão delas abençoa nossa mente. Certa vez, havia um homem chamado Shri Datta, que havia cometido muitas ações extremamente negativas, como tentar envenenar Buda. Muitos anos depois, quando já estava velho, Shri Datta ficou interessado pelo Dharma e pediu a Buda que lhe concedesse a ordenação. É dito que, para receber a ordenação, precisamos, ao menos, de algum pequeno potencial virtuoso que seja causa de libertação; mas, quando os discípulos clarividentes de Buda examinaram Shri Datta, foram incapazes de encontrar um único traço desse potencial e, por isso, o declararam inapto para a ordenação. No entanto, esses discípulos não eram capazes de enxergar as potencialidades cármicas sutis, que só podem ser vistas pelos seres iluminados. Quando Buda olhou na mente escura de Shri Datta, viu uma minúscula potencialidade de virtude e disse aos seus discípulos: "Há muitos éons, Shri Datta foi uma mosca que pousou no excremento de um cavalo, próximo da estupa de um Buda. Chovia copiosamente e a água carregou o excremento juntamente com a mosca em torno da estupa. Embora a mosca não tivesse a intenção de circundar a estupa, recebeu, todavia, as bênçãos de Buda simplesmente por ver a estupa, e isso deixou em sua mente uma potencialidade virtuosa para alcançar a libertação". Buda, então, concedeu a ordenação. Como resultado, a potencialidade positiva de Shri Datta cresceu e ele alcançou a libertação naquela vida.

Está dito nos ensinamentos de Lamrim que o simples ato de ver a imagem de um Buda deposita na mente uma potencialidade que é uma causa certa, definitiva, de iluminação, e que nada pode destruí-la. Essa potencialidade é comparada a uma minúscula pílula de néctar-sabedoria que é engolida e atravessa, intacta, todo o nosso corpo, sem se contaminar pelas impurezas corporais. Porque Buda é um objeto completamente puro, totalmente além do samsara, a marca de ver uma imagem de Buda tem uma qualidade especial que não pertence ao samsara, e mesmo que ela seja gravada numa mente repleta de delusões, nunca será corrompida ou destruída. Essa marca, ou potencialidade, também é comparada a uma pequena fagulha, capaz de iniciar um incêndio que, no final, consumirá um monte de feno do tamanho do mundo. Como acabamos de ver, Shri Datta foi capaz de gerar o desejo de ingressar no caminho à libertação em consequência da marca de ver uma estupa e, por praticar o Dharma, destruiu todas as delusões da sua mente.

A partir desses exemplos, podemos compreender por que ver imagens de Buda possui a mesma função de ver, realmente, Budas vivos. Do mesmo modo, fazer oferendas e prostrações diante de imagens de Budas tem a mesma função que fazer oferendas e prostrações diante de Budas vivos e acumula a mesma quantidade de mérito. É por essa razão que é considerado tão importante ter uma estátua grande e bela de Buda nos templos budistas, pois qualquer pessoa que visite o templo e veja a estátua estará criando a causa para alcançar a libertação e a iluminação.

DISPOR BELAS OFERENDAS

Diante das imagens de Buda no altar, podemos dispor belas oferendas, como flores, incenso, luz e alimentos, além de vasilhas de água, considerando a água como puro néctar. Também podemos imaginar que todos os objetos de prazer de humanos e de deuses, como jardins, palácios, montanhas e lagos, convertem-se em oferendas puras e preciosas para os Budas.

O propósito de fazer oferendas não é porque os Budas necessitem de algo de nós, mas pelo efeito que isso exerce sobre nossa própria mente. Muitas pessoas colocam lindas flores no túmulo de seus entes queridos e, embora a pessoa que morreu não esteja ali e não se beneficie dessas oferendas, não podemos dizer que tais ações são sem sentido. Quão mais significativo é, portanto, dispor belas oferendas com uma mente de fé diante de imagens de Buda, pois os Budas estão efetivamente presentes e podem se deleitar com nossas oferendas.

Por ter alcançado sabedoria onisciente, um Buda sabe quando estamos fazendo oferendas a ele ou ela. Além disso, o corpo e a mente de um Buda são a mesma natureza, e onde sua mente estiver, seu corpo também estará. Nossa mente e corpo são de naturezas diferentes e, embora nossa mente não seja obstruída por obstáculos físicos, nosso corpo o é. Nossa mente pode viajar facilmente pelo universo, mas nosso corpo tem de permanecer no solo. O corpo de um Buda, por outro lado, não é obstruído pela matéria e pode se locomover tão livremente quanto sua mente. Porque a mente de um Buda está misturada com a natureza última de todos os fenômenos e está livre das obstruções à onisciência, ela permeia todos os fenômenos; e porque seu corpo e mente são a mesma natureza, seu corpo também permeia tudo. A partir disso, podemos compreender que os Budas estão presentes em toda parte e não há lugar algum onde Buda não exista. Os Budas são como o Sol, e a nossa ignorância é como as nuvens que obscurecem o Sol. Quando as nuvens se dispersam, percebemos que, na realidade, o Sol estava brilhando o tempo todo e, do mesmo modo, quando removermos da nossa mente as nuvens da ignorância, perceberemos que os Budas sempre estiveram presentes ao nosso redor.

SENTAR-SE NA POSTURA CORRETA DE MEDITAÇÃO, BUSCAR REFÚGIO E GERAR A BODHICHITTA

SENTAR-SE NA POSTURA CORRETA DE MEDITAÇÃO

Embora a meditação seja uma ação mental, mais do que uma ação corporal ou verbal, como a nossa mente e corpo estão intimamente relacionados é importante que nos sentemos numa postura correta quando praticamos meditação, pois isso irá nos auxiliar a manter uma mente clara e concentrada. Se sentarmos numa almofada, devemos tentar sentar com as pernas cruzadas - o ideal é a postura vajra, com cada um dos pés apoiado na coxa oposta; mas, se isso for muito difícil, podemos nos sentar na postura mais próxima possível a essa, levando em conta nosso conforto. Se sentarmos numa cadeira, devemos apoiar os pés no chão. Nossas costas devem estar sempre eretas e a mão direita apoiada sobre a esquerda, com as palmas para cima e os polegares levantados tocando-se ligeiramente nas pontas, na altura do umbigo. A boca deve estar suavemente fechada, com a língua tocando a parte de trás dos dentes superiores. A cabeça deve estar um pouco inclinada para a frente, os olhos levemente abertos e os ombros, alinhados. Devemos tentar adotar essa postura durante as sessões de meditação formal, mas, de modo geral, podemos meditar em qualquer posição e em qualquer momento - enquanto estamos descansando, comendo, limpando e assim por diante.

Uma vez que estejamos na postura correta, devemos tentar acalmar nossa mente, pois com uma mente atarefada e distraída, nem as nossas práticas preparatórias nem as meditações efetivas do treino da mente serão bem-sucedidas. Para afastar nossas distrações, podemos fazer a seguinte meditação respiratória simples. À medida que expiramos, imaginamos que estamos expelindo todos os pensamentos distrativos na forma de uma fumaça escura, que desaparece no espaço; e, conforme inspiramos, imaginamos que estamos inspirando as bênçãos de todos os Budas no aspecto de uma luz branca, que entra em nosso corpo e se dissolve em nosso coração. Concentramo-nos de modo estritamente focado nesse processo de expiração e inspiração, expelindo nossas distrações e inspirando as bênçãos de Buda, até que nossa mente se torne clara e pacífica. Nesse ponto, nossa mente será como um tecido branco limpo, que poderemos colorir com uma motivação virtuosa, como compaixão ou bodhichitta.

BUSCAR REFÚGIO

Tendo acalmado nossa mente, buscamos agora refúgio nas Três Joias. As Três Joias são a Joia Buda – todos os seres plenamente iluminados; a Joia Dharma – as realizações espirituais desenvolvidas pela prática dos ensinamentos de Buda; e a Joia Sangha – os praticantes Superiores, que realizaram diretamente a verdade última. Compreendendo que somente as Três Joias têm o poder efetivo de proteger os seres vivos contra o medo, perigo e sofrimento, imaginamos e acreditamos que, no espaço à nossa frente, está Buda Shakyamuni vivo, rodeado por todos os demais Budas e Bodhisattvas, como a Lua cheia rodeada pelas estrelas. Então, com intenso medo do renascimento samsárico e com profunda fé no poder que as Três Joias têm de nos proteger, recitamos a prece de refúgio e geramos uma firme determinação de confiar em Buda, Dharma e Sangha até alcançarmos a iluminação.

GERAR A BODHICHITTA

Geramos, então, a motivação de bodhichitta. O valor da nossa meditação – e, na verdade, de qualquer ação virtuosa – depende antes de tudo da motivação com a qual a fazemos. Se meditarmos com a motivação de apenas relaxar e melhorar nossa saúde física, nossa meditação poderá cumprir esses objetivos, mas dificilmente poderá ser considerada uma prática espiritual. A motivação mais elevada de todas é a bodhichitta, o desejo de alcançar a plena iluminação para ajudar todos os seres vivos. Se meditarmos com essa motivação, o mérito da nossa meditação será ilimitado. Para gerar a bodhichitta, pensamos:

Todos e cada um dos seres vivos, encarcerados na prisão do samsara, estão experienciando perigo, medo e sofrimento, vida após vida, incessantemente. Se eu alcançar a iluminação, minhas emanações irão permear todos os mundos e proteger cada ser vivo. Eu preciso me tornar um Buda para o benefício de todos os seres vivos.

Com essa motivação, recitamos três vezes a prece de bodhichitta.

Buscar refúgio nas Três Joias é a porta de entrada pela qual ingressamos no Budismo em geral, e gerar a motivação de bodhichitta é a porta de entrada pela qual ingressamos no Budismo Mahayana. Uma vez que a força da nossa bodhichitta depende da força do nosso amor e compaixão, recitamos, então, a seguinte prece, do fundo do nosso coração:

Que cada um seja feliz,
Que cada um se liberte da dor,
Que ninguém jamais seja separado de sua felicidade,
Que todos tenham equanimidade, livres do ódio e do apego.

Com a motivação de bodhichitta, fazemos então as práticas de acumular mérito, purificar carma negativo, receber as bênçãos dos Budas e de contemplar as *Oito Estrofes do Treino da Mente* e meditar nelas.

VISUALIZAR O CAMPO PARA ACUMULAR MÉRITO

Imaginamos que, no espaço à nossa frente, está Buda Shakyamuni vivo, que é uma única natureza com nosso Guia Espiritual, rodeado pelos Gurus-linhagem, Budas, Bodhisattvas e outros seres sagrados. No coração de Buda Shakyamuni, está Buda Amitabha, que é a mesma natureza do Bodhisattva Langri Tangpa, o autor das *Oito Estrofes do Treino da Mente*. Focamos essa assembleia de seres iluminados e, quando percebermos uma imagem mental aproximada, meditamos nela por um breve instante. Essa assembleia é denominada "Campo para Acumular Mérito" porque, assim como plantações exteriores crescem a partir de sementes plantadas num campo exterior, as plantações interiores de mérito, ou

Manjushri

boa fortuna, crescem das sementes de fé e devoção plantadas no campo de todos os seres iluminados.

Embora esses seres sagrados estejam verdadeiramente presentes à nossa frente, não conseguimos vê-los devido à nossa ignorância e carma negativo. Mesmo sem vê-los, podemos nos comunicar com eles por meio de visualização. Se acharmos difícil visualizar os Budas ou se não desenvolvermos nenhum sentimento especial ao fazê-lo, o motivo é que, do fundo do nosso coração, não acreditamos que eles estejam realmente presentes. Contudo, como já foi explicado, os Budas estão em toda parte. Visualizar Budas não é como a brincadeira infantil de faz de conta, mas uma maneira de abrir nossa mente para algo que já está presente. Buda Shakyamuni disse: "Sempre que alguém me visualizar com fé, estarei presente". Num dia nublado, embora não possamos ver o Sol diretamente, não temos problema algum em imaginá-lo brilhando atrás das nuvens, pois sabemos que o Sol está ali. Do mesmo modo, mesmo que nossa visualização dos Budas seja muito pouco nítida, não devemos ter dúvidas de que eles estão realmente presentes diante de nós. Se praticarmos visualização com total confiança de que Budas vivos estão diante de nós, é certo que nossa mente com certeza estabelecerá uma conexão com eles e a clareza da nossa visualização irá melhorar gradualmente.

No início, não precisamos visualizar os Budas em detalhes; antes, devemos simplesmente acreditar que eles estão presentes à nossa frente e desenvolver intensa fé. Pelo poder da nossa fé e de familiaridade, visualizar os Budas irá se tornar, com toda certeza, fácil. Não achamos difícil visualizar nossa mãe porque a conhecemos muito bem. Do mesmo modo, quando, por meio de estudar e desenvolver fé nos ensinamentos de Dharma, compreendermos a natureza, as funções e as boas qualidades dos Budas, visualizá-los será mais fácil para nós. É importante também compreender como podemos nos tornar um Buda, pois, quando nos sentirmos confiantes de que a iluminação é uma possibilidade para nós, naturalmente nos sentiremos próximos daqueles que já alcançaram a iluminação.

OFERECER OS SETE MEMBROS E O MANDALA

Para acumular mérito e purificar negatividade, oferecemos agora a prática dos sete membros e o mandala. Os sete membros são: prostração, oferenda, confissão, regozijo, rogar aos seres sagrados que permaneçam, pedir aos seres sagrados que girem a Roda do Dharma e dedicatória.

PROSTRAÇÃO

Focando a assembleia de Budas no espaço à nossa frente, com uma mente de profunda fé e respeito, juntamos as palmas das mãos na altura do coração e recitamos o verso apropriado da prece dos sete membros.

OFERENDA

Para fortalecer nossa mente com a energia positiva necessária para alcançar a plena iluminação para o bem de todos os seres vivos, fazemos extensas oferendas à assembleia de seres sagrados. Fazemos não apenas as oferendas que já dispusemos no nosso altar, mas também usamos a imaginação para oferecer todos os objetos de prazer que existem em todo o universo, como lindos jardins, lagos, árvores e montanhas, bem como o Sol, a Lua e as estrelas.

CONFISSÃO

Na presença dos grandes Compassivos, a assembleia de Budas, confessamos, com uma mente de grande arrependimento, todas as não virtudes e ações negativas que acumulamos nesta vida e nas incontáveis vidas passadas, e prometemos que, de agora em diante, nunca mais as cometeremos. Desse modo, purificamos a mente do nosso fardo de carma negativo e removemos os principais obstáculos ao desenvolvimento espiritual.

REGOZIJO

Regozijar-se significa apreciar e se deleitar com a boa fortuna, a virtude e a felicidade dos outros. Se nos regozijarmos com as boas qualidades dos outros, isso criará a causa para nós mesmos desenvolvermos qualidades semelhantes. Superando todos os sentimentos de inveja e competitividade, devemos nos regozijar com as virtudes de todos os seres – dos que ainda estão no samsara e dos que concluíram o caminho espiritual à iluminação. Todos aqueles que agora são Budas vagaram, algum dia, pelos dolorosos caminhos do samsara, do mesmo modo como ainda estamos a fazer agora. Entretanto, por meio de seu grande esforço, eles ingressaram no caminho do Bodhisattva e, avançando por todas as suas etapas, conquistaram a plena iluminação. Do fundo do nosso coração, regozijamo-nos com suas aquisições virtuosas e rezamos para nos tornarmos exatamente como eles.

ROGAR AOS SERES SAGRADOS QUE PERMANEÇAM

Sem Guias Espirituais – que são manifestações da compaixão de Buda para guiar os seres sencientes pelo caminho à libertação –, este mundo estaria imerso na escuridão espiritual. Do fundo do nosso coração, pedimos às emanações de Buda que permaneçam conosco até que o samsara cesse.

PEDIR AOS SERES SAGRADOS QUE GIREM A RODA DO DHARMA

Como resultado dos deuses Brahma e Indra terem pedido a Buda para girar a Roda do Dharma, Buda ensinou muitos métodos para curar a doença das delusões, métodos esses que têm conduzido incontáveis seres à libertação do sofrimento. Para garantir que esses ensinamentos permaneçam neste mundo, pedimos aos seres sagrados que ensinem o precioso Dharma.

DEDICATÓRIA

Ao final de toda ação virtuosa, devemos dedicar o mérito que criamos para a felicidade completa e perfeita de todos os seres vivos. Se não dedicarmos nosso mérito dessa maneira, ele pode ser facilmente destruído pela raiva ou por outras fortes delusões, ou ser desperdiçado através da satisfação de nossos desejos autocentrados. Porém, dedicando nosso mérito à nossa própria iluminação e para a iluminação dos outros, podemos salvaguardá-lo e, assim, garantir que ele nunca se esgote. Em particular, dedicamos todas as nossas ações virtuosas, as passadas e as atuais, para obter as realizações das *Oito Estrofes do Treino da Mente* e, assim, alcançar a suprema felicidade da plena iluminação.

Essas sete práticas são denominadas "membros" porque sustentam nossa meditação, do mesmo modo que os membros sustentam nosso corpo. Sem os membros do corpo, não podemos executar muita coisa em termos de ações físicas, e, de modo semelhante, sem os membros de acumular mérito e purificar negatividade, não podemos realizar muita coisa por meio da meditação. As práticas de prostração, oferenda, rogar e pedir acumulam mérito; as práticas de regozijo e dedicatória multiplicam mérito; e a prática de confissão purifica carma negativo. Uma explicação detalhada dos sete membros pode ser encontrada no livro *Caminho Alegre da Boa Fortuna*.

OFERECER O MANDALA

Neste contexto, a palavra "*mandala*" significa "universo". Quando oferecemos um mandala aos seres sagrados, estamos oferecendo tudo – o universo inteiro e todos os seres que estão nele. Já que o mérito que criamos ao fazer uma oferenda corresponde à natureza do que está sendo oferecido, em vez de oferecer um universo comum e impuro, transformamos mentalmente todo o universo numa Terra Pura, repleta de objetos preciosos e habitada por seres puros. Imaginando que estamos segurando esse universo puro em nossas mãos, nós o oferecemos a todos os seres iluminados. Desse modo, estamos oferecendo tudo o que temos ou que possamos almejar. Fazer oferendas de mandala é muito poderoso e, se desejamos boa fortuna e aquisições espirituais, devemos oferecer um mandala diariamente. Uma explicação detalhada sobre como fazer oferendas de mandala pode ser encontrada no livro *Novo Guia à Terra Dakini*.

PEDIR AOS SERES SAGRADOS QUE CONCEDAM SUAS BÊNÇÃOS

PEDIR BÊNÇÃOS

A palavra para bênção em tibetano é "*jin gyi lob*", que, literalmente, significa "transformar". Quando pedimos por bênçãos, estamos pedindo que nossa mente seja transformada de um estado não virtuoso para um estado virtuoso, e de um estado infeliz para um estado feliz. O mais importante é que precisamos transformar nossa mente na mente de um ser iluminado, e é para esse propósito que pedimos aos seres sagrados que concedam suas bênçãos sobre nossa mente, de modo que obtenhamos as realizações das etapas do caminho à iluminação. Para tanto, recitamos a *Prece das Etapas do Caminho*, concentrando-nos no seu significado.

RECEBER BÊNÇÃOS

A seguir imaginamos que, devido aos nossos sinceros pedidos, os seres sagrados concedem suas bênçãos, que descem de seus corações na forma de luzes e néctares. As luzes e os néctares entram no nosso corpo e na nossa mente, pacificando nossas negatividades e obstáculos e aumentando nosso mérito, tempo de vida, paz interior e realizações de Dharma. Meditamos nessa experiência por algum tempo.

Tendo recebido as bênçãos de todos os seres sagrados, imaginamos agora que todos os seres sagrados ao redor de Guru Buda Shakyamuni se convertem em luz e se dissolvem nele. Guru Buda Shakyamuni se dissolve em Buda Amitabha, que está no seu coração, e Buda Amitabha vem até a coroa da nossa cabeça. Mentalmente, nos prostramos e oferecemos um mandala curto ao nosso Guia Espiritual no aspecto de Buda Amitabha, em nossa coroa, e rezamos para ele recitando as *Oito Estrofes do Treino da Mente*:

Com a intenção de alcançar
O objetivo supremo e último
Que supera até a joia-que-concede-desejos,
Que eu aprecie constantemente todos os seres vivos.

Sempre que me relacionar com os outros,
Que eu me considere como o mais inferior de todos;
E, com uma pura intenção,
Que eu aprecie os outros como supremos.

Examinando meu continuum mental em todas as minhas ações,
Tão logo a delusão do autoapreço se desenvolva,
Pela qual eu ou os outros agiríamos inadequadamente,
Que eu a enfrente e a rejeite firmemente.

Sempre que eu vir seres desafortunados,
Oprimidos por maldade e violento sofrimento,
Que eu os aprecie como se houvesse encontrado
Um raro e precioso tesouro.

Mesmo se alguém que eu ajudei
E em quem depositei grandes esperanças
Não obstante, prejudicar-me intencionalmente,
Que eu o veja, ou a ela, como meu sagrado Guia Espiritual.

Quando os outros, por inveja ou raiva,
Prejudicarem-me ou insultarem-me,
Que eu tome sobre mim a derrota
E ofereça-lhes a vitória.

Em resumo, que eu, direta e indiretamente,
Ofereça ajuda e felicidade a todas as minhas mães
E, secretamente, tome sobre mim
Todos os seus males e sofrimentos.

Ademais, por meio de todas essas práticas,
Associadas a uma mente incontaminada pelas manchas
das concepções dos oito extremos
E que vê todos os fenômenos como ilusórios,
Que eu e todos os seres vivos sejamos libertados da escravidão
das aparências e concepções equivocadas.

Recitamos as *Oito Estrofes* com profunda fé em Guru Amitabha, repetindo três vezes o verso específico no qual iremos meditar. Depois, imaginamos que, pelo poder da nossa prece, correntes de luz e néctar descem do corpo de Guru Amitabha, purificando nosso corpo e mente de todas as negatividades, delusões e obstruções e amadurecendo nosso potencial para obter a realização da meditação. Então, praticamos a meditação e concluímos com as preces dedicatórias apropriadas.

Aprender a Apreciar os Outros

Com a intenção de alcançar
O objetivo supremo e último
Que supera até a joia-que-concede-desejos,
Que eu aprecie constantemente todos os seres vivos.

Qual é o objetivo supremo e último da vida humana? Devemos nos perguntar o que consideramos como o mais importante para nós – o que mais desejamos, pelo que nos esforçamos ou o que nos faz sonhar acordados? Para algumas pessoas, são as posses materiais, como uma casa grande com os últimos requintes de conforto, um carro veloz ou um emprego bem remunerado. Para outros, é reputação, boa aparência, poder, excitação ou aventura. Muitos tentam encontrar o sentido de suas vidas em relacionamentos familiares e círculo de amigos. Todas essas coisas podem nos fazer superficialmente felizes por um breve espaço de tempo, mas elas também podem causar muita preocupação e sofrimento. Elas nunca irão nos dar a felicidade pura e duradoura que todos nós, do fundo do nosso coração, desejamos. Já que não podemos levá-las conosco quando morrermos, com certeza elas irão nos decepcionar se tivermos feito delas o principal sentido da nossa vida. As aquisições mundanas, tomadas como um fim em si mesmas, são ocas: elas não são o verdadeiro sentido da vida humana.

É dito que, dentre todas as posses mundanas, a mais preciosa é a legendária joia-que-concede-desejos. É impossível encontrar tal joia nestes tempos degenerados, mas, no passado, quando os seres humanos tinham mérito abundante, era comum haver joias mágicas que tinham o poder de conceder desejos. Essas joias, contudo, podiam satisfazer apenas os desejos de felicidade contaminada – elas nunca podiam conceder felicidade pura, que vem de uma mente pura. Ademais, uma joia-que-concede-desejos tinha poder para conceder apenas desejos numa única vida – ela não podia proteger seu dono em suas vidas futuras. Assim, em última instância, até mesmo uma joia-que-concede-desejos é enganosa.

A única coisa que nunca irá nos enganar é a aquisição da plena iluminação. É somente por meio de alcançar a iluminação que conseguiremos satisfazer nosso mais profundo desejo por felicidade pura e duradoura, pois nada neste mundo impuro tem o poder de satisfazer esse desejo. Somente quando nos tornarmos um Buda plenamente iluminado, experienciaremos a paz profunda e duradoura que advém da cessação permanente de todas as delusões, ou aflições mentais, e suas marcas. Estaremos, então, livres de todas as falhas e obscurecimentos mentais e possuiremos as qualidades necessárias para ajudar todos os seres vivos diretamente. Seremos, então, um objeto de refúgio para todos os seres vivos. Por meio dessa compreensão, podemos entender claramente que a conquista da iluminação é a meta última, suprema, e o real sentido da nossa preciosa vida humana. Visto que nosso principal desejo é ser feliz o tempo todo e ficar completamente livre de todas as falhas e sofrimentos, precisamos desenvolver a forte intenção de alcançar a iluminação. Devemos pensar: "Preciso alcançar a iluminação porque, no samsara, o ciclo de vida impura, não existe felicidade verdadeira em lugar algum". A iluminação é a luz interior de sabedoria que é completamente livre de aparência equivocada e cuja função é conceder paz mental a todos e a cada um dos seres vivos, todos os dias. Ela é a fonte da felicidade de todos os seres vivos.

A causa principal da iluminação é a bodhichitta, e a raiz da bodhichitta é compaixão. Uma vez que o desenvolvimento da compaixão depende de apreciar os outros, o primeiro passo para a felicidade sublime da iluminação é aprender a apreciar os outros. Uma mãe aprecia seus filhos, e nós, talvez, apreciemos nossos amigos até certo ponto, mas esse apreço não é imparcial e, geralmente, está misturado com apego. Precisamos desenvolver uma mente pura que aprecia, sem preconceito ou parcialidade, todos os seres vivos.

Todos e cada um dos seres vivos têm, dentro de si, a semente (ou potencial) para se tornar um Buda – essa é a nossa natureza búdica. Nos ensinamentos de Buda, encontramos o melhor método para realizar esse potencial. O que precisamos agora é colocar esses ensinamentos em prática. Isso é algo que só os seres humanos podem fazer. Animais podem juntar provisões, derrotar seus inimigos e proteger suas famílias, mas não podem compreender o caminho espiritual nem a ele se dedicar. Seria uma grande vergonha se usássemos nossa vida humana apenas para alcançar aquilo que os animais também podem obter, desperdiçando assim esta oportunidade única de nos tornarmos uma fonte de benefício para todos os seres vivos.

Estamos diante de uma escolha: podemos continuar a desperdiçar nossa vida perseguindo prazeres mundanos, que não proporcionam verdadeira satisfação e que desaparecem quando morremos, ou podemos dedicar nossa vida para realizar todo o nosso potencial espiritual. Se aplicarmos esforço para praticar os ensinamentos de Buda, com toda certeza conquistaremos a iluminação, mas, se não nos esforçarmos, a iluminação nunca acontecerá naturalmente, não importa o tempo que esperemos. Para seguir o caminho budista à iluminação, não há necessidade de mudar nosso estilo de vida exterior. Não precisamos abandonar nossa família, amigos ou prazeres e nos retirar para uma caverna na montanha. Tudo o que precisamos fazer é mudar o objeto do nosso apreço.

Até agora, temos apreciado a nós mesmos acima de todos os outros e, enquanto continuarmos a fazer isso, nosso sofrimento nunca terá fim. Contudo, se aprendermos a apreciar todos os seres mais do que a nós mesmos, desfrutaremos rapidamente o êxtase da Budeidade. O caminho à iluminação é, realmente, muito simples – tudo o que precisamos fazer é parar de apreciar a nós mesmos e aprender a apreciar os outros. Todas as outras realizações espirituais virão naturalmente a partir disso.

Nossa visão instintiva é que somos mais importantes que todos os outros, enquanto a visão de todos os seres iluminados é a de que os outros são mais importantes. Qual dessas visões é mais benéfica? Vida após vida, desde tempos sem início, temos sido escravos da nossa mente de autoapreço. Temos, implicitamente, confiado nessa mente e obedecido a todos os seus comandos, acreditando que a melhor maneira de solucionar nossos problemas e de encontrar felicidade é colocarmos nossos interesses à frente dos interesses de qualquer outra pessoa ou ser. Temos trabalhado longa e arduamente para o nosso próprio benefício, mas o que temos para mostrar? Solucionamos todos os nossos problemas e encontramos a felicidade duradoura que desejamos? Não. É evidente que perseguir nossos próprios interesses egoístas é algo que tem nos enganado. Depois de termos feito a vontade do nosso autoapreço durante tantas vidas, agora é a hora de compreender que isso simplesmente não funciona. Agora é a hora de trocar o objeto do nosso apreço – de *nós mesmos* para *todos os seres vivos*.

O Bodhisattva Langri Tangpa e incontáveis outros seres iluminados descobriram que, abandonando o autoapreço e apreciando somente os outros, viriam a experienciar verdadeira paz e felicidade. Se praticarmos os métodos que eles ensinaram, não haverá razão de não sermos capazes de fazer o mesmo. Não podemos ter a expectativa de mudar a nossa mente da noite para o dia, mas, praticando de modo paciente e persistente as instruções contidas nas *Oito Estrofes* – enquanto, ao mesmo tempo, acumulamos mérito, purificamos negatividades e recebemos bênçãos – podemos substituir gradualmente nossa atitude comum de autoapreço pela atitude sublime de apreciar todos os seres vivos.

Para alcançar isso, não precisamos mudar nosso estilo de vida; o que precisamos mudar são as nossas ideias e intenções. Nossa visão comum é que somos o centro do universo, e que as outras pessoas e coisas têm sua importância medida principalmente pelo modo como elas nos afetam. Nosso carro, por exemplo, é importante simplesmente porque é *nosso*, e nossos amigos são importantes porque *nos* fazem felizes. Estranhos, por outro lado, não nos parecem tão importantes, porque não afetam diretamente a nossa felicidade, e, se o carro de um estranho for danificado ou roubado, não ficaremos muito preocupados. Como veremos nos próximos capítulos, essa visão autocentrada do mundo está fundamentada em ignorância e não corresponde à realidade. Essa visão é a fonte de todas as nossas intenções comuns e egoístas. É justamente porque pensamos "eu sou importante", "eu preciso disso" ou "eu mereço aquilo" que nos envolvemos em ações negativas, que resultam num fluxo interminável de problemas para nós e para os outros.

Praticando as instruções contidas nas *Oito Estrofes*, podemos desenvolver uma visão realista do mundo, fundamentada na compreensão da igualdade e da interdependência de todos os seres vivos. Quando enxergarmos todos e cada um dos seres vivos como importantes, desenvolveremos naturalmente boas intenções em relação a eles. Enquanto a mente que aprecia somente nós mesmos é a base para todas as experiências impuras, samsáricas, a mente que aprecia os outros é a base para todas as boas qualidades da iluminação.

Apreciar os outros não é tão difícil – tudo o que precisamos fazer é compreender porque devemos apreciar os outros e, então, tomar a firme decisão de fazê-lo. Meditando sobre essa decisão, desenvolveremos um profundo e poderoso sentimento de apreço por todos os seres vivos. Então, levamos esse sentimento especial para a nossa vida diária.

Existem duas razões principais de porque precisamos apreciar todos os seres vivos. A primeira é que eles têm nos mostrado imensa bondade, e a segunda é que apreciá-los possui enormes benefícios. Esses pontos serão explicados a seguir.

A BONDADE DOS OUTROS

Todos os seres vivos merecem ser apreciados pela imensa bondade que têm nos mostrado. Toda a nossa felicidade, temporária e última, surge pela bondade deles. Até mesmo o nosso corpo é o resultado da bondade dos outros. Não o trouxemos conosco da nossa vida anterior – ele se desenvolveu a partir da união do espermatozoide do nosso pai e do óvulo da nossa mãe. Depois que fomos concebidos, nossa mãe bondosamente permitiu que ficássemos em seu ventre, nutrindo nosso corpo com seu sangue e calor, suportou imenso desconforto e, por fim, enfrentou a dolorosa provação do parto para o nosso benefício. Viemos a este mundo nus e de mãos vazias, mas imediatamente nos deram um lar, comida, roupas e tudo de que precisávamos. Enquanto éramos um bebê indefeso, nossa mãe nos protegeu de perigos, alimentou-nos, limpou-nos e amou-nos. Sem a sua bondade, hoje não estaríamos vivos.

Por receber constantemente alimentos, bebidas e cuidados, nosso corpo se desenvolveu gradualmente – de um pequeno e indefeso bebê para o corpo que temos hoje. Todos esses cuidados nos foram proporcionados, direta ou indiretamente, por incontáveis seres vivos. Cada célula do nosso corpo é, portanto, o resultado da bondade dos outros. Mesmo aqueles que nunca conheceram suas próprias mães receberam alimentos e cuidados amorosos de outras pessoas. O simples fato de estarmos vivos hoje é um testemunho da grande bondade dos outros.

É porque temos este corpo atual com faculdades humanas que somos capazes de desfrutar de todos os prazeres e oportunidades da vida humana. Até mesmo simples prazeres, como dar um passeio ou contemplar um belo pôr do sol, podem ser vistos como o resultado da bondade de inumeráveis seres vivos. Nossos talentos e habilidades, tudo provém da bondade dos outros; tivemos que ser ensinados a comer, andar, falar, ler e escrever. Mesmo a língua que falamos não foi inventada por nós mesmos, mas é o produto de muitas gerações. Sem ela, não poderíamos nos comunicar com os outros nem compartilhar de suas ideias. Não poderíamos ler este livro, aprender Dharma ou até mesmo pensar com clareza. Todos os recursos e instalações que damos como certos e garantidos – como casas, carros, estradas, lojas, escolas, hospitais e cinemas – são produzidos somente através da bondade dos outros. Quando viajamos de ônibus ou de carro, tomamos as estradas como se já estivessem ali, prontas, desde sempre, mas muitas pessoas trabalharam arduamente para construí-las e torná-las seguras para o nosso uso.

O fato de que algumas das pessoas que nos ajudam talvez não tenham a intenção de fazê-lo é irrelevante. Recebemos benefício de suas ações; portanto, do nosso ponto de vista, isso é bondade. Em vez de nos focarmos em suas motivações, que, de qualquer modo, não conhecemos, devemos nos concentrar no benefício prático que recebemos. Todos os que contribuem de algum modo para nossa felicidade e bem-estar são merecedores da nossa gratidão e respeito. Se tivéssemos que restituir tudo o que os outros têm dado a nós, não nos restaria absolutamente nada.

Podemos argumentar que não recebemos as coisas gratuitamente, mas que temos que trabalhar por elas. Quando vamos às compras, temos de pagar, e quando comemos num restaurante, temos de pagar a conta. Talvez tenhamos um carro, mas tivemos de comprar o carro e, agora, temos de pagar pelo combustível, impostos e seguro. Ninguém nos dá nada de graça. Porém, de onde tiramos esse dinheiro? É verdade que, em geral, temos de trabalhar para ganhar nosso dinheiro, mas são os outros que nos empregam ou compram nossas mercadorias; portanto, indiretamente, são eles que nos proveem com dinheiro. Além disso, a razão pela qual somos capazes de fazer um determinado tipo de trabalho é que recebemos das outras pessoas a educação ou treinamento necessários. Para onde quer que olhemos, encontramos somente a bondade dos outros. Estamos todos interconectados numa rede de bondade da qual é impossível nos separar. Tudo que temos e tudo do que desfrutamos, inclusive nossa própria vida, deve-se à bondade dos outros. De fato, toda a felicidade que existe no mundo surge como resultado da bondade dos outros.

Nosso desenvolvimento espiritual e a felicidade pura da plena iluminação também dependem da bondade dos seres vivos. Centros budistas, livros de Dharma e cursos de meditação não surgem do nada, mas são o resultado do trabalho árduo e dedicação de muitas pessoas. Nossa oportunidade de ler, contemplar e meditar nos ensinamentos de Buda depende inteiramente da bondade dos

Nagarjuna

outros. Além disso, como será explicado mais adiante, sem seres vivos com os quais possamos praticar generosidade, testar nossa paciência ou pelos quais possamos desenvolver compaixão, nunca conseguiríamos desenvolver as qualidades virtuosas necessárias à conquista da iluminação.

Em resumo, precisamos dos outros para o nosso bem-estar físico, emocional e espiritual. Sem os outros, não somos nada. Nossa impressão de que somos uma ilha, um indivíduo autossuficiente e independente, não possui relação alguma com a realidade. É mais próximo da verdade nos imaginarmos como uma célula no vasto corpo da vida – distintos, porém intimamente ligados a todos os seres vivos. Não podemos existir sem os outros, e eles, por sua vez, são afetados por tudo o que fazemos. A ideia de que é possível garantir nosso próprio bem-estar enquanto negligenciamos o bem-estar dos outros, ou até mesmo à custa deles, é completamente irrealista.

Contemplando as inúmeras maneiras pelas quais os outros nos ajudam, devemos tomar uma firme decisão: "Preciso apreciar todos os seres vivos, pois eles são muito bondosos comigo". Com base nessa determinação, geramos um sentimento de apreço – uma sensação de que todos os seres vivos são importantes e de que a felicidade deles importa para nós. Tentamos misturar, de modo estritamente focado, nossa mente com esse sentimento e o mantemos pelo maior tempo que conseguirmos, sem nos esquecer dele. Quando sairmos da meditação, devemos tentar manter essa mente de amor, de modo que, sempre que encontrarmos ou nos lembrarmos de alguém, naturalmente pensemos: "Essa pessoa é importante; a felicidade dessa pessoa importa para mim". Desse modo, podemos tornar a prática de apreciar os seres vivos em nossa prática principal.

OS BENEFÍCIOS DE APRECIAR OS OUTROS

Outra razão para apreciarmos os outros é que este é o melhor método para solucionar os nossos próprios problemas e os problemas dos outros. Problemas, preocupação, dor e infelicidade são tipos de mente; eles são sensações e não existem fora da mente. Se apreciarmos cada pessoa que encontrarmos ou cada pessoa em que pensarmos, não haverá base para desenvolver inveja ou ciúme, raiva ou outros pensamentos prejudiciais, e a nossa mente ficará em paz o tempo todo. Por exemplo, inveja, ou ciúme, é um estado mental que não consegue suportar a boa sorte alheia; mas, se apreciamos alguém, como a sua boa sorte pode perturbar nossa mente? Como podemos desejar prejudicar os outros se consideramos a felicidade de cada ser como de suprema importância? Apreciando genuinamente todos os seres vivos, agiremos sempre com bondade amorosa, de um modo amigável e atencioso, e eles irão retribuir nossa bondade. Os outros não agirão de modo desagradável conosco e não haverá base para conflitos ou disputas. As pessoas irão gostar de nós e nossos relacionamentos serão mais estáveis e satisfatórios.

Apreciar os outros também nos protege dos problemas causados pelo apego desejoso. É comum ficarmos fortemente apegados a uma pessoa que achamos que irá nos ajudar a superar nossa solidão, dando-nos o conforto, a segurança ou o estímulo que ansiamos. No entanto, se tivermos uma mente amorosa por todos, não nos sentiremos sozinhos. Em vez de nos apegar aos outros para que satisfaçam nossas vontades, vamos querer ajudá-los a satisfazerem as suas próprias necessidades e desejos. Apreciar todos os seres vivos soluciona todos os nossos problemas, porque todos os nossos problemas surgem da mente de autoapreço. Por exemplo, se a pessoa com quem vivemos nos deixasse por outra, provavelmente nos sentiríamos transtornados; mas, se os apreciássemos verdadeiramente, desejaríamos que fossem felizes e nos regozijaríamos com sua felicidade. Não haveria base para nos sentirmos enciumados ou deprimidos e, embora pudéssemos achar a situação desafiadora, ela não seria um problema para nós. Apreciar os outros é a proteção suprema contra sofrimentos e problemas e nos permite permanecer calmos e serenos o tempo todo.

Apreciar os nossos vizinhos e as pessoas do nosso bairro conduzirá, naturalmente, a comunidade e a sociedade como um todo à harmonia, e isso tornará todos mais felizes. Talvez não sejamos uma personalidade famosa ou influente, mas, se apreciarmos sinceramente cada um que encontrarmos, poderemos dar uma profunda contribuição à nossa comunidade. Isso é verdadeiro até mesmo para quem nega o valor da religião. Há pessoas que não acreditam em vidas passadas ou futuras nem em seres sagrados, mas que, no entanto, tentam abandonar o egocentrismo e trabalhar para o benefício dos outros. Essa é uma atitude muito positiva que conduzirá a bons resultados. Se, numa escola, um professor apreciar seus alunos e for livre de egoísmo, eles irão respeitá-lo e aprender não apenas o assunto que ele ensina, mas também a bondade e as qualidades admiráveis que revela possuir. Um professor assim naturalmente influenciará, de maneira positiva, todos os que o cercam, e sua presença transformará a escola inteira. Diz-se que existe um cristal mágico que tem o poder de purificar qualquer líquido em que seja colocado. Aqueles que apreciam todos os seres vivos são como esse cristal - com sua simples presença, eles removem a negatividade do mundo e devolvem amor e bondade.

Se alguém, mesmo inteligente e poderoso, não amar os outros, cedo ou tarde enfrentará problemas e achará difícil realizar seus desejos. Se o governante de um país não apreciar seu povo, mas se preocupar somente com seus próprios interesses, ele será criticado e desacreditado e acabará, por fim, perdendo seu cargo. Se um professor espiritual não apreciar e não cultivar boas relações com seus alunos, então, o professor não poderá ajudar os alunos, e os alunos não obterão nenhuma realização.

No *Guia do Estilo de Vida do Bodhisattva*, o mestre budista Shantideva observa que se um patrão estiver preocupado apenas com seus próprios interesses e não cuidar do bem-estar de seus empregados, os empregados ficarão infelizes. Provavelmente, eles trabalharão de modo ineficiente e, certamente, não terão entusiasmo algum para cumprir os desejos do patrão. Assim, o patrão sofrerá as consequências da sua própria falta de consideração pelos seus empregados. Do mesmo modo, se os empregados estiverem preocupados apenas com o proveito que podem tirar da empresa, isso irritará seu patrão, que poderá reduzir-lhes o salário ou demiti-los. A empresa talvez venha a falir, fazendo com que todos percam seus empregos. Desse modo, os empregados sofrerão as consequências da sua falta de consideração pelo patrão. Em todo ramo de atividade, a melhor maneira de garantir sucesso é fazer com que as pessoas envolvidas reduzam seu autoapreço e tenham um maior senso de consideração pelos outros. Às vezes pode parecer, ao autoapreço, que existem vantagens a curto prazo, mas, a longo prazo, existem somente problemas. A solução para todos os problemas da vida diária é apreciar os outros.

Todo o sofrimento que experienciamos é o resultado de carma negativo, e a fonte de todo carma negativo é o autoapreço. Porque temos um senso tão exagerado da nossa própria importância, frustramos os desejos das outras pessoas a fim de satisfazer os nossos. Levados por nossos desejos egoístas, não hesitamos em destruir a paz mental dos outros e causar-lhes aflições. Tais ações plantam apenas sementes de sofrimento futuro. Se apreciarmos os outros sinceramente, não teremos o desejo de ofendê-los ou prejudicá-los e iremos parar de nos envolver em ações destrutivas e prejudiciais. Observaremos, naturalmente, disciplina moral pura e iremos nos abster de matar ou de sermos cruéis com os outros seres vivos, de roubá-los ou de interferir em seus relacionamentos. Como resultado, não teremos de experienciar os efeitos desagradáveis dessas ações negativas no futuro. Desse modo, apreciar os outros nos protege de todos os problemas futuros causados por carma negativo.

Ao apreciar os outros, acumulamos mérito continuamente, e mérito é a causa principal de sucesso em todas as nossas atividades. Se apreciarmos todos os seres vivos, realizaremos, naturalmente, muitas ações úteis e virtuosas. Todas as nossas ações de corpo, fala e mente irão gradualmente se tornar puras e benéficas, e seremos uma fonte de felicidade e de inspiração para qualquer um que encontremos. Descobriremos, por experiência própria, que essa preciosa mente de amor é a verdadeira joia-que-concede-desejos, pois ela satisfaz os desejos puros, tanto os nossos como os de todos os seres vivos.

A mente que aprecia os outros é o supremo bom coração. Manter esse bom coração resultará somente em felicidade para nós e para todos que nos rodeiam. Esse bom coração é a verdadeira essência do Caminho Mahayana e a causa principal de grande compaixão – o desejo de proteger todos os seres vivos do medo e do sofrimento. Através de aprimorar nossa grande compaixão, iremos, por fim, alcançar a compaixão universal de um Buda, compaixão essa que verdadeiramente tem o poder de proteger todos os seres vivos do sofrimento. Desse modo, apreciar os outros nos conduz à Budeidade. É por essa razão que Langri Tangpa inicia as *Oito Estrofes* com a prece para apreciar todos os seres vivos, a fim de alcançar o objetivo supremo, último, da plena iluminação.

Por contemplar todas essas vantagens de apreciar os outros, chegamos à seguinte determinação:

> *Vou apreciar todos os seres vivos sem exceção, porque essa preciosa mente de amor é o método supremo para solucionar todos os problemas e satisfazer todos os desejos. Por fim, ela irá me conceder a felicidade suprema da iluminação.*

Meditamos estritamente focados nessa determinação pelo maior tempo possível, e geramos um forte sentimento de apreço por todos e cada um dos seres vivos. Ao sair da meditação, tentamos manter esse sentimento e colocamos em prática a nossa decisão. Sempre que estivermos com outras pessoas, devemos estar continuamente atentos de que a felicidade e os desejos delas são, no mínimo, tão importantes quanto os nossos próprios desejos e felicidade. É claro que não conseguiremos apreciar todos os seres vivos de imediato, mas, treinando nossa mente nessa atitude, começando com os nossos familiares e amigos, poderemos ampliar gradualmente o escopo do nosso amor até abranger todos os seres vivos. Quando, desse modo, apreciarmos sinceramente todos os seres vivos, não seremos mais uma pessoa comum, mas teremos nos tornado um grande ser, como um Bodhisattva.

Aprimorar o Amor Apreciativo

Sempre que me relacionar com os outros,
Que eu me considere como o mais inferior de todos;
E, com uma pura intenção,
Que eu aprecie os outros como supremos.

NA PRIMEIRA ESTROFE, o Bodhisattva Langri Tangpa ensinou como apreciar todos os seres vivos e, nesta estrofe, ele agora nos mostra como aprimorar essa mente de amor. A melhor maneira de fazê-lo é nos familiarizarmos em apreciar todos os seres vivos, através de colocar em prática, dia e noite, nossa determinação de apreciá-los. Para ajudar a fortalecer essa determinação, Langri Tangpa nos oferece instruções adicionais sobre como aprimorar o amor apreciativo.

Todos nós temos alguém que consideramos especialmente precioso, como nosso filho, cônjuge ou mãe. Essa pessoa nos parece dotada de qualidades únicas, que a destacam das demais. Nós a valorizamos e queremos cuidá-la e protegê-la de uma maneira especial. Precisamos aprender a considerar todos os seres vivos do mesmo modo, reconhecendo todos e cada um deles como sendo especial e exclusivamente precioso. Embora já apreciemos nossa família e os amigos mais próximos, não amamos os estranhos e, certamente, não amamos nossos inimigos. Para nós, a vasta maioria dos seres vivos não tem significado particular algum. Por praticar as instruções de Langri Tangpa, podemos remover essa parcialidade e passar a valorizar todos e cada um dos seres vivos do mesmo modo que uma mãe estima seu mais querido filho. Por praticar desse modo, quanto mais aprofundarmos e aprimorarmos nosso amor, mais fortes nossa compaixão e bodhichitta irão se tornar, e alcançaremos a iluminação mais rapidamente.

RECONHECER NOSSAS FALHAS NO ESPELHO DO DHARMA

A razão principal pela qual não apreciamos todos os seres vivos é que estamos muito preocupados com nós mesmos, e isso deixa um espaço muito pequeno em nossa mente para apreciarmos os outros. Se quisermos apreciar os outros sinceramente, precisamos reduzir o interesse obsessivo que sentimos por nós mesmos. Por que nos consideramos tão preciosos, mas não os outros? A razão é que estamos muito familiarizados com o autoapreço. Desde tempos sem início, temos nos agarrado a um *eu* verdadeiramente existente. Esse agarramento ao *eu* faz surgir automaticamente o autoapreço, que, instintivamente, sente "eu sou mais importante que os outros". Para os seres comuns, o agarramento ao seu próprio *eu* e o autoapreço são como os dois lados de uma mesma moeda: o agarramento ao *eu* agarra-se a um *eu* verdadeiramente existente, ao passo que o autoapreço sente que esse *eu* é precioso e o aprecia. A razão fundamental para isso é a nossa constante familiaridade com o nosso autoapreço, dia e noite, até durante o nosso sono.

Porque consideramos nosso *self*, ou *eu*, como muito precioso e importante, exageramos nossas próprias boas qualidades e desenvolvemos uma visão inflada de nós mesmos. Quase tudo pode servir como base para essa mente arrogante, como nossa aparência, posses, conhecimento, experiências ou *status*. Se fizermos um comentário perspicaz, pensamos "sou tão inteligente!", ou, se tivermos viajado ao redor do mundo, sentiremos que isso nos torna automaticamente uma pessoa fascinante. Somos até mesmo capazes de desenvolver orgulho por coisas das quais deveríamos nos envergonhar, como a nossa habilidade de enganar os outros, ou por qualidades que meramente imaginamos possuir. Por outro lado, achamos muito difícil aceitar nossos erros e defeitos. Gastamos tanto tempo contemplando nossas qualidades, reais ou imaginadas, que nos esquecemos das nossas falhas. Na verdade, nossa mente está repleta de delusões – ou aflições mentais – grosseiras, mas nós as ignoramos e até nos iludimos, pensando que não temos essas mentes repulsivas. Isso é como fingir que não há sujeira em nossa casa após tê-la varrido para debaixo do tapete.

Muitas vezes, é tão doloroso admitir que temos defeitos que inventamos todo tipo de desculpas, em vez de modificar a visão sublime que temos de nós mesmos. Uma das maneiras mais comuns para não encararmos nossas falhas é culpar os outros. Por exemplo, se temos uma relação difícil com alguém, naturalmente concluímos que a falha é inteiramente da pessoa – somos incapazes de aceitar que, no mínimo, essa falha seja parcialmente nossa. Em vez de assumirmos a responsabilidade por nossas ações e fazermos um esforço para mudar nosso comportamento, discutimos com os outros e insistimos que eles é que devem mudar. Uma sensação exagerada da nossa própria importância conduz, assim, a uma atitude crítica em relação às outras pessoas e faz com que seja quase impossível evitar conflitos. O fato de que estamos cegos para as nossas falhas não impede que sejam notadas e apontadas pelos outros, mas, quando eles o fazem, sentimos que estão sendo injustos. Em vez de olharmos honestamente para o nosso próprio comportamento a fim de verificar se a crítica é ou não justificada, nossa mente de autoapreço torna-se defensiva e passa a retaliar, por meio de encontrar defeitos nos outros.

Outra razão pela qual não consideramos os outros como preciosos é que prestamos atenção em seus defeitos, enquanto ignoramos suas boas qualidades. Infelizmente, podemos nos tornar muito habilidosos em identificar as falhas dos outros e investimos uma grande quantidade de energia mental enumerando-as, analisando-as e, até mesmo, meditando nelas! Com essa atitude crítica, se discordarmos do nosso companheiro ou de um colega sobre algo, em vez de tentarmos compreender seu ponto de vista, pensamos repetidamente nas diversas razões pelas quais estamos certos, e eles, errados. Por nos focarmos exclusivamente nas falhas e limitações dos outros, ficamos com raiva e ressentidos e, em vez de apreciá-los, geramos o desejo de prejudicá-los ou desacreditá-los. Desse modo, pequenas desavenças podem facilmente se transformar em conflitos que se arrastam por meses.

Nada de bom jamais virá de insistirmos em nossas próprias qualidades e nos defeitos dos outros. Tudo o que acontecerá é que desenvolveremos uma visão demasiadamente distorcida e presunçosa a nosso respeito e uma atitude arrogante e desrespeitosa em relação aos outros. Como Shantideva diz, no *Guia do Estilo de Vida do Bodhisattva*:

> Se nos tivermos em alta conta, renasceremos nos reinos
> inferiores
> E, mais tarde, como um ser humano, experienciaremos
> uma posição social inferior e uma mente tola.

Como resultado de considerarmos a nós mesmos como superiores, e os outros, inferiores, cometemos muitas ações negativas que, mais tarde, amadurecerão como renascimentos nos reinos inferiores. Em consequência dessa atitude arrogante, mesmo quando finalmente renascermos de novo como um ser humano, estaremos numa condição social inferior, vivendo como um servo ou escravo. Devido ao orgulho, talvez nos consideremos extremamente inteligentes, mas, na verdade, nosso orgulho nos torna tolos e preenche nossa mente com negatividade. De nada serve nos vermos como mais importantes que os outros e pensar apenas em nossas próprias qualidades. Isso não aumenta nossas qualidades nem reduz nossos defeitos, e não faz com que os outros compartilhem da opinião elevada que temos a nosso respeito.

Se, ao contrário, nos focarmos nas boas qualidades dos outros, nosso orgulho deludido diminuirá e passaremos a considerar os outros como mais importantes e preciosos do que nós mesmos. Como resultado, nosso amor e compaixão aumentarão e naturalmente nos envolveremos em ações virtuosas. Em consequência disso, renasceremos nos reinos superiores, como um ser humano ou um deus, e conquistaremos o respeito e a amizade de muitas pessoas. Somente coisas boas podem vir de contemplar as boas qualidades dos outros. Assim, enquanto os seres comuns procuram falhas nos outros, os Bodhisattvas procuram unicamente boas qualidades.

Em *Conselhos do Coração de Atisha*, Atisha diz:

> Não procurem falhas nos outros; procurem falhas em vocês mesmos e purguem-nas como sangue ruim.
>
> Não contemplem suas boas qualidades; contemplem as boas qualidades dos outros e respeitem todos como um servo o faria.

Precisamos pensar sobre nossas próprias falhas porque, se não tivermos consciência delas, não nos sentiremos motivados a superá-las. Foi por examinarem constantemente suas mentes à procura de falhas e imperfeições e, então, aplicar grande esforço para abandoná-las que, todos os que agora são seres iluminados, foram capazes de libertar suas mentes das delusões, a fonte de todas as falhas. Buda disse que aqueles que conhecem suas próprias falhas são sábios, ao passo que aqueles que ignoram suas próprias falhas e, além disso, procuram defeitos nos outros, são tolos. Contemplar nossas próprias qualidades e os defeitos dos outros serve apenas para aumentar nosso autoapreço e diminuir nosso amor pelos outros, além do que todos os seres iluminados concordam que o autoapreço é a raiz de todas as falhas e que apreciar os outros é a fonte de toda a felicidade. As únicas pessoas que discordam dessa visão são aquelas que ainda estão no samsara. Se assim desejarmos, podemos manter nossa visão comum, ou podemos adotar a visão de todos os seres sagrados. A escolha é nossa, mas é mais sábio adotarmos a visão dos seres sagrados se quisermos desfrutar de paz e felicidade verdadeiras.

Algumas pessoas argumentam que um dos nossos principais problemas é a falta de autoestima e que precisamos nos focar,

Chandrakirti

exclusivamente, nas nossas boas qualidades, a fim de aumentar nossa autoconfiança. É verdade que, para fazer autêntico progresso espiritual, precisamos desenvolver confiança em nosso potencial espiritual e reconhecer e aperfeiçoar nossas boas qualidades. Contudo, também precisamos de uma consciência aguçada e realista dos nossos defeitos e imperfeições. Se formos honestos conosco, reconheceremos que, no momento presente, nossa mente está repleta de impurezas, como raiva, apego e ignorância. Essas doenças mentais não desaparecerão apenas porque fingimos que elas não existem. O único modo pelo qual podemos nos livrar delas é reconhecendo honestamente sua existência e, então, nos esforçar para eliminá-las.

Uma das funções principais dos ensinamentos de Dharma é a de servir como um espelho no qual podemos enxergar as nossas próprias falhas. Por exemplo, quando a raiva surge em nossa mente, em vez de procurar uma desculpa, precisamos dizer a nós mesmos: "Essa raiva é o veneno interior da delusão, ou aflição mental. Ela não tem nenhum valor ou justificativa; sua única função é prejudicar. Não vou tolerar sua presença em minha mente". Podemos também usar o espelho do Dharma para distinguir entre apego desejoso e amor. Estes dois são facilmente confundidos, mas é vital discriminá-los corretamente, pois o amor somente traz felicidade para nós, ao passo que a mente de apego apenas traz sofrimento e nos prende mais fortemente ao samsara. No instante em que notarmos o apego surgindo em nossa mente, devemos ficar em estado de alerta – não importa quão agradável possa parecer seguir nosso apego, ele é como lamber mel no fio de uma navalha e, a longo prazo, conduz invariavelmente a mais sofrimento.

Embora tenhamos a necessidade de ser rigorosamente conscientes com relação aos nossos defeitos, nunca devemos permitir que venhamos a nos sentir dominados ou desencorajados por causa deles. Talvez tenhamos muita raiva em nossa mente, porém isso não significa que somos uma pessoa inerentemente raivosa. Não importa quantas delusões possamos ter ou quão fortes elas sejam, elas não são a essência da nossa mente. As delusões são impurezas que temporariamente poluem a nossa mente, mas que não contaminam sua natureza essencial, pura. São como o lodo, que suja a água, mas que nunca se torna uma parte intrínseca dela. Assim como o lodo pode sempre ser removido para revelar, então, a água clara e pura, as delusões podem também ser removidas para revelar a pureza e claridade natural da nossa mente. Ao reconhecer que temos delusões, não devemos nos identificar com elas, pensando "eu sou um egoísta, uma pessoa inútil" ou "eu sou uma pessoa raivosa". Em vez disso, devemos nos identificar com o nosso potencial puro e desenvolver a sabedoria e a coragem de vencer nossas delusões.

Quando olhamos para as coisas exteriores, podemos normalmente distinguir aquelas que são úteis e valiosas daquelas que não o são. Precisamos aprender a olhar para a nossa mente do mesmo modo. Embora a natureza da nossa mente-raiz seja pura e clara, muitos pensamentos conceituais surgem dela, como bolhas surgindo em um oceano ou raios de luz surgindo de uma chama. Alguns desses pensamentos são benéficos e conduzem à felicidade tanto agora como no futuro, enquanto que outros conduzem ao sofrimento e ao infortúnio extremo de renascer nos reinos inferiores. Precisamos manter nossa mente sob constante observação e aprender a distinguir entre os pensamentos benéficos e os pensamentos prejudiciais, que surgem a cada instante. Aqueles que são capazes de fazer isso são verdadeiramente sábios.

Certa vez, um homem mau que havia assassinado milhares de pessoas conheceu um Bodhisattva chamado Rei Chandra, que o ajudou ensinando-lhe o Dharma e mostrando o erro do seu comportamento. O homem, então, disse: "Depois de ter olhado no espelho do Dharma, agora eu compreendo quão negativas minhas ações têm sido e sinto grande arrependimento por elas". Motivado por profundo remorso, ele se empenhou sinceramente em práticas de purificação e, por fim, tornou-se um iogue altamente realizado. Isso mostra que, reconhecendo seus próprios erros no espelho do Dharma e, então, esforçando-se com determinação para removê-los, até a pessoa mais maldosa pode se transformar em um ser completamente puro.

No Tibete, havia um famoso praticante de Dharma chamado Geshe Ben Gungyal, que não recitava preces nem meditava na postura tradicional de meditação. Sua única prática era observar sua mente com muita atenção e se opor às delusões tão logo surgissem. Sempre que percebia sua mente sendo tomada até mesmo pela mais leve agitação, ele ficava especialmente vigilante e se recusava a seguir qualquer pensamento negativo. Por exemplo, se percebesse que o autoapreço estava despontando, lembrava-se imediatamente de suas desvantagens e, então, interrompia essa mente de se manifestar aplicando seu oponente, a prática de amor. Sempre que sua mente estava naturalmente pacífica e positiva, ele relaxava e se permitia desfrutar dos seus estados mentais virtuosos.

Para medir com precisão seu progresso, Geshe Ben Gungyal colocava uma pedra preta à sua frente sempre que um pensamento negativo surgia, e uma pedra branca sempre que um pensamento positivo surgia; ao final do dia, ele contava as pedras. Se houvesse mais pedras pretas, ele se censurava e tentava ser ainda mais rigoroso no dia seguinte; mas, se houvesse mais pedras brancas, ele se elogiava e encorajava a si mesmo. No início, o número de pedras pretas excedia enormemente ao das brancas, mas, com o passar dos anos, sua mente se aperfeiçoou até o ponto em que ele conseguia passar dias inteiros sem nenhuma pedra preta. Antes de se tornar um praticante de Dharma, Geshe Ben Gungyal tinha a reputação de ter sido uma pessoa agressiva e indisciplinada; porém, vigiando cuidadosamente sua mente o tempo todo e avaliando-a com total honestidade no espelho do Dharma, ele gradualmente se tornou um ser muito puro e sagrado. Por que não podemos fazer o mesmo?

Os geshes kadampa ensinavam que a função de um Guia Espiritual é apontar as falhas dos seus discípulos para que, assim, o discípulo tenha uma compreensão clara desses defeitos e a oportunidade de superá-los. Nos dias de hoje, contudo, se um professor apontasse as falhas dos seus discípulos, eles provavelmente ficariam aborrecidos e poderiam até perder sua fé; por essa razão, o professor precisa adotar, em geral, uma abordagem mais gentil. No entanto, mesmo que nosso Guia Espiritual abstenha-se, com muito tato, de apontar diretamente os nossos defeitos, ainda assim precisamos nos tornar conscientes deles examinando nossa mente no espelho dos seus ensinamentos. Se relacionarmos nossa situação pessoal com os ensinamentos do nosso Guia Espiritual sobre o carma e as delusões, seremos capazes de compreender o que precisamos abandonar e o que precisamos praticar.

Uma pessoa doente não pode ser curada de sua doença apenas lendo a bula de um remédio, mas ela pode alcançar a cura se tomar, efetivamente, o medicamento. De modo semelhante, Buda deu instruções de Dharma como o remédio supremo para curar a doença interior das nossas delusões, mas não podemos curar essa doença apenas lendo ou estudando os livros de Dharma. Só conseguiremos solucionar nossos problemas diários colocando o Dharma no nosso coração e praticando-o sinceramente.

VER TODOS OS SERES VIVOS COMO SUPREMOS

O Bodhisattva Langri Tangpa faz a seguinte prece:

E, com uma pura intenção,
Que eu aprecie os outros como supremos.

Se quisermos alcançar a iluminação ou desenvolver a bodhichitta superior, que advém de trocar eu por outros, temos de adotar, definitivamente, a visão de que os outros são mais preciosos do que nós mesmos. Essa visão está fundamentada em sabedoria e nos conduz à nossa meta final, ao passo que a visão de nos considerarmos mais preciosos que os outros está fundamentada na ignorância do agarramento ao em-si e nos leva ao longo dos caminhos do samsara.

O que significa dizer, exatamente, que algo é precioso? Se nos perguntassem o que é mais precioso, um diamante ou um osso, responderíamos que é o diamante. A razão é que o diamante é mais útil para nós. Contudo, para um cachorro, o osso é mais precioso porque ele pode comê-lo, ao passo que não pode fazer nada com o diamante. Isto indica que a preciosidade não é uma qualidade intrínseca de um objeto, mas depende das necessidades e desejos de cada indivíduo, e essas necessidades e desejos dependem, por sua vez, do carma individual. Para alguém cujo desejo principal é alcançar as realizações espirituais de amor, compaixão, bodhichitta e a grande iluminação, os seres vivos são mais preciosos do que um universo repleto de diamantes ou até mesmo de joias-que-concedem-desejos. Qual é a razão disso? A razão é que os seres vivos ajudam essa pessoa a desenvolver amor e compaixão e a realizar o seu desejo de alcançar a iluminação, algo que um universo repleto de joias jamais poderá fazer.

Ninguém deseja permanecer como um ser comum e ignorante para sempre; de fato, todos nós temos o desejo de nos aperfeiçoar e progredir para estados cada vez mais elevados. O estado mais elevado de todos é a plena iluminação, e a estrada principal que conduz à iluminação são as realizações de amor, compaixão, bodhichitta e a prática das seis perfeições. Somente podemos desenvolver essas qualidades na dependência dos outros seres vivos. Como podemos aprender a amar sem ninguém para amar? Como podemos praticar generosidade sem ninguém a quem dar, ou praticar paciência sem ninguém que nos irrite? Sempre que vemos outro ser vivo, podemos aumentar nossas qualidades espirituais, como amor e compaixão, e, desse modo, nos aproximarmos mais da iluminação e da realização dos nossos mais profundos desejos. Como são bondosos os seres vivos ao atuarem como os objetos do nosso amor e compaixão. Que preciosos eles são!

Quando Atisha estava no Tibete, ele tinha um assistente indiano que sempre o criticava. Quando os tibetanos lhe perguntaram por que mantinha esse assistente, já que havia muitos tibetanos fervorosos que ficariam muito felizes em servi-lo, Atisha respondeu: "Sem esse homem, não haveria ninguém com quem eu pudesse praticar paciência. Ele é muito bondoso para mim. Eu preciso dele!". Atisha compreendia que a única maneira de realizar seu profundo desejo de beneficiar todos os seres vivos era alcançando a iluminação, e que, para tanto, precisava aperfeiçoar sua paciência. Para Atisha, seu assistente mal-humorado era mais precioso do que posses materiais, louvor ou demais conquistas mundanas.

Nossas realizações espirituais são a nossa riqueza interior porque nos ajudam em todas as situações e são as únicas posses que podemos levar conosco quando morremos. Uma vez que tenhamos aprendido a valorizar, acima das condições exteriores, a riqueza interior da paciência, generosidade, amor e compaixão, passaremos a considerar todos e cada um dos seres sencientes como supremamente preciosos, não importando como eles nos tratem. Isso tornará muito fácil para nós apreciá-los.

Em nossa sessão de meditação, contemplamos os argumentos acima até chegarmos à seguinte conclusão:

> *Os seres sencientes são extremamente preciosos porque, sem eles, não posso reunir a riqueza interior das realizações espirituais, riqueza essa que, definitivamente, irá me trazer a felicidade suprema da plena iluminação. Uma vez que, sem essa riqueza interior, terei de permanecer para sempre no samsara, vou sempre considerar os seres sencientes como supremamente importantes.*

Meditamos estritamente focados nessa determinação pelo maior tempo possível. Ao sair da meditação, tentamos manter essa determinação o tempo todo, reconhecendo o quanto precisamos de todos e de cada um dos seres sencientes para a nossa prática espiritual. Mantendo esse reconhecimento, nossos problemas interiores de raiva, apego, inveja (ou ciúme) e assim por diante diminuirão e, naturalmente, viremos a apreciar os outros. Em particular, sempre que as pessoas interferirem com os nossos desejos ou nos criticarem, devemos relembrar que precisamos dessas pessoas para desenvolvermos realizações espirituais, que são o verdadeiro sentido da nossa vida humana. Se todos nos tratassem com a bondade e o respeito que nosso autoapreço acha que merecemos, isso só reforçaria nossas delusões e esgotaria o nosso mérito. Imagine como seríamos se sempre obtivéssemos tudo o que queremos! Seríamos como uma criança mimada, que sente que o mundo gira ao seu redor e de quem ninguém gosta. Na verdade, todos nós precisamos de alguém como o assistente de Atisha, porque uma pessoa assim nos dá a oportunidade de destruir nosso autoapreço e de treinar nossa mente, tornando então a nossa vida verdadeiramente significativa.

Já que o raciocínio acima é exatamente o oposto da nossa maneira habitual de pensar, precisamos contemplá-lo com muito cuidado, até estarmos convencidos de que todos e cada um dos seres vivos são, de fato, mais preciosos do que qualquer conquista exterior. Na verdade, os Budas e os seres sencientes são igualmente preciosos – os Budas porque revelam o caminho à iluminação, e os seres sencientes porque atuam como os objetos da compaixão que precisamos para alcançar a iluminação. Visto que a bondade deles em nos possibilitar a conquista do nosso objetivo supremo, a iluminação, é igual, podemos considerar os Budas e os seres sencientes como igualmente importantes e preciosos. Como diz Shantideva, no *Guia do Estilo de Vida do Bodhisattva*:

> Já que os seres vivos e os seres iluminados são semelhantes
> No sentido de que as qualidades de um Buda surgem na
> dependência dos seres vivos,
> Por que não mostramos aos seres vivos o mesmo respeito
> Que mostramos aos seres iluminados?

OS SERES VIVOS NÃO TÊM FALHAS

Podemos questionar que, embora seja verdadeiro que dependemos dos seres sencientes como os objetos da nossa paciência, compaixão e assim por diante, todavia é impossível vê-los como preciosos, uma vez que possuem muitas falhas. Como podemos considerar como precioso alguém cuja mente está impregnada de apego, raiva e ignorância? A resposta a essa objeção é bastante profunda. Embora as mentes dos seres sencientes estejam repletas de delusões, os seres sencientes, eles próprios, não são falhos. Dizemos que a água do mar é salgada. No entanto, a natureza verdadeira da água não é ser salgada, pois o sal pode ser removido dela. De modo semelhante, todas as falhas que vemos nas pessoas são, de fato, as falhas das suas delusões, não são falhas das próprias pessoas. Os Budas veem que as delusões possuem muitos defeitos, mas eles nunca veem as pessoas como falhas, pois os Budas distinguem as pessoas das suas delusões. Se alguém está com raiva, pensamos: "Ele é uma pessoa má e raivosa", mas os Budas pensam: "Ele é um ser sofredor, afligido pela doença interior da raiva". Se um amigo nosso estivesse sofrendo de câncer, não iríamos culpá-lo por sua doença física; do mesmo modo, se alguém estiver sofrendo de raiva ou apego, não devemos culpá-lo pelas doenças da sua mente.

As delusões, ou aflições mentais, são os inimigos dos seres sencientes, e assim como não culparíamos uma vítima pelos erros do seu agressor, por que culparíamos os seres sencientes pelas falhas dos seus inimigos interiores? Quando alguém está temporariamente dominado pelo inimigo interior que é a raiva, é inadequado acusá-lo, pois ele e a raiva que está em sua mente são dois fenômenos distintos. Assim como o defeito de um microfone não é o defeito de um livro, e o defeito de uma xícara não é o defeito de um bule de chá, as falhas das delusões não são as falhas de uma pessoa. A única resposta adequada diante daqueles que estão sendo movidos por suas delusões a prejudicarem os outros é compaixão. Às vezes, é necessário conter aqueles que estão se comportando de maneiras muito deludidas, tanto para o bem deles próprios como para proteger os outros, mas nunca será adequado culpá-los ou ficar com raiva deles.

Costumamos nos referir ao nosso corpo e mente como "meu corpo" e "minha mente", de um modo semelhante quando nos referimos às nossas outras posses. Isto indica que eles são diferentes do nosso *eu*. O corpo e a mente são a base sobre a qual estabelecemos nosso *eu*; eles não são o *eu*. As delusões são características da mente de uma pessoa, elas não são características da pessoa. Já que nunca conseguiremos encontrar falhas nos seres sencientes em si mesmos, podemos dizer que, nesse sentido, os seres sencientes são como Budas.

Assim como distinguimos entre uma pessoa e suas delusões, devemos também lembrar que as delusões são apenas características não intrínsecas e temporárias da mente de uma pessoa e que não são sua verdadeira natureza. Delusões são pensamentos conceituais distorcidos que surgem da mente, como ondas em um oceano – assim como as ondas desaparecem no oceano sem que o oceano desapareça, nossas delusões também podem acabar sem que nosso *continuum* mental cesse.

Porque os Budas fazem a distinção entre delusões e pessoas, eles são capazes de enxergar as falhas das delusões sem jamais enxergar uma única falha em qualquer ser senciente. Consequentemente, seu amor e compaixão pelos seres sencientes nunca diminuem. Por sermos incapazes de fazer essa distinção, nós, por outro lado, estamos constantemente encontrando falhas nos outros em vez de reconhecer as falhas das delusões, até mesmo daquelas que estão em nossa própria mente.

Há uma prece que diz:

> Esta falha que vejo não é a falha da pessoa,
> Mas a falha da delusão.
> Compreendendo isso, que eu nunca enxergue as falhas
>   dos outros,
> Mas veja todos os seres como supremos.

Focar-se nas falhas dos outros é a fonte de muitas das nossas negatividades e um dos principais obstáculos para ver os outros como supremamente preciosos. Se estivermos genuinamente interessados em desenvolver amor apreciativo, precisamos aprender a discriminar entre uma pessoa e suas delusões e compreender que as delusões é que devem ser culpadas por todas as falhas que percebemos.

Vajradhara

Talvez possa parecer que haja uma contradição entre isto e a seção anterior, na qual fomos aconselhados a reconhecer nossas próprias falhas. Seguramente, se temos falhas, as outras pessoas também as têm! Mas não há contradição. Para a efetividade da nossa prática de purificação, precisamos reconhecer nossas próprias falhas, que são as nossas delusões e as nossas ações não virtuosas. Isso também se aplica aos outros. E para a efetividade da nossa prática de bondade amorosa para com todos os seres vivos, precisamos compreender que as falhas que vemos nas ações dos seres vivos não são as falhas dos seres vivos, mas as falhas dos seus inimigos – as delusões. Devemos apreciar de uma maneira prática estes ensinamentos; não precisamos de debates sem sentido.

Quando uma mãe vê seu filho tendo um acesso de raiva, ela sabe que o filho está agindo de modo deludido, mas isso não diminui seu amor por ele. Embora a mãe não ignore a raiva do filho, isso não a leva a concluir que o filho seja mau ou intrinsecamente raivoso. Por fazer uma distinção entre a delusão e a pessoa, a mãe continua vendo seu filho como belo e pleno de potencial. Do mesmo modo, devemos considerar todos os seres sencientes como supremamente preciosos, enquanto compreendemos claramente que eles estão afligidos pela doença da delusão.

Podemos também aplicar o raciocínio acima a nós mesmos, reconhecendo que nossas falhas são, na verdade, as falhas das nossas delusões, e não as falhas do nosso *self*, ou *eu*. Isso impedirá que nos identifiquemos com nossos defeitos, sentindo-nos culpados e inadequados, e irá nos ajudar a ver nossas delusões de um modo realista e prático. Precisamos reconhecer nossas delusões e assumir a responsabilidade de superá-las, mas, para fazermos isso efetivamente, precisamos nos distanciar delas. Podemos, por exemplo, pensar: "O autoapreço está presente em minha mente, mas o autoapreço não sou eu. Posso destruí-lo sem destruir a mim mesmo". Desse modo, conseguiremos ser totalmente implacáveis com as nossas delusões, mas bondosos e pacientes conosco. Não precisamos nos culpar pelas muitas delusões que herdamos das nossas vidas passadas; mas, se desejamos que nosso futuro *self* desfrute de paz e felicidade, é nossa responsabilidade remover essas delusões da nossa mente.

Como foi mencionado anteriormente, uma das melhores maneiras de considerar os outros como preciosos é relembrar sua bondade. Novamente, podemos questionar: "Como posso ver os outros como bondosos quando eles estão envolvidos em tantas ações cruéis e prejudiciais?". Para responder isso, precisamos compreender que, quando pessoas prejudicam outras, elas estão sendo controladas por suas delusões. As delusões, ou aflições mentais, são como um poderoso alucinógeno, que coage as pessoas a agirem de maneira contrária à sua real natureza. Uma pessoa sob a influência das delusões não está em sã consciência, porque cria sofrimentos horríveis para si mesma, e ninguém em sã consciência criaria sofrimento para si mesmo. Todas as delusões fundamentam-se numa maneira equivocada de ver as coisas. Quando vemos as coisas como elas realmente são, nossas delusões naturalmente desaparecem e mentes virtuosas naturalmente se manifestam. Mentes como amor e bondade fundamentam-se na realidade e são uma expressão da nossa natureza pura. Assim, quando vemos os outros como bondosos, estamos vendo para além das suas delusões e estamos nos relacionando com sua natureza pura, sua natureza búdica.

Buda comparou nossa natureza búdica a uma pepita de ouro suja, pois, não importa quão execráveis as delusões de uma pessoa possam ser, a verdadeira natureza da sua mente permanece imaculada, como o ouro puro. No coração até da mais cruel e degenerada pessoa existe o potencial para amor, compaixão e sabedoria ilimitados. Ao contrário das sementes das nossas delusões, que podem ser destruídas, esse potencial é absolutamente indestrutível e é a natureza pura e essencial de todo ser vivo. Sempre que encontrarmos os outros, em vez de nos focarmos em suas delusões, devemos focar no ouro da sua natureza búdica. Isso não apenas irá nos capacitar a considerá-los como especiais e únicos, como também contribuirá para trazer à tona suas boas qualidades. Reconhecendo cada um como um futuro Buda, iremos naturalmente, através do amor e da compaixão, estimular esse potencial para que ele amadureça.

Por estarmos tão familiarizados em apreciar mais a nós mesmos do que aos outros, a visão de que todos os seres sencientes são supremamente importantes não surge facilmente e, por essa razão, precisamos treinar pacientemente nossa mente por muitos anos, até que essa visão se torne natural. Assim como um oceano é formado por muitas gotas pequenas de água, que foram se juntando durante um longo período, as realizações de amor e de compaixão dos praticantes avançados também são o resultado de um treino constante. Devemos começar tentando apreciar nossos pais, familiares e amigos mais próximos e, depois, estender esse sentimento às pessoas da nossa comunidade. Gradualmente, poderemos ampliar o escopo do nosso apreço até que ele inclua todos os seres sencientes.

É importante começar com nosso círculo mais próximo porque, se tentarmos amar todos os seres sencientes de modo geral, enquanto negligenciamos apreciar pessoas específicas com as quais convivemos, nosso apreço será abstrato e inautêntico. Podemos desenvolver alguns bons sentimentos em meditação, mas eles desaparecerão rapidamente quando sairmos da sessão de meditação, e a nossa mente continuará, basicamente, inalterada. Entretanto, se, no final de cada sessão de meditação, tomarmos a determinação especial de apreciar aqueles com os quais vamos passar a maior parte do nosso tempo e, depois, colocarmos essa determinação em prática, nosso apreço por eles será bem fundamentado e sincero. Esforçando-nos com determinação para amar nosso círculo mais próximo, mesmo quando eles estiverem dificultando nossa vida, nosso autoapreço será constantemente corroído e gradualmente construiremos em nossa mente uma fundação firme para apreciar os outros. Com essa fundação, não será difícil estendermos nosso amor para um número cada vez maior de seres sencientes, até desenvolvermos o amor e a compaixão universais de um Bodhisattva.

Nossa habilidade para ajudar os outros também depende da nossa conexão cármica com eles nesta vida e em vidas anteriores. Todos nós temos um círculo próximo de pessoas com as quais temos uma conexão cármica especial nesta vida. Embora devamos aprender a apreciar todos os seres vivos igualmente, isso não significa que tenhamos que tratar cada um exatamente da mesma maneira. Por exemplo, seria inadequado tratar nosso patrão da mesma maneira como tratamos nossos amigos mais próximos ou nossos familiares. Também há pessoas que apenas querem ficar sozinhas ou que não gostam de qualquer demonstração de afeto. Amar os outros é, principalmente, uma atitude mental, e a maneira como expressamos isso depende das necessidades e desejos de cada indivíduo, bem como da nossa conexão cármica com eles. Não podemos, fisicamente, cuidar de todos, mas podemos desenvolver uma atitude solícita em relação a todos os seres. Este é o ponto principal do treino da mente. Ao treinar nossa mente desse modo, por fim iremos nos tornar um Buda, com o poder efetivo de proteger todos os seres sencientes.

Contemplando cuidadosamente todos os pontos acima, chegamos à seguinte conclusão:

Já que todos os seres sencientes são muito preciosos para mim, devo apreciá-los e cuidar bem deles.

Devemos considerar essa determinação como uma semente e conservá-la continuamente em nossa mente, nutrindo-a até que se transforme no sentimento espontâneo de apreciar igualmente a nós mesmos e a todos os seres sencientes. Essa realização denomina-se "equalizar eu com outros". Assim como valorizamos nossa própria paz e felicidade, devemos também valorizar a paz e a felicidade de todos os seres vivos; e assim como trabalhamos para nos livrar dos nossos sofrimentos e problemas, devemos também trabalhar para libertar os outros.

DESENVOLVER HUMILDADE

Sempre que me relacionar com os outros,
Que eu me considere como o mais inferior de todos.

Aqui, Langri Tangpa nos encoraja a desenvolver a mente de humildade e a nos ver como mais inferior e menos precioso que os outros. Como foi mencionado anteriormente, a preciosidade não é uma qualidade inerente de um objeto, mas depende do carma individual. É devido à conexão cármica especial de uma mãe com seus filhos que eles naturalmente aparecem preciosos para ela. Para um praticante do treino da mente, todos os seres sencientes são igualmente preciosos, tanto porque são imensamente bondosos, quanto porque atuam como objetos supremos para desenvolver e aumentar suas realizações espirituais. Para um praticante assim, nenhum ser é inferior ou menos importante, nem mesmo um inseto. Podemos nos perguntar: se *preciosidade* depende do carma, a razão pela qual um praticante do treino da mente vê todos os seres como preciosos é devido ao fato dele ter uma conexão cármica com todos eles? O praticante do treino da mente desenvolve essa visão especial por meio de contemplar razões corretas que fazem amadurecer seu potencial cármico para ver todos os seres como suas preciosas mães. Na verdade, todos os seres sencientes são nossas mães e, portanto, temos uma relação cármica com todos eles; mas, devido à nossa ignorância, não temos a menor ideia de que eles são nossas preciosas mães.

Em geral, todos nós preferimos desfrutar de *status* elevado e boa reputação, e temos pouco ou nenhum interesse em sermos humildes. Praticantes realizados do treino da mente, como Langri Tangpa, são completamente o oposto. Eles procuram, efetivamente, ocupar posições subalternas e desejam que os outros desfrutem a felicidade de um *status* elevado. Existem três razões pelas quais os praticantes do treino da mente se empenham em praticar humildade. A primeira é que, praticando humildade, não consumimos nosso mérito em aquisições mundanas, mas o guardamos para o desenvolvimento de realizações interiores. Temos somente um estoque limitado de mérito e, se o desperdiçarmos com posses materiais, reputação, popularidade ou poder, não sobrará energia positiva suficiente em nossa mente para produzir realizações espirituais profundas. A segunda razão é que, praticando humildade e desejando que os outros desfrutem de *status* elevado, acumulamos uma vasta quantidade de mérito. Devemos entender que agora é a hora de acumularmos mérito, não de desperdiçá-lo para prazeres mundanos. A terceira razão é que precisamos praticar humildade porque o *self*, ou *eu*, que normalmente vemos não existe. Devemos considerar nosso *self*, ou *eu* - o objeto do nosso autoapreço - como o mais inferior de todos, como algo que devemos ignorar ou esquecer. Desse modo, nosso autoapreço irá se enfraquecer e nosso amor pelos outros aumentará.

Embora todos os praticantes realizados do treino da mente pratiquem humildade, eles aceitam, todavia, qualquer posição social que lhes permita beneficiar o maior número de seres sencientes. Um praticante como esse pode se tornar um próspero, poderoso e respeitado membro da sociedade, mas sua motivação para fazer isso será unicamente a de beneficiar os outros. Aquisições mundanas não o atraem minimamente, pois ele as reconhece como enganosas e um desperdício de seu mérito. Ainda que se tornasse um rei, consideraria toda sua riqueza como pertencente aos outros, e ele continuaria, em seu coração, a ver os outros como supremos. Porque ele não se agarraria à sua posição ou posses como se fossem suas propriedades, elas não serviriam para esgotar o seu mérito.

Precisamos praticar humildade inclusive quando nos relacionamos com aqueles que, segundo as convenções sociais, são iguais ou inferiores a nós. Como não conseguimos ver a mente dos outros, não sabemos quem, de fato, é um ser realizado e quem não é. Alguém pode não ter uma posição social elevada, mas, se no seu coração, mantém bondade amorosa por todos os seres vivos, ele é, na verdade, um ser realizado. Além disso, os Budas são capazes de se manifestar sob qualquer forma para ajudar os seres vivos e, a menos que nós mesmos sejamos um Buda, não temos como saber quem é uma emanação de Buda e quem não é. Não podemos afirmar com certeza que nosso melhor amigo ou o pior inimigo, que nossa mãe ou até mesmo o nosso cachorro, não sejam uma emanação. O fato de sentir que conhecemos muito bem uma pessoa e de a termos visto comportando-se de maneiras deludidas não significa que ela seja uma pessoa comum. O que vemos é um reflexo da nossa própria mente. Uma mente comum e deludida naturalmente percebe um mundo repleto de pessoas comuns e deludidas.

Somente quando purificarmos nossa mente é que seremos capazes de ver diretamente seres puros e sagrados. Até lá, não podemos saber com certeza se alguém é ou não uma emanação. Talvez todas as pessoas que conhecemos sejam emanações de um Buda! Isso pode nos parecer bastante improvável, mas é só porque estamos muito acostumados a ver as pessoas como comuns. Simplesmente, não sabemos. Tudo o que podemos realisticamente dizer é que talvez alguém seja uma emanação, talvez não seja. Essa é uma maneira muito útil de pensar, pois, se acharmos que uma pessoa possa ser uma emanação de um Buda, iremos naturalmente respeitá-la e evitaremos prejudicá-la. Do ponto de vista do efeito que isso tem sobre nossa mente, pensar que alguém possa ser um Buda é quase o mesmo que pensar que ele (ou ela) é um Buda. Visto que sabemos, com certeza, que a única pessoa que não é um Buda somos nós mesmos, se treinarmos esse modo de pensar consideraremos, gradualmente, todos os outros seres como superiores e mais preciosos do que nós.

Ver-nos a nós próprios como o mais inferior de todos não é fácil de se aceitar inicialmente. Quando encontramos um cachorro, por exemplo, admitimos nos ver como inferiores ao cachorro? Podemos contemplar a história de Asanga, que encontrou um cachorro moribundo que, na realidade, mostrou-se ser uma emanação de Buda Maitreya. O cachorro diante de nós pode nos aparecer como se fosse um animal comum, mas o fato é que não conhecemos sua verdadeira natureza. Talvez ele também tenha sido emanado por Buda para nos ajudar a desenvolver compaixão. Como não podemos saber com certeza sobre uma coisa ou outra, em vez de perder tempo especulando se o cachorro é um animal comum ou uma emanação, devemos simplesmente pensar: "Esse cachorro pode ser uma emanação de Buda". Desse ponto de vista, podemos pensar que somos inferiores ao cachorro, e esse pensamento irá nos proteger contra qualquer sentimento de superioridade.

Uma das vantagens da humildade é que ela nos permite aprender com todos os seres. Uma pessoa orgulhosa não consegue aprender com os outros porque sempre acha que já sabe mais do que eles. Por outro lado, uma pessoa humilde, que respeita a todos e reconhece que eles talvez sejam, inclusive, emanações de Buda, tem abertura mental para aprender com os outros e em todas as situações. Assim como a água não pode se acumular no pico de uma montanha, boas qualidades e bênçãos não podem se juntar nos picos rochosos do orgulho. Se, em vez disso, mantivermos uma atitude humilde e respeitosa para com todos os seres, boas qualidades e inspiração fluirão para a nossa mente o tempo todo, como riachos fluindo para os vales.

Tilopa

Trocar Eu por Outros

Examinando meu continuum mental em todas as minhas ações,
Tão logo a delusão do autoapreço se desenvolva,
Pela qual eu ou os outros agiríamos inadequadamente,
Que eu a enfrente e a rejeite firmemente.

Enquanto as duas primeiras estrofes explicam a prática de "equalizar eu com outros" (apreciar igualmente nós mesmos e todos os outros seres vivos), esta terceira estrofe nos mostra como trocar *eu* por *outros*. Isso significa desistir do nosso autoapreço e passar a apreciar somente os outros. Como os principais obstáculos para obtermos essa realização são as nossas delusões, ou aflições mentais, o Bodhisattva Langri Tangpa explica agora como podemos superar nossas delusões e, em particular, nosso autoapreço.

Normalmente, dividimos o mundo exterior naquilo que consideramos como sendo bom ou valioso, ruim ou sem valor, ou nem um nem outro. Na maior parte do tempo, essas discriminações são incorretas ou fazem pouco sentido. Por exemplo, nossa maneira habitual de classificar as pessoas em amigos, inimigos e estranhos na dependência de como elas afetam aquilo que sentimos é incorreta e um grande obstáculo para desenvolvermos amor imparcial por todos os seres vivos. Em vez de nos prendermos tão estreitamente às nossas discriminações sobre o mundo exterior, seria muito mais benéfico se aprendêssemos a discriminar entre os estados mentais valiosos e os estados mentais inúteis.

Para superar uma delusão específica, precisamos ser capazes de identificá-la corretamente e distingui-la com clareza de outros estados mentais. É relativamente fácil identificar delusões como a raiva ou a inveja e ver de que modo elas estão nos prejudicando. Contudo, delusões como o apego, o orgulho, o agarramento ao em-si e o autoapreço são mais difíceis de serem identificadas e podem ser facilmente confundidas com outros estados mentais. Por exemplo, temos muitos desejos, mas nem todos são motivados por apego desejoso. Podemos ter o desejo de dormir, comer, estar com amigos ou meditar, mas isso não significa que estejamos influenciados pelo apego. Um desejo que é apego perturba, necessariamente, nossa mente; mas, visto que ele pode nos afetar de maneiras sutis e indiretas, talvez achemos difícil identificar quando o apego surge em nossa mente.

O QUE É O AUTOAPREÇO?

De todos os inúmeros pensamentos conceituais que surgem do oceano da nossa mente raiz, o mais prejudicial é o autoapreço, e o mais benéfico é a mente de apreciar os outros. O que é, exatamente, o autoapreço? O autoapreço é a nossa mente pensando "eu sou importante", enquanto negligencia ou descuida dos outros. Ele é definido como uma mente que considera a própria pessoa, a si mesma, como supremamente importante e preciosa e que se desenvolve a partir da aparência de existência verdadeira do *self*. A delusão do autoapreço está funcionando em nossa mente quase que o tempo todo e é o verdadeiro âmago da nossa experiência samsárica.

É o nosso autoapreço que nos faz sentir que a nossa felicidade e liberdade são mais importantes que as de qualquer outra pessoa, que os nossos desejos e sentimentos contam mais e que nossa vida e experiências são mais interessantes. Devido ao nosso autoapreço, ficamos perturbados quando somos criticados ou insultados, mas não sentimos o mesmo quando um estranho é criticado e podemos, até mesmo, nos sentir felizes quando alguém que não gostamos é insultado. Quando sentimos dor, achamos que a coisa mais importante do mundo é interrompê-la o mais rapidamente possível, mas somos muito mais pacientes quando alguém está com dor. Estamos tão familiarizados com o autoapreço que achamos difícil imaginar a vida sem ele – para nós, o autoapreço é quase tão natural quanto respirar. No entanto, se verificarmos com nossa sabedoria, veremos que o autoapreço é uma mente totalmente equivocada, sem base alguma na realidade. Não existe, absolutamente, nenhuma razão válida para pensar que somos mais importantes que os outros. Para os Budas, que possuem mentes inequívocas e veem as coisas exatamente como elas são, todos os seres são igualmente importantes.

O autoapreço é uma percepção errônea porque seu objeto observado, o *self* (ou *eu*) inerentemente existente, não existe. O "*self*, ou *eu*, inerentemente existente", o "*self*, ou *eu*, que normalmente vemos" e "o *self*, ou *eu*, verdadeiramente existente" são sinônimos. Se observarmos nossa mente quando o autoapreço está se manifestando fortemente, como quando estamos com medo, envergonhados ou indignados, iremos notar que temos uma sensação muito vívida do *eu*. Devido à ignorância do agarramento ao em-si, nosso *eu* nos aparece como uma entidade sólida e real, existindo do seu próprio lado, independente do nosso corpo ou da nossa mente. Esse *eu* independente é chamado de "*eu* inerentemente existente" e não existe de modo algum. O *eu* ao qual nos agarramos tão intensamente, que apreciamos de modo tão carinhoso e a quem devotamos toda a nossa vida para servir e proteger é meramente uma criação da nossa ignorância. Se refletirmos profundamente sobre este ponto, compreenderemos quão ridículo é apreciar algo que não existe. Uma explicação sobre como o *eu* inerentemente existente não existe é dada no capítulo sobre treinar a bodhichitta última.

Devido às marcas do agarramento ao em-si acumuladas desde tempos sem início, tudo o que aparece à nossa mente, incluindo o nosso *eu*, aparece como se fosse inerentemente existente. Por nos agarrarmos ao nosso próprio *self* como inerentemente existente, agarramo-nos também ao *self* dos outros como inerentemente existentes e, então, concebemos *self* e *outros* como sendo inerentemente diferentes. Geramos, então, autoapreço, que instintivamente sente "eu sou supremamente importante e precioso". Em resumo, nosso agarramento ao em-si apreende o nosso *eu* como sendo inerentemente existente e, então, o nosso autoapreço aprecia esse *eu* inerentemente existente acima do de todos os outros. Para os seres comuns, o agarramento ao em-si e o autoapreço estão intimamente relacionados e quase fundidos um ao outro. Podemos dizer que ambos são tipos de ignorância, pois ambos apreendem equivocadamente um objeto não existente, o *eu* inerentemente existente. Uma vez que qualquer ação motivada por essas mentes é uma ação contaminada, que nos faz renascer no samsara, também é correto afirmar que, para os seres comuns, o agarramento ao em-si e o autoapreço são, ambos, a raiz do samsara.

Há um tipo mais sutil de autoapreço, que não está vinculado ao agarramento ao em-si e que não é, portanto, um tipo de ignorância. Esse tipo de autoapreço existe na mente de "Destruidores de Inimigos" hinayana, que abandonaram por completo a ignorância do agarramento ao em-si e todas as demais delusões. No entanto, eles ainda possuem uma forma sutil de autoapreço, que surge das marcas do agarramento ao em-si e os impede de trabalhar para o benefício de todos os seres sencientes. Uma explicação desse tipo de autoapreço não faz parte do objetivo deste livro. Aqui, *autoapreço* refere-se ao autoapreço dos seres comuns, que é uma mente deludida que aprecia um *self* inexistente e o considera como supremamente importante.

AS FALHAS DO AUTOAPREÇO

É impossível encontrar um único problema, infortúnio ou experiência dolorosa que não surja do autoapreço. Como diz Shantideva:

> Toda a felicidade que existe neste mundo
> Surge de desejar que os outros sejam felizes,
> E todo o sofrimento que existe neste mundo
> Surge de desejar que nós mesmos sejamos felizes.

De que modo podemos entender isso? Como foi mencionado anteriormente, todas as nossas experiências são efeitos das ações que executamos no passado: experiências agradáveis são os efeitos de ações positivas, e experiências desagradáveis são os efeitos de ações negativas. Sofrimentos não nos são dados como punições. Eles todos vêm da nossa mente de autoapreço, que deseja que nós próprios sejamos felizes, enquanto negligenciamos ou descuidamos da felicidade dos outros. Há duas maneiras de se entender isso. A primeira é que a mente de autoapreço é a criadora de todo o nosso sofrimento e problemas; e a segunda, que o autoapreço é a base para experienciar todos os nossos sofrimentos e problemas.

Sofremos porque, em nossas vidas anteriores, motivados por intenções egoístas - nosso autoapreço - cometemos ações que fizeram os outros experienciarem sofrimento. Como resultado dessas ações, experienciamos agora nossos sofrimentos e problemas atuais. Portanto, o verdadeiro criador de todo o nosso sofrimento e problemas é a nossa mente de autoapreço. Se nunca tivéssemos nos envolvido em ações negativas, seria impossível experienciarmos quaisquer efeitos desagradáveis. Todas as ações negativas são motivadas por delusões, que, por sua vez, surgem do autoapreço. Primeiro, geramos o pensamento "eu sou importante" e, por causa desse pensamento, sentimos que a satisfação dos nossos desejos é de suprema importância. Então, desejamos para nós tudo aquilo que nos aparece atraente e geramos apego, sentimos aversão por tudo aquilo que nos aparece desagradável e geramos raiva, e sentimos indiferença por tudo aquilo que nos aparece neutro e geramos ignorância. A partir dessas três delusões, todas as demais delusões surgem. O agarramento ao em-si e o autoapreço são as raízes da árvore do sofrimento; as delusões, como raiva e apego, são o tronco; as ações negativas são os galhos; e as desgraças e dores do samsara, seus amargos frutos.

Ao entender como as delusões se desenvolvem, podemos constatar que o autoapreço está no âmago da nossa negatividade e sofrimento. Desconsiderando a felicidade dos outros e perseguindo egoisticamente nossos próprios interesses, cometemos muitas ações não virtuosas, cujos efeitos são somente sofrimento. Todo o infortúnio de enfermidades, doenças, catástrofes naturais e guerras pode ser rastreado até chegarmos ao autoapreço. É impossível experienciar o sofrimento de doenças ou qualquer outro infortúnio sem que tenhamos criado, em algum momento do passado, sua causa, que é, necessariamente, uma ação não virtuosa motivada por autoapreço.

Não devemos tomar isso como se significasse que o sofrimento de uma pessoa fosse uma falha da própria pessoa e que, portanto, é inadequado sentir compaixão por ela. Motivados por suas delusões, os seres vivos cometem ações negativas e, sempre que estão sob a influência das delusões, eles não estão no controle de suas mentes. Se um doente mental ferisse sua própria cabeça batendo-a contra uma parede, os médicos não se recusariam a socorrê-lo alegando que a culpa foi dele. Do mesmo modo, se numa vida anterior uma pessoa cometeu uma ação negativa que agora resultou na experiência de uma doença grave, isso não é motivo para não sentirmos compaixão por ela. De fato, por compreender que os seres vivos não estão livres das delusões e que elas são a causa de todo o seu sofrimento, nossa compaixão irá se tornar muito mais forte. Para sermos capazes de ajudar os outros efetivamente, precisamos de uma intenção profundamente compassiva que deseja libertá-los dos seus sofrimentos manifestos e de suas causas subjacentes.

A mente de autoapreço é, também, a base para experienciar todo o nosso sofrimento e problemas. Por exemplo, quando as pessoas são incapazes de satisfazer seus próprios desejos, muitas experienciam depressão, desânimo, infelicidade e dor mental, e outras até desejam se matar. Isso acontece porque o autoapreço delas acredita que os seus próprios desejos são muito importantes. Por essa razão, o seu autoapreço é o principal responsável pelos seus problemas. Sem o autoapreço, não haveria base para experienciar tal sofrimento.

Não é difícil de ver como o autoapreço que temos nesta vida nos faz sofrer. Toda desarmonia, desacordo e brigas surgem do autoapreço das pessoas envolvidas. Com autoapreço, sustentamos e defendemos muito fortemente nossas opiniões e interesses e não estamos dispostos a ver a situação a partir de outro ponto de vista. Como consequência, ficamos facilmente com raiva e desejamos prejudicar os outros verbalmente ou até fisicamente. O autoapreço sempre nos faz sentir deprimidos quando nossos desejos não são satisfeitos, falhamos em nossas ambições ou quando nossa vida não acontece como havíamos planejado. Se examinarmos todas as ocasiões em que nos sentimos infelizes, descobriremos que elas são caracterizadas por uma preocupação excessiva com o nosso próprio bem-estar. Se perdemos nosso trabalho, nossa casa, nossa reputação ou nossos amigos, sentimo-nos tristes, mas apenas porque somos muito apegados a essas coisas. Estamos longe de nos preocuparmos quando os outros perdem seu emprego ou são separados de seus amigos.

Em si mesmas, as condições exteriores não são boas nem más. Por exemplo, riqueza é, geralmente, considerada como algo desejável, mas se formos fortemente apegados à riqueza, ela somente irá nos causar muitas preocupações e servirá para exaurir nosso mérito. Por outro lado, se a nossa mente estiver direcionada prioritariamente a apreciar os outros, até mesmo perder todo o nosso dinheiro poderá ser útil, pois irá nos dar a oportunidade de entender o sofrimento daqueles que estão em situações semelhantes, além de nos proporcionar as condições de nos distrairmos menos da nossa prática espiritual. Ainda que satisfizéssemos todos os desejos do nosso autoapreço, não há garantia de que seríamos felizes, pois toda conquista samsárica traz consigo novos problemas e conduz invariavelmente a novos desejos. A busca insaciável por nossos desejos egoístas é como beber água salgada para aplacar a nossa sede. Quanto mais nos entregarmos aos nossos desejos, maior será a nossa sede.

Quando as pessoas cometem suicídio é porque, geralmente, seus desejos não foram satisfeitos, e isso foi intolerável para elas apenas porque seu autoapreço as fez sentir que seus desejos eram a coisa mais importante do mundo. É por causa do autoapreço que levamos nossos desejos e planos muito a sério e somos incapazes de aceitar e aprender com as dificuldades que a vida nos apresenta. Não iremos nos tornar uma pessoa melhor apenas satisfazendo nossos desejos por sucesso mundano; é mais provável que desenvolvamos as qualidades que realmente importam – como sabedoria, paciência e compaixão – tanto por meio dos nossos fracassos quanto por meio dos nossos sucessos.

Com frequência, achamos que alguém é que está nos fazendo infelizes e, por isso, podemos ficar bastante ressentidos. Contudo, se olharmos cuidadosamente para a situação, veremos que o responsável pela nossa infelicidade é sempre a nossa atitude mental. As ações dos outros nos tornam infelizes somente se permitimos que estimulem uma reação negativa em nós. Críticas, por exemplo, não têm poder para, do seu próprio lado, nos ferir; somos feridos somente devido ao nosso autoapreço. Com o autoapreço, somos tão dependentes das opiniões e da aprovação dos outros que perdemos nossa liberdade de reagir e de atuar de maneira mais construtiva.

Às vezes, achamos que a razão pela qual estamos infelizes é que uma pessoa que amamos está em dificuldades. Precisamos lembrar que, no momento presente, nosso amor pelos outros está quase que invariavelmente misturado com apego, que é uma mente autocentrada. Por exemplo, o amor que os pais geralmente sentem por seus filhos é profundo e genuíno, mas nem sempre é amor puro. Misturado com esse amor, estão sentimentos como: a necessidade de se sentirem amados e apreciados pelos filhos; a crença de que seus filhos são, de certa maneira, uma extensão deles; o desejo de impressionar os outros por meio dos filhos; ou a esperança de que os filhos irão realizar, de algum modo, os sonhos e as ambições dos pais. Algumas vezes, é muito difícil distinguir entre o nosso amor e o nosso apego pelos outros, mas, quando formos capazes de fazê-lo, veremos que o apego é, invariavelmente, a causa do nosso sofrimento. Amor incondicional puro nunca causa dor ou preocupação, mas somente paz e alegria.

Todos os problemas da sociedade humana, como guerras, crimes, poluição, dependência de drogas, pobreza, injustiça e desarmonia familiar, são o resultado do autoapreço. Pensando que só os seres humanos são importantes e que a natureza existe para servir aos desejos humanos, exterminamos milhares de espécies animais e poluímos o planeta a tal ponto que existe o grande perigo de ele se tornar, em breve, impróprio até mesmo para a vida humana. Se todos praticassem apreço pelos outros, muitos dos principais problemas do mundo seriam solucionados em poucos anos.

O autoapreço é como uma corrente de ferro que nos mantém presos ao samsara. A razão fundamental para o nosso sofrimento é que estamos no samsara, e estamos no samsara porque criamos continuamente as ações deludidas e autocentradas que perpetuam o ciclo de renascimento descontrolado. O samsara é a experiência de uma mente autocentrada. Os seis reinos do samsara, desde o reino dos deuses até o reino do inferno, são todos projeções, semelhantes a um sonho, de uma mente distorcida pelo autoapreço e pelo agarramento ao em-si. Fazendo-nos perceber a vida como uma constante batalha para servir e proteger nosso próprio *eu*, essas duas mentes nos impelem a cometer inúmeras ações destrutivas, que nos mantêm aprisionados no pesadelo do samsara. Enquanto não destruirmos essas duas mentes, nunca conheceremos liberdade ou felicidade verdadeiras, nunca estaremos realmente no controle da nossa mente e nunca estaremos a salvo da ameaça de um renascimento inferior.

Controlar nosso autoapreço é algo muito valioso, mesmo que temporariamente. Todas as preocupações, ansiedade e tristeza têm por base o autoapreço. No momento em que abandonarmos nossa preocupação obsessiva com o nosso próprio bem-estar, nossa mente naturalmente irá relaxar e se tornar mais leve. Mesmo se recebermos más notícias, se conseguirmos superar nossa habitual reação autocentrada, nossa mente permanecerá em paz. Por outro lado, se falharmos em dominar nosso autoapreço, até as coisas mais insignificantes irão nos perturbar. Se um amigo nos critica, ficamos imediatamente aborrecidos, e até mesmo a frustração dos nossos menores desejos nos deixa desanimados. Se um professor de Dharma diz algo que não queremos ouvir, podemos ficar muito aborrecidos com ele ou ela, ou até perder a nossa fé.

Naropa

Muitas pessoas ficam bastante transtornadas apenas porque um camundongo entrou em seu quarto. Camundongos não comem gente; então, qual é o motivo para ficarem descontroladas? É apenas a mente tola do autoapreço que nos perturba. Se amássemos o camundongo tanto quanto amamos a nós mesmos, receberíamos o ratinho em nosso quarto, pensando "ele tem tanto direito de estar aqui quanto eu".

Para aqueles que aspiram se tornar iluminados, a pior falha é o autoapreço. O autoapreço é o principal obstáculo para apreciar os outros; não conseguir apreciar os outros é o principal obstáculo para desenvolver grande compaixão, e não conseguir desenvolver grande compaixão é o principal obstáculo para desenvolver bodhichitta e ingressar no Caminho Mahayana. Uma vez que a bodhichitta é a causa principal da grande iluminação, podemos ver que o autoapreço é, também, o principal obstáculo à conquista da Budeidade.

Embora possamos concordar que, objetivamente, não somos mais importantes que qualquer outra pessoa e que o autoapreço possui muitas falhas, talvez continuemos a sentir que ele é, todavia, indispensável. Se não nos apreciarmos e não cuidarmos de nós mesmos, certamente ninguém o fará! Essa é uma maneira equivocada de pensar. Embora seja verdade que devemos cuidar de nós, não precisamos estar motivados por autoapreço. Cuidar de nós mesmos não é autoapreço. Podemos cuidar da nossa saúde, ter um trabalho e administrar nossa casa e nossas posses interessados unicamente no bem-estar dos outros. Se considerarmos nosso corpo como um instrumento com o qual podemos beneficiar os outros, podemos alimentá-lo, vesti-lo, lavá-lo e deixar que descanse – tudo sem autoapreço. Assim como um motorista de ambulância pode cuidar de seu veículo sem considerá-lo como sua propriedade, também podemos cuidar do nosso corpo e das nossas posses para o benefício dos outros. A única maneira pela qual podemos verdadeiramente ajudar todos os seres vivos para sempre é nos tornando um Buda, e a forma humana é o melhor veículo possível para realizar essa meta. Portanto, precisamos cuidar bem do nosso corpo. Se fizermos isso com a motivação de bodhichitta, todas as nossas ações de cuidar do nosso corpo irão se tornar parte do caminho à iluminação.

Às vezes, podemos confundir autoapreço com autoconfiança e autorrespeito, mas, na verdade, não há nenhuma relação entre eles. Não é por autorrespeito que sempre queremos o melhor para nós mesmos, nem é por autorrespeito que enganamos ou exploramos os outros ou deixamos de cumprir com nossas responsabilidades que temos com eles. Se examinarmos honestamente, veremos que é o nosso autoapreço que nos faz agir de diversas maneiras que roubam nosso autorrespeito e destroem nossa confiança. Algumas pessoas são levadas pelo autoapreço delas às profundezas do alcoolismo ou da dependência das drogas, perdendo completamente, nesse processo, qualquer traço de autorrespeito. Por outro lado, quanto mais apreciarmos os outros e agirmos para beneficiá-los, maior nosso autorrespeito e confiança irão se tornar. Por exemplo, o voto bodhisattva, no qual o Bodhisattva promete superar todas as falhas e limitações, alcançar todas as boas qualidades e trabalhar até que todos os seres vivos tenham se libertado dos sofrimentos do samsara, é uma expressão de extraordinária autoconfiança, muito além que a de qualquer indivíduo autocentrado.

Podemos também perguntar: "Se eu não tivesse autoapreço, isso significaria que eu não gosto de mim? Com toda certeza, preciso me aceitar e amar a mim mesmo, porque, se eu não amar a mim mesmo, como poderei amar os outros?". Este é um ponto importante. Em *Treinar a Mente em Sete Pontos*, Geshe Chekhawa explica vários compromissos do treino da mente, os quais servem de orientações para os praticantes do treino da mente. O primeiro deles afirma: "Não permita que sua prática do treino da mente cause um comportamento inadequado". Esse compromisso aconselha a esses praticantes para serem felizes com eles mesmos. Se formos excessivamente autocríticos, acabaremos por nos voltar contra nós mesmos e ficaremos desencorajados, e isso fará com que seja muito difícil direcionar nossa mente para apreciar os outros. Embora seja necessário ter consciência das nossas falhas, não devemos nos odiar por conta delas. Esse compromisso também nos aconselha a cuidar de nós mesmos e das nossas necessidades. Se tentarmos viver sem as necessidades básicas, como comida e abrigo suficientes, provavelmente iremos prejudicar nossa saúde e enfraquecer nossa capacidade de beneficiar os outros. Além disso, se as pessoas nos virem nos comportando de um modo extremista, elas poderão concluir que somos desequilibrados e, consequentemente, não irão confiar em nós ou acreditar naquilo que dizemos; e, sob tais circunstâncias, não seremos capazes de ajudá-las. Abandonar o autoapreço por completo não é fácil e levará muito tempo. Se não estivermos contentes conosco ou negligenciarmos insensatamente nosso próprio bem-estar, não teremos a confiança nem a energia para efetuar uma transformação espiritual tão radical.

Uma vez que estejamos livres do autoapreço, não perderemos nosso desejo de ser feliz, mas compreenderemos que a felicidade verdadeira é encontrada em beneficiar os outros. Teremos descoberto uma fonte inesgotável de felicidade dentro da nossa própria mente – o nosso amor pelos outros. As condições externas difíceis não irão nos deprimir e as condições agradáveis não irão nos superexcitar, pois seremos capazes de transformar e de desfrutar de ambas. Em vez de nos focarmos em reunir boas condições exteriores, nosso desejo por felicidade será canalizado para a determinação de alcançar a iluminação, reconhecida por nós como o único meio de conquistar felicidade pura. Embora almejemos desfrutar o êxtase supremo da plena iluminação, fazemos isso unicamente para o benefício dos outros, pois alcançar a iluminação é meramente um meio para satisfazer nosso verdadeiro desejo, que é conceder a mesma felicidade para todos os seres vivos. Quando nos tornarmos um Buda, nossa felicidade irá se irradiar eternamente como compaixão, nutrindo todos os seres vivos e atraindo-os, gradualmente, para o mesmo estado.

Em resumo, o autoapreço é uma mente totalmente inútil e desnecessária. Talvez sejamos muito inteligentes, mas, se estivermos preocupados somente com o nosso próprio bem-estar, nunca conseguiremos satisfazer nosso desejo básico de encontrar felicidade. Na verdade, o autoapreço nos torna estúpidos. Ele faz com que experienciemos infelicidade nesta vida, leva-nos a cometer incontáveis ações negativas que causam sofrimento em vidas futuras, amarra-nos ao samsara e bloqueia o caminho à iluminação. Apreciar os outros tem os efeitos opostos. Se apreciarmos unicamente os outros, seremos felizes nesta vida; realizaremos muitas ações virtuosas, que conduzem à felicidade em vidas futuras; ficaremos livres das delusões, que nos mantêm no samsara; e desenvolveremos rapidamente todas as qualidades necessárias para alcançar a plena iluminação.

COMO DESTRUIR O AUTOAPREÇO

Por contemplar as falhas do autoapreço e os benefícios de apreciar os outros, vamos gerar uma forte determinação de abandonar o nosso autoapreço e de sempre apreciar todos os seres vivos, sem exceção. Devemos manter essa determinação em meditação pelo maior tempo possível. Quando sairmos da meditação, devemos tentar colocar nossa determinação em prática e mantê-la em todas as nossas atividades. É impossível interromper nosso autoapreço imediatamente, porque ele é como um hábito mental profundamente enraizado e totalmente impregnado em nós, que tem estado conosco desde tempos sem início. Contudo, compreendendo suas desvantagens e aplicando grande esforço, podemos lentamente reduzi-lo. Podemos interromper os piores excessos do autoapreço agora mesmo e, gradualmente, eliminar seus tipos mais sutis.

Tendo desenvolvido a intenção de superar nosso autoapreço, o próximo passo é identificá-lo assim que surgir em nossa mente. Para fazer isso, Geshe Langri Tangpa aconselha-nos a examinar nosso *continuum* mental ao longo de todas as nossas ações. Isso significa que devemos praticar como Geshe Ben Gungyal e observar nossa própria mente, ou *continuum* mental, em tudo que fazemos. Costumamos vigiar o que as outras pessoas estão fazendo, mas seria bem melhor se vigiássemos o que se passa em nossa própria mente. Sejam quais forem as ações que estejamos fazendo – trabalhando, conversando, descansando ou estudando Dharma –, uma parte da nossa mente deve estar sempre atenta para examinar quais pensamentos estão surgindo. Tão logo uma delusão, ou aflição mental, comece a surgir, devemos tentar interrompê-la. Se identificarmos uma delusão em seus estágios iniciais, será muito fácil interrompê-la, mas, se permitirmos que ela se desenvolva plenamente, ela irá se tornar muito difícil de ser controlada.

Uma das nossas delusões mais destrutivas é a raiva. Visto que ela é tão prejudicial na nossa vida diária, eu ofereço instruções adicionais sobre como podemos lidar com o problema da raiva no livro *Como Solucionar Nossos Problemas Humanos*. A razão pela qual ficamos com raiva é que permitimos que nossa mente permaneça num objeto que é propenso a estimular raiva . Se surpreendermos nossa mente tão logo ela comece a se focar num objeto como esse, será muito fácil impedir que a raiva surja e, assim, poderemos orientar nossos pensamentos numa direção mais construtiva. Tudo o que precisamos fazer é dizer para nós mesmos: "Esta é uma maneira inadequada de pensar e logo dará origem à raiva, que tem muitas falhas". Entretanto, se falharmos em surpreender a raiva logo no seu início e permitirmos que cresça, ela rapidamente irá se tornar como um violento incêndio, que é muito difícil de ser extinto. O mesmo é verdadeiro para todas as demais delusões, incluindo o autoapreço. Se tomarmos consciência de um encadeamento egoísta de pensamentos assim que ele surja, poderemos facilmente evitá-lo, mas, se permitirmos que prossiga, ele ganhará impulso até se tornar quase impossível de ser interrompido.

Há três níveis para abandonar as delusões. O primeiro é reconhecer uma determinada delusão quando ela está prestes a surgir e, relembrando suas desvantagens, impedi-la de se manifestar. Enquanto mantivermos vigilância sobre nossa mente, isso será bastante simples e é algo que devemos tentar praticar o tempo todo, não importa o que estejamos fazendo. Em particular, assim que notarmos que nossa mente está se tornando tensa ou infeliz, devemos ser especialmente vigilantes, pois esse tipo de mente é um terreno fértil perfeito para as delusões. Por essa razão, Geshe Chekhawa diz em *Treinar a Mente em Sete Pontos*: "Sempre confie, unicamente, numa mente feliz".

O segundo nível de abandono das nossas delusões é subjugá-las através de aplicar seus oponentes específicos. Por exemplo, para subjugar nosso apego, podemos meditar nas falhas do samsara e substituir nosso apego pela mente oposta de renúncia. Meditando nas etapas do caminho à iluminação (ou Lamrim) e treinando a mente (ou Lojong) de modo regular e sistemático, não apenas impedimos o surgimento de padrões deludidos de pensar e de sentir, como também os substituímos por padrões virtuosos fortes e estáveis, fundamentados em sabedoria, em vez de ignorância. Desse modo, podemos impedir o surgimento da maioria das delusões no seu início. Por exemplo, por meio de profunda familiaridade com a visão de que os outros são mais importantes que nós mesmos, o autoapreço raramente surgirá.

O terceiro nível de abandono das nossas delusões é abandoná-las por completo, juntamente com suas sementes, por meio de obtermos uma realização direta da vacuidade. Desse modo, destruímos o agarramento ao em-si, que é a raiz de todas as delusões.

Como foi mencionado anteriormente, nas duas primeiras estrofes Langri Tangpa explica, principalmente, a prática de equalizar eu com outros, por meio da qual aprendemos a apreciar os outros tanto quanto apreciamos a nós mesmos. Pensamos: "Assim como minha felicidade é importante, a felicidade de todos os outros seres também é importante" e, desse modo, partilhamos nosso sentimento de apreço. Por fazer apelo ao nosso senso de justiça e não desafiar diretamente nossa mente de autoapreço, esse ensinamento é mais fácil de ser aceito e praticado. Podemos também refletir que, não importa o quanto possamos estar sofrendo, somos apenas uma única pessoa, ao passo que os outros seres vivos são incontáveis; logo, é obviamente importante para eles experienciarem, ao menos, alguma paz e felicidade. Embora consideremos como preciosos cada um dos dedos da nossa mão, estaríamos dispostos a sacrificar um deles para salvar os outros nove, ao passo que sacrificar nove para salvar um seria absurdo. De modo semelhante, nove pessoas são mais importantes do que uma; logo, é evidente que incontáveis seres vivos são mais importantes do que um. Segue-se que é lógico apreciar os outros, pelo menos, tanto quanto apreciamos a nós mesmos.

Tendo obtido alguma familiaridade com a prática de equalizar eu com outros, estamos prontos para enfrentar a mente de autoapreço de modo mais direto, e, na terceira estrofe, Langri Tangpa encoraja-nos a fazer exatamente isso. Com as palavras "Pela qual eu ou os outros agiríamos inadequadamente", ele explica como o nosso autoapreço não nos faz apenas agir inadequadamente, mas, ao perturbar a mente dos outros e dar um mau exemplo, faz também com que ajam de maneiras não virtuosas. Visto que o autoapreço tem tantas falhas, Langri Tangpa encoraja-nos para que o "enfrentemos e rejeitemos firmemente" no instante em que ele surgir em nossa mente.

Mantendo uma vigilância rigorosa sobre nossa mente o tempo todo, podemos nos treinar a identificar nosso autoapreço no momento em que ele surge e, então, recordar imediatamente suas desvantagens. Geshe Chekhawa nos aconselha a "reunir toda a culpa em um"; com isso, ele quer dizer que devemos culpar o autoapreço por todos os nossos problemas e sofrimentos. Normalmente, quando as coisas vão mal, culpamos os outros, mas a verdadeira causa dos nossos problemas é a nossa mente de autoapreço. Uma vez que tenhamos identificado corretamente o autoapreço, devemos considerá-lo como nosso pior inimigo e culpá-lo por todo o nosso sofrimento. Embora seja bom sermos tolerantes com os outros e perdoarmos suas fraquezas, nunca devemos tolerar nosso autoapreço, pois, quanto mais indulgentes formos com ele, mais ele irá nos prejudicar. É muito melhor sermos absolutamente impiedosos e culpá-lo por tudo o que acontece de errado. Se quisermos ficar com raiva de algo, devemos ficar com raiva do demônio do nosso autoapreço. Na verdade, a raiva dirigida contra o autoapreço não é raiva de verdade, pois ela está fundamentada em sabedoria, não em ignorância, e serve para tornar nossa mente pura e pacífica.

Para praticar desse modo, precisamos ser bastante habilidosos. Se, como resultado de acusar o nosso autoapreço por todos os nossos problemas, percebermos que estamos nos sentindo culpados e inadequados, isso indicará que não fizemos uma distinção clara entre *culpar* o nosso autoapreço e *culparmos a nós mesmos*. Embora seja verdade que o autoapreço deva ser acusado por todos os nossos problemas, isso não significa que estamos culpando a nós mesmos. Mais uma vez, precisamos aprender a distinguir entre nós e as nossas delusões. Se formos agredidos, isso não é uma falha nossa, mas a falha do nosso autoapreço. Por quê? Porque a agressão foi o efeito cármico de uma ação não virtuosa que cometemos em uma vida anterior, sob a influência do autoapreço. Além disso, nosso agressor nos prejudica unicamente devido ao seu autoapreço, e culpar o agressor não ajudará em nada, pois isso somente irá nos tornar mais amargurados. Entretanto, se pusermos toda a culpa na nossa mente de autoapreço e decidirmos destruí-la, não apenas permaneceremos imperturbáveis como também destruiremos a base de todo o nosso sofrimento futuro.

Esse ensinamento sobre reconhecer as falhas do nosso autoapreço e, subsequentemente, desenvolver o desejo de superá-lo não é fácil de ser colocado em prática, e, por essa razão, precisamos ser pacientes. Uma prática que é adequada a uma pessoa não é necessariamente adequada a outra, e uma prática que é apropriada para alguém num determinado momento não é, necessariamente, apropriada para a mesma pessoa em outro momento. Buda não esperava que puséssemos todos os seus ensinamentos em prática de imediato; eles se destinam a uma grande variedade de praticantes com diferentes níveis e inclinações. Há também algumas instruções que não podem ser praticadas enquanto estamos enfatizando outras práticas, assim como não é adequado beber chá e café ao mesmo tempo. As instruções de Dharma são como remédios e devem ser administradas habilidosamente, levando-se em conta a natureza de cada indivíduo e suas necessidades particulares. Por exemplo, para nos encorajar a desenvolver renúncia, o desejo de alcançar a libertação do samsara, Buda deu extensos ensinamentos sobre como a vida comum é da natureza do sofrimento – mas nem todos podem aplicar esses ensinamentos de imediato. Para algumas pessoas, meditar no sofrimento somente faz com que se sintam desanimadas. Em vez de gerarem uma mente alegre de renúncia, elas ficam deprimidas. Para essas pessoas, é preferível, no início, que não meditem sobre o sofrimento, mas que voltem a fazê-lo mais tarde, quando suas mentes estiverem mais fortes e sua sabedoria, mais clara.

Se praticarmos ensinamentos avançados e notarmos que nosso orgulho ou confusão aumentaram, isso indicará que ainda não estamos prontos para tais ensinamentos e que devemos enfatizar, primeiro, a construção de um fundamento sólido de práticas básicas. Se alguma meditação ou prática não está tendo um bom efeito em nossa mente, se estiver nos fazendo infelizes ou aumentando nossas delusões, isso é um sinal claro de que estamos praticando incorretamente. Em vez de teimosamente insistirmos com essa prática, talvez seja melhor deixá-la de lado por algum tempo e buscar conselhos de praticantes mais experientes. Poderemos voltar a essa prática quando tivermos compreendido onde estávamos errando e qual a maneira correta de praticar. O que nunca devemos fazer, no entanto, é rejeitar qualquer instrução de Dharma, pensando: "Eu nunca praticarei isso".

Quando vamos às compras, não nos sentimos obrigados a comprar tudo o que está na loja; contudo, é útil nos lembrarmos o que a loja oferece, para que possamos retornar mais tarde quando precisarmos de algo. Do mesmo modo, quando ouvimos ensinamentos de Dharma, talvez não sejamos capazes de praticar imediatamente tudo o que ouvimos, mas ainda assim é importante nos lembrarmos de tudo para que possamos desenvolver uma compreensão abrangente do Dharma. Mais tarde, quando estivermos prontos, conseguiremos colocar as instruções que ouvimos em prática. Uma das grandes vantagens do Lamrim, ou as etapas do caminho à iluminação, é que elas nos dão uma estrutura, ou "arquivo", no qual podemos guardar todo o Dharma que ouvimos.

Se nos lembrarmos apenas daqueles ensinamentos que somos capazes de aplicar imediatamente à nossa situação atual, não teremos nada a que recorrer quando nossas circunstâncias mudarem. Entretanto, se pudermos recordar todos os ensinamentos que recebemos, teremos ao nosso dispor uma vasta variedade de instruções que poderemos aplicar no momento oportuno. Uma prática que agora possa nos parecer obscura e de pouco significado poderá se tornar, mais tarde, uma parte essencial da nossa prática espiritual. O importante é avançar cuidadosamente e em nosso próprio ritmo; caso contrário, poderemos nos sentir confusos ou desanimados e acabar até mesmo rejeitando o Dharma como um todo.

Não existe prática espiritual mais importante do que identificar o autoapreço sempre que ele surgir e, então, culpá-lo por todos os nossos problemas. Não importa quanto tempo empregaremos nisso; ainda que leve muitos anos ou toda a nossa vida, precisamos continuar até que nosso autoapreço seja completamente destruído. Não devemos ter pressa de ver resultados, mas, em vez disso, praticar com paciência e sinceridade. A expectativa por resultados rápidos está fundamentada, ela própria, no autoapreço, e é uma receita para decepções. Se praticarmos com alegria e constância enquanto, ao mesmo tempo, purificamos negatividades, acumulamos mérito e recebemos bênçãos, seremos, definitivamente, bem-sucedidos em reduzir e, por fim, abandonar nosso autoapreço.

Mesmo quando nossa meditação não está indo bem, podemos praticar contínua-lembrança (*mindfulness*) e vigilância em nossa vida diária e interromper o autoapreço tão logo ele surja. Essa é uma prática simples, mas que tem grandes resultados. Se treinarmos nela continuamente, nossos problemas desaparecerão e seremos naturalmente felizes o tempo todo. Existem pessoas que foram bem-sucedidas em abandonar completamente o autoapreço e que agora apreciam somente os outros. Como resultado, todos os seus problemas desapareceram e suas mentes estão sempre repletas de alegria. Eu garanto que, quanto menos você apreciar a si mesmo e quanto mais você apreciar os outros, mais feliz você irá se tornar.

Devemos manter, em nosso coração, uma forte determinação de abandonar nossa mente de autoapreço. Se empregarmos o esforço-armadura nessa determinação dia após dia, ano após ano, nosso autoapreço diminuirá gradualmente e, por fim, cessará por completo. Os antigos kadampas frequentemente diziam que, para levar uma vida virtuosa, tudo o que precisamos fazer é prejudicar nossas delusões tanto quanto possível e beneficiar os outros tanto quanto possível. Compreendendo isso, devemos travar uma luta constante contra o nosso inimigo interior, o autoapreço, e, por sua vez, nos empenhar para apreciar e beneficiar os outros.

Para destruir nosso autoapreço por completo, precisamos confiar na prática de trocar eu por outros, na qual paramos de nos agarrar à nossa própria felicidade e, em vez disso, sentimos que todos os seres vivos, assim como suas necessidades e desejos, são de suprema importância. Nosso único interesse é com o bem-estar dos outros.

Embora alguém que tenha trocado completamente a si próprio por outros não tenha mais autoapreço, isso não significa que ele não cuida mais de si mesmo. Ele cuida de si mesmo, mas para o benefício dos outros. Ele se considera como um servo de todos os seres vivos e como se pertencesse a eles, mas até mesmo os servos precisam comer e descansar para que possam ser eficientes. De modo geral, seria muita tolice, por exemplo, dar tudo o que possuímos e ficarmos sem nada para viver ou para sustentar nossa prática espiritual. Visto que nosso verdadeiro desejo é beneficiar todos os seres vivos e a única maneira de podermos fazer isso é tornando-nos um Buda, precisamos proteger nossa prática espiritual, organizando nossa vida de modo a sermos capazes de praticar da maneira mais efetiva. Além disso, quando ajudamos os outros, devemos também nos certificar de que, ao ajudar uma pessoa, não estamos enfraquecendo nossa capacidade de ajudar muitas outras. Embora, em nossos corações, pudéssemos dar alegremente tudo o que temos para ajudar uma única pessoa, precisamos, na prática,

Atisha

administrar nosso tempo e recursos para que possamos ser de máximo benefício para todos os seres vivos.

A prática de trocar eu por outros pertence à linhagem de sabedoria especial que veio de Buda Shakyamuni, através de Manjushri e Shantideva, até Atisha e os geshes kadampa. A bodhichitta que é desenvolvida por meio desse método é mais profunda e poderosa do que a bodhichitta desenvolvida por meio de outros métodos. Embora qualquer pessoa com interesse no desenvolvimento espiritual possa reduzir seu autoapreço e aprender a apreciar os outros, uma realização completa de trocar eu por outros é uma aquisição muito profunda. Para transformar nossa mente de modo tão radical, precisamos de profunda fé nessa prática, de mérito em abundância e das poderosas bênçãos de um Guia Espiritual que tenha experiência pessoal desses ensinamentos. Com todas essas condições contribuintes, a prática de trocar eu por outros não será difícil.

Podemos nos perguntar por que é necessário apreciar os outros mais do que a nós mesmos. Em vez de almejar por realizações espirituais tão elevadas, não seria melhor dar ênfase em ajudar os outros de uma maneira mais prática e imediata? A razão pela qual precisamos treinar nossa mente em trocar eu por outros é porque o nosso autoapreço interfere com a nossa intenção e a nossa capacidade de beneficiar os outros. Com autoapreço, não temos amor imparcial, universal, por todos os seres vivos, e enquanto o nosso desejo de ajudá-los estiver misturado com autoapreço, nunca poderemos estar seguros de que nossas ações irão realmente beneficiá-los. Embora possamos querer genuinamente ajudar algumas pessoas, como nossos familiares, amigos ou pessoas necessitadas, geralmente esperamos algo em troca e nos sentimos feridos e desapontados se isso não acontece. Uma vez que nosso desejo de beneficiar está misturado com interesses egoístas, nossa ajuda quase sempre vem acompanhada de expectativas ou de reconhecimento pessoal. Como nossa intenção é impura, nossa capacidade para ajudar carece de poder e permanece limitada.

Se, enquanto não fazemos nenhum esforço para eliminar nosso autoapreço, afirmarmos estar trabalhando para o benefício de todos, nossa afirmação estará vindo da boca e não do nosso coração.

É claro que devemos ajudar os outros de maneiras práticas sempre que pudermos, mas sempre devemos relembrar que nossa intenção principal é desenvolver nossa mente. Treinando em trocar eu por outros experienciaremos, por fim, a felicidade última da Budeidade e teremos o pleno poder de beneficiar todos os seres vivos. Só então estaremos em condições de dizer: "Sou um benfeitor de todos os seres vivos". Desse modo, nosso treino de trocar eu por outros cumpre tanto os nossos próprios propósitos como os dos outros.

Nossa tarefa mais importante, agora, é treinar nossa mente e, em particular, fortalecer nossa intenção de estar a serviço dos outros. Em *Carta Amigável*, Nagarjuna diz que, embora possamos não ter, atualmente, capacidade para ajudar os outros, se mantivermos o tempo todo em nossa mente a intenção de fazê-lo, nossa capacidade para ajudá-los aumentará gradualmente. A razão é que, quanto mais apreciarmos os outros, mais nosso mérito, sabedoria e capacidade de realmente beneficiá-los aumentarão, e as oportunidades para ajudar de maneiras práticas surgirão naturalmente.

COMO É POSSÍVEL TROCAR EU POR OUTROS?

Trocar eu por outros não significa que iremos nos tornar a outra pessoa – significa que trocamos o objeto do nosso apreço, ou seja, de *nós mesmos* para *outros*. Para compreender como isso é possível, devemos entender que o objeto da nossa mente de autoapreço está sempre mudando. Quando somos novos, o objeto do nosso autoapreço é uma menina ou um menino, mas depois muda para um adolescente, para uma pessoa de meia-idade e, por fim, para um idoso. No momento presente, talvez apreciemos a nós mesmos como um ser humano específico, chamado Maria ou João, mas, depois que morrermos, o objeto do nosso apreço mudará totalmente. Desse modo, o objeto do nosso apreço está mudando continuamente, tanto durante esta vida como de uma vida para outra. Visto que nosso apreço se transfere naturalmente de um objeto para outro, é plenamente possível para nós, por meio de treino em meditação, mudar o objeto do nosso apreço: de *nós mesmos* para *outros*.

Devido à nossa ignorância, aferramo-nos intensamente ao nosso corpo, pensando "este é o meu corpo". Identificando este corpo como "meu", isso nos faz apreciá-lo e amá-lo carinhosamente, sentindo-o como se fosse a nossa posse mais preciosa. Na verdade, contudo, nosso corpo pertence aos outros; não o trouxemos conosco da nossa vida anterior, mas o recebemos dos nossos pais desta vida. No momento da concepção, nossa consciência ingressou na união do espermatozoide do nosso pai com o óvulo da nossa mãe, que se desenvolveu gradualmente no corpo que temos hoje. Nossa mente então se identificou com este corpo e passamos a apreciá-lo. Como diz Shantideva no *Guia do Estilo de Vida do Bodhisattva*, nosso corpo não é realmente nosso, mas pertence aos outros; ele foi produzido pelos outros e, depois da nossa morte, estará à disposição dos outros. Se contemplarmos isso cuidadosamente, compreenderemos que já estamos apreciando um objeto que, na verdade, pertence aos outros; logo, por que não podemos apreciar os outros seres vivos? Além disso, ao passo que apreciar nosso corpo somente nos leva a renascer no samsara, apreciar os outros é uma causa para alcançarmos o nirvana, o estado além do sofrimento.

"Eu" e "outro" são termos relativos, como "esta montanha" e "aquela montanha", mas não como "burro" e "cavalo". Quando olhamos para um cavalo, não podemos dizer que é um burro; tampouco podemos dizer que um burro é um cavalo. No entanto, se escalarmos uma montanha situada a leste, vamos denominá-la "esta montanha", e denominaremos a montanha a oeste de "aquela montanha"; porém, se descermos da montanha situada a leste e subirmos a montanha situada a oeste, iremos nos referir à montanha do oeste como "esta montanha", e à montanha do leste como "aquela montanha". Portanto, "esta" e "aquela" dependem do nosso ponto de referência. Isso também é verdadeiro para "eu" e "outro". Descendo da "montanha do *eu*", é possível subir a "montanha do outro" e, assim, apreciar os outros tanto quanto atualmente apreciamos a nós mesmos. Podemos fazer isso reconhecendo que, do ponto de vista da outra pessoa, para si mesma ela é "eu", ao passo que nós é que somos "outro".

Aqueles que são habilidosos no Mantra Secreto, ou Tantra, têm uma profunda experiência de trocar eu por outros. Na prática tântrica de autogeração, trocamos nosso *self* atual pelo *self* de um Buda tântrico. Suponha que haja uma praticante de Vajrayogini chamada Sara. Quando ela não está fazendo a prática tântrica, seu corpo comum lhe aparece e ela se identifica com ele e o aprecia. No entanto, quando ela se concentra profundamente na meditação de autogeração, sua noção de ser Sara e de ter o corpo de Sara desaparece por completo. Em vez de se identificar com o corpo de Sara, a praticante se identifica com o corpo divino de Buda Vajrayogini e desenvolve o pensamento: "Eu sou Vajrayogini". Nesse momento, a praticante mudou por completo o objeto de apreço, do corpo impuro de um ser comum para o corpo incontaminado de um ser iluminado, Buda Vajrayogini. Por treinar em meditação, a praticante desenvolve uma profunda familiaridade com o corpo da Deidade e se identifica por completo com ele. Porque o corpo de Vajrayogini é um corpo puro, identificar-se com ele e apreciá-lo é uma causa de iluminação. A partir disto, podemos compreender que é possível mudar nossa base de identificação – depende apenas da nossa motivação e da nossa familiaridade.

A PRÁTICA PROPRIAMENTE DITA DE TROCAR EU POR OUTROS

Quando meditamos em trocar eu por outros, podemos começar refletindo sobre a seguinte estrofe da sadhana *Oferenda ao Guia Espiritual*:

Visto que apreciar a mim mesmo é a porta para todas as falhas,
E apreciar os seres-mães é o fundamento de todas as boas qualidades,
Busco tuas bênçãos para tomar, como minha prática essencial,
O ioga de trocar eu por outros.

Podemos também contemplar o conselho de Shantideva, no qual nos pede para comparar nossa situação com a dos Budas:

Os infantis trabalham unicamente para si próprios,
Ao passo que os Budas trabalham unicamente para os outros –
Apenas olhe a diferença entre eles!

Os "infantis" são os seres comuns que, motivados por autoapreço, trabalham para seu próprio bem-estar e, em troca, experienciam somente sofrimento. Ao contrário, os Budas abandonaram o autoapreço e trabalham unicamente para o benefício dos outros e, consequentemente, desfrutam o êxtase da plena iluminação. Pensamos:

Tenho trabalhado para o meu próprio proveito desde tempos sem início, tentando encontrar felicidade para mim mesmo e evitar sofrimento, mas o que eu tenho para mostrar de todos os meus esforços? Eu ainda continuo a sofrer. Ainda tenho uma mente descontrolada. Continuo a experienciar desapontamento atrás de desapontamento. Ainda estou no samsara. Isso é a falha do meu autoapreço. Ele é o meu pior inimigo e um terrível veneno, que prejudica a mim e aos outros.

No entanto, apreciar os outros é a base de toda felicidade e bondade. Aqueles que agora são Budas enxergaram a futilidade de trabalhar para o seu próprio proveito e, em vez disso, decidiram trabalhar para os outros. Como resultado, eles se tornaram seres puros, livres de todos os problemas do samsara, e alcançaram a felicidade duradoura da plena iluminação. Preciso mudar radicalmente minha atitude comum infantil – de agora em diante, vou parar de apreciar a mim mesmo e vou apreciar somente os outros.

Com uma compreensão das grandes desvantagens de apreciar a nós mesmos e das grandes vantagens de apreciar todos os seres vivos, como foi explicado acima, e relembrando que tomamos a determinação de abandonar nosso autoapreço e de sempre apreciar todos os seres vivos sem exceção, pensamos do fundo do nosso coração:

Preciso desistir de apreciar a mim mesmo e, em vez disso, apreciar todos os outros seres vivos, sem exceção.

Meditamos, então, nessa determinação. Devemos praticar continuamente essa meditação até acreditarmos espontaneamente que a felicidade e liberdade de todos e de cada ser vivo são muito mais importantes que a nossa própria felicidade e liberdade. Essa crença é a realização de trocar eu por outros, e dela surgirá um profundo sentimento de amor apreciativo por todos os seres vivos. Meditamos nesse sentimento pelo maior tempo que pudermos.

Tentamos levar esse sentimento conosco durante o intervalo entre as meditações. Seja quem for que encontremos, devemos pensar: "Esta pessoa é importante. Sua felicidade e liberdade são importantes". Sempre que o autoapreço começar a surgir em nossa mente, devemos pensar: "O autoapreço é veneno, não o permitirei em minha mente". Desse modo, podemos mudar nosso objeto de apreço – de *nós mesmos* para *todos os seres vivos*. Quando tivermos desenvolvido, por todos os seres vivos, um amor que não possua o menor vestígio de interesse pessoal, teremos obtido a realização de trocar eu por outros.

Se os nossos desejos não forem satisfeitos e começarmos a nos sentir infelizes, devemos relembrar imediatamente que a falha não está na outra pessoa nem na situação, mas na nossa própria mente de autoapreço, que instintivamente sente: "meus desejos são de primordial importância". Manter-se continuamente consciente dos perigos do nosso autoapreço fortalecerá nossa resolução de abandoná-lo e, em vez de sentirmos pena de nós mesmos quando tivermos problemas, poderemos usar nosso próprio sofrimento para nos lembrarmos do sofrimento dos incontáveis seres-mães e desenvolver amor e compaixão por eles.

No *Guia do Estilo de Vida do Bodhisattva*, Shantideva explica um método especial para aprimorar nossa experiência de trocar eu por outros. Em meditação, imaginamos que trocamos de lugar com outra pessoa e tentamos ver o mundo a partir do seu ponto de vista. Normalmente, desenvolvemos o pensamento "*eu*" sobre a base do nosso próprio corpo e mente, mas agora tentaremos pensar "*eu*" observando o corpo e a mente de outra pessoa. Essa prática ajuda-nos a desenvolver uma profunda empatia com os outros e mostra-nos que eles têm um *self* que também é um *eu*, e que é tão importante quanto o nosso próprio *self* ou *eu*. Devido à sua habilidade de identificar-se com os sentimentos de seu bebê, uma mãe é capaz de compreender as necessidades e desejos de seu filho muito melhor que outra pessoa. Do mesmo modo, à medida que nos familiarizarmos com essa meditação, nossa compreensão e empatia com os outros aumentarão.

Essa técnica é particularmente poderosa quando a utilizamos com uma pessoa com a qual temos um relacionamento difícil, como alguém de quem não gostamos ou que vemos como nosso rival. Por imaginarmos que somos essa pessoa e vendo a situação a partir do seu ponto de vista, acharemos difícil mantermos nossas atitudes deludidas. Compreendendo a relatividade de "eu" e "outro" a partir da nossa própria experiência e aprendendo a ver nosso "eu" como sendo "outro", iremos nos tornar mais objetivos e imparciais em relação a nós próprios, e nossa sensação de que somos o centro do universo será abalada. Iremos nos tornar mais receptivos ao ponto de vista dos outros, mais tolerantes e mais compreensivos, e, naturalmente, trataremos os outros com mais respeito e consideração. Mais detalhes sobre essa prática são oferecidos no livro *Contemplações Significativas*.

Em resumo, por terem praticado as instruções do treino da mente, Bodhisattva Langri Tangpa e incontáveis outros praticantes do passado alcançaram profundas realizações espirituais, incluindo a plena realização de trocar eu por outros. No início, esses praticantes eram pessoas autocentradas, exatamente como nós, mas, por meio de constante perseverança, conseguiram eliminar seu autoapreço completamente. Se praticarmos essas instruções sincera e pacientemente, não haverá razão para que não obtenhamos realizações semelhantes. Não devemos esperar destruir nosso autoapreço de imediato, mas, por meio de uma prática paciente, ele irá se tornar cada vez mais fraco até que, por fim, cesse por completo. A erradicação completa do autoapreço é uma realização incomum mahayana, que somente pode ser alcançada por meio da prática de trocar eu por outros.

Dromtonpa

Grande Compaixão

Sempre que eu vir seres desafortunados,
Oprimidos por maldade e violento sofrimento,
Que eu os aprecie como se houvesse encontrado
Um raro e precioso tesouro.

Tendo obtido alguma experiência de apreciar todos os seres vivos, podemos agora expandir e aprofundar nossa compaixão, e o método para fazermos isso é revelado nesta estrofe. Em geral, todos os seres já possuem alguma compaixão. Todos nós sentimos compaixão quando vemos nossos familiares ou amigos sofrendo ou em dificuldades, e inclusive os animais sentem compaixão quando veem seus filhotes sofrendo. Nossa compaixão é a nossa semente búdica, ou natureza búdica – nosso potencial para nos tornarmos um Buda. É por possuírem essa semente que todos os seres vivos irão, por fim, se tornar Budas.

Quando uma cadela vê seus filhotes sofrendo, ela desenvolve o desejo de protegê-los e livrá-los da dor, e esse desejo compassivo é a sua semente búdica. Infelizmente, os animais não têm capacidade para treinar compaixão e, por isso, sua semente búdica não pode amadurecer. Os seres humanos, ao contrário, têm uma grande oportunidade de desenvolver sua natureza búdica. Praticando meditação, podemos expandir e aprofundar nossa compaixão até que ela se transforme na mente de compaixão universal, ou grande compaixão – o desejo sincero de libertar todos os seres vivos permanentemente do sofrimento. Aprimorando essa mente de compaixão universal, ela irá se transformar, por fim, na compaixão de um Buda, compaixão esta que tem o poder efetivo de libertar todos os seres vivos. Portanto, o meio para nos tornarmos um Buda consiste em despertar nossa natureza búdica compassiva e completar o treino em compaixão universal. Somente os seres humanos podem fazer isso.

Compaixão é a verdadeira essência do Budadharma e a prática principal de um budista mahayana. Ela é a raiz das Três Joias Supremas – Buda, Dharma e Sangha. É a raiz de Buda porque todos os Budas nascem da compaixão. É a raiz do Dharma porque os Budas dão ensinamentos de Dharma motivados unicamente por compaixão pelos outros. É a raiz da Sangha porque é através de ouvir e praticar os ensinamentos de Dharma, dados por compaixão, que nos tornamos Sangha, ou seres superiores.

O QUE É COMPAIXÃO?

O que é, exatamente, compaixão? Compaixão é uma mente motivada por apreço pelos outros seres vivos e que deseja libertá-los dos seus sofrimentos. Às vezes, devido a intenções egoístas, podemos desejar que uma pessoa se liberte do seu sofrimento; isso é bastante comum nas relações que estão fundamentadas principalmente em apego. Se um amigo nosso ficar doente ou deprimido, por exemplo, podemos talvez desejar que ele se recupere rapidamente para que possamos desfrutar novamente de sua companhia, mas esse desejo é, basicamente, autocentrado, e não é verdadeira compaixão. A verdadeira compaixão está necessariamente fundamentada em apreciar os outros.

Embora já tenhamos algum grau de compaixão, no momento ela é muito parcial e limitada. Quando nossos familiares e amigos estão sofrendo, geramos facilmente compaixão por eles, mas achamos bem mais difícil sentir solidariedade por pessoas que achamos desagradáveis ou por estranhos. Além do mais, sentimos compaixão por aqueles que estão experienciando dor manifesta, mas não sentimos compaixão por aqueles que estão desfrutando de boas condições e, em particular, por aqueles que estão envolvidos em ações nocivas. Se realmente quisermos realizar nosso potencial para alcançar a plena iluminação, precisamos ampliar o escopo da nossa compaixão até que ela inclua todos os seres vivos, sem exceção, do mesmo modo que uma mãe amorosa sente compaixão irrestrita por todos os seus filhos, não importando se eles se comportam bem ou mal. Essa compaixão universal é o coração do Budismo Mahayana. Diferentemente da nossa compaixão atual, limitada, que já surge naturalmente de tempos em tempos, a compaixão universal precisa ser cultivada deliberadamente em meditação, durante um longo período.

COMO DESENVOLVER COMPAIXÃO

Existem duas etapas essenciais para cultivar compaixão universal. Primeiro, precisamos amar todos os seres vivos e, depois, sobre a base de apreciar os outros, precisamos contemplar seus sofrimentos. Se não amarmos alguém, não conseguimos desenvolver compaixão verdadeira por ele, mesmo que esteja sofrendo; mas, se contemplarmos o sofrimento de alguém que amamos, compaixão surgirá espontaneamente. Essa é a razão pela qual sentimos compaixão por nossos amigos ou familiares, mas não pelas pessoas de que não gostamos. Como apreciar os outros é o fundamento para desenvolver compaixão, o Bodhisattva Langri Tangpa diz "Que eu os aprecie", em vez de "Que eu desenvolva compaixão por eles". A maneira para desenvolver e aprimorar nossa mente de amor apreciativo já foi explicada. Agora, precisamos considerar de que modo todos e cada um dos seres samsáricos estão experienciando sofrimento.

Para começar, podemos pensar sobre aqueles que estão sofrendo de intensa dor manifesta neste exato momento. Há muitas pessoas experienciando terrível sofrimento físico e mental provocado por doenças como o câncer, AIDS e a doença de Parkinson. Quantas pessoas perderam um filho ou um amigo queridos devido ao flagelo do câncer, vendo-o tornar-se cada vez mais fraco e sabendo que a cura é difícil? Todos os dias, milhares de pessoas experienciam a agonia de morrer de doenças ou em acidentes. Sem escolha, elas são separadas para sempre daqueles que amam, e aqueles que são deixados para trás experienciam frequentemente luto e solidão inconsoláveis. Imagine uma senhora idosa perdendo seu marido e parceiro de uma vida inteira, voltando tristemente ao lar depois do funeral para uma casa vazia, onde viverá sozinha o restante de seus dias.

No mundo inteiro, podemos ver como milhões de pessoas estão sofrendo os horrores da guerra e da limpeza étnica, dos bombardeios, minas terrestres e massacres. Suponha que o seu filho saísse para brincar no campo e, ao pisar em uma mina terrestre, perdesse um membro ou, até mesmo, sua própria vida! Centenas de milhares de refugiados no mundo inteiro vivem em campos miseráveis, à espera de, um dia, retornarem para seus lares destruídos, muitos deles esperando se reunir com os seus entes queridos, mas – todo dia – sem saber se eles estão vivos ou mortos.

Todos os anos, catástrofes naturais como enchentes, terremotos e furacões devastam comunidades inteiras e deixam as pessoas sem lar e famintas. Em poucos segundos, um terremoto pode matar milhares de pessoas, destruir suas casas e soterrar tudo sob toneladas de entulho. Pense como nos sentiríamos se isso acontecesse conosco. Fome e seca são endêmicas em muitos países do mundo. Muitas pessoas vivem à base de uma alimentação de subsistência, mal-e-mal conseguindo juntar uma escassa refeição por dia, enquanto outras, que são menos afortunadas, sucumbem e morrem de inanição. Imagine o tormento de testemunhar aqueles que você ama definhando lentamente, sabendo que não há nada que você possa fazer. Sempre que lemos os jornais ou assistimos aos noticiários da televisão, vemos seres vivos que estão em terrível sofrimento, e todos nós conhecemos, pessoalmente, pessoas que estão experienciando imenso sofrimento físico ou mental.

Podemos também considerar a difícil situação de incontáveis animais que experienciam os extremos do calor e do frio e sofrem de grande fome e sede. Todo dia, ao nosso redor, podemos ver o sofrimento dos animais. Na natureza, os animais vivem, quase sempre, com medo constante de se tornarem presas de outros e, de fato, muitos deles são devorados vivos por seus predadores. Imagine, apenas, o terror e a dor que um rato do campo experiencia quando é agarrado e dilacerado por um falcão! Incontáveis animais são mantidos pelos seres humanos para trabalho, comida ou diversão e, frequentemente, vivem em condições deploráveis até serem abatidos, retalhados e empacotados para o consumo humano. Os espíritos famintos e os seres-do-inferno têm de experienciar sofrimentos muito piores e por períodos inconcebivelmente longos.

Também devemos lembrar que, mesmo aqueles que, neste momento, não estão experienciando sofrimento manifesto, ainda assim experienciam outras formas de sofrimento. Todos, no samsara, experienciam o sofrimento de não satisfazerem seus desejos. Por essa razão, muitas pessoas encontram dificuldade para satisfazer até mesmo desejos básicos, como ter um abrigo adequado, comida suficiente ou companhia; e, mesmo se esses desejos forem satisfeitos, teremos mais desejos para tomar o lugar. Quanto mais conseguirmos o que desejamos, mais forte nosso apego irá se tornar; e quanto mais forte for o nosso apego, mais difícil será obter satisfação. Os desejos dos seres samsáricos não têm fim. Não existe um único ser comum que tenha satisfeito todos os seus desejos; somente aqueles que transcenderam as mentes egoístas conseguem fazê-lo.

Todo sofrimento é o resultado de carma negativo. Se desenvolvemos compaixão por aqueles que estão experienciando os efeitos de suas ações negativas passadas, por que não podemos desenvolver, também, compaixão por aqueles que estão criando a causa para experienciar sofrimento no futuro? A longo prazo, um torturador estará numa condição pior que a de sua vítima, pois o sofrimento dele está apenas começando. Se a vítima puder aceitar sua dor sem gerar ódio, ela esgotará esse carma negativo específico e não criará outro; desse modo, seu sofrimento chegará ao fim em pouco tempo. Por outro lado, o torturador terá, primeiro, de sofrer por muitos éons no inferno e, depois, quando renascer novamente como um ser humano, terá de experienciar dores semelhantes àquelas que infligiu à sua vítima. Por essa razão, é inteiramente apropriado desenvolver forte compaixão por tais pessoas.

Se uma criança se queimar ao colocar a mão no fogo, isso não fará com que sua mãe pare de sentir compaixão, mesmo que a criança tenha sido anteriormente alertada sobre os perigos do fogo. Ninguém deseja sofrer, ainda que, por ignorância, os seres vivos criem as causas de sofrimento – as ações não virtuosas – porque estão controlados por suas delusões, ou aflições mentais. Portanto, devemos sentir igual compaixão por todos os seres vivos – por aqueles que estão criando as causas de sofrimento, bem como por aqueles que já estão sofrendo as consequências de suas ações inábeis. Não existe um único ser vivo que não seja um objeto adequado da nossa compaixão.

Podemos, também, achar difícil sentir compaixão por pessoas ricas, saudáveis e respeitadas, que não aparentam estar experienciando nenhuma dor manifesta. Na verdade, contudo, elas também experienciam sofrimento mental considerável e encontram dificuldade para manter a mente em paz. Elas se preocupam com o dinheiro que possuem, a forma física dos seus corpos e com a reputação. Como todos os outros seres samsáricos, elas sofrem de raiva, apego e ignorância e não têm escolha a não ser passar, de maneira incessante e implacável, pelos sofrimentos do nascimento, envelhecimento, doença e morte, vida após vida. Além disso, suas riquezas e boas condições serão totalmente sem sentido se, devido à sua ignorância, as utilizarem unicamente para criar a causa de sofrimento futuro.

Se, com base no apreço por todos os seres vivos, contemplarmos o fato de que estão vivenciando o ciclo de sofrimento físico e dor mental vida após vida, sem-fim, sua inabilidade para se libertarem do sofrimento, sua falta de liberdade e o modo como criam as causas de sofrimento futuro ao se envolverem em ações negativas, desenvolveremos profunda compaixão por eles. Precisamos ter empatia por todos os seres vivos e sentir suas dores tão vividamente como se fossem nossas próprias dores.

Todos os seres vivos sofrem porque tiveram renascimentos contaminados. Os seres humanos não têm escolha a não ser experienciar imensos sofrimentos humanos porque tiveram um renascimento humano, que é contaminado pelo veneno interior das delusões. De modo semelhante, os animais têm de experienciar sofrimento animal, e os espíritos famintos e seres-do-inferno têm de experienciar todos os sofrimentos dos seus respectivos reinos. Se os seres vivos tivessem de experienciar todo esse sofrimento por apenas uma única vida, ele não seria tão mau, mas o ciclo de sofrimento continua vida após vida, interminavelmente.

Em primeiro lugar, podemos contemplar o sofrimento dos nossos familiares e amigos mais próximos e, então, podemos ampliar nossa mente de compaixão até que ela abranja todos os seres vivos. Quando esse sentimento de compaixão universal surgir, misturamos nossa mente com ele e tentamos retê-lo pelo maior tempo possível. Desse modo, podemos familiarizar nossa mente com grande compaixão. No início, provavelmente seremos capazes de manter esse sentimento por apenas poucos minutos, mas, treinando gradualmente, seremos capazes de mantê-lo por períodos cada vez mais longos, até que ele surja espontaneamente dia e noite e permeie todos os nossos pensamentos. Desse ponto em diante, tudo que fizermos irá nos conduzir para mais perto da iluminação e nossa vida irá se tornar, por inteiro, significativa.

Em resumo, devemos pensar:

Eu não posso suportar o sofrimento desses incontáveis seres-mães. Afogando-se no vasto e profundo oceano do samsara, o ciclo de renascimento contaminado, eles têm de experienciar insuportável sofrimento físico e dor mental nesta vida e nas incontáveis vidas futuras. Preciso libertar permanentemente todos esses seres vivos dos seus sofrimentos.

Devemos meditar continuamente nessa determinação, que é a compaixão universal, e aplicar grande esforço para cumprir seu objetivo.

A RIQUEZA INTERIOR DA COMPAIXÃO

Quando sairmos da meditação, devemos tentar levar nosso sentimento de compaixão para o intervalo entre as meditações. Sempre que nos encontrarmos com qualquer ser vivo, devemos recordar como estão sofrendo e desenvolver compaixão por eles. Desse modo, o simples fato de ver um ser vivo será, nas palavras de Langri Tangpa, como ter encontrado "um raro e precioso tesouro". O motivo é que a compaixão que experienciamos quando nos encontramos com os outros é a suprema riqueza interior, uma fonte inesgotável de benefício para nós, tanto nesta vida como nas vidas futuras.

Como já foi mencionado anteriormente, riqueza exterior não pode nos ajudar em nossas vidas futuras e, mesmo nesta vida, não é certeza de que ela irá nos trazer felicidade, pois riqueza é causa frequente de muita ansiedade e pode até colocar nossa vida em perigo. As pessoas ricas têm preocupações específicas que as pessoas pobres não têm; por exemplo, os ricos, frequentemente, temem por ladrões, estão preocupados com investimentos e taxas de juros e com a perda de seu dinheiro e *status*. Isso é um fardo pesado para eles. Enquanto a maioria das pessoas pode sair livremente toda vez que deseje, muitos milionários e celebridades precisam de guarda-costas e podem até se angustiar com a possibilidade de serem sequestrados. As pessoas ricas têm pouca liberdade ou independência e nunca se sentem completamente relaxadas. Quanto mais elevada for a nossa posição no mundo, maior será nossa queda; é mais seguro estarmos o mais próximos do chão.

Não importa quão bem-sucedidos sejamos em aperfeiçoar nossas condições exteriores, elas nunca irão nos trazer felicidade pura, tampouco irão nos proporcionar verdadeira proteção contra o sofrimento. Felicidade verdadeira não pode ser encontrada neste mundo impuro. Em vez de nos empenharmos para obter riqueza exterior, seria muito melhor se buscássemos a riqueza interior da virtude, pois, diferentemente da riqueza exterior, ela nunca pode nos enganar – ela nos dará, definitivamente, a paz e a felicidade que desejamos.

Se formos habilidosos, amigos poderão ser como tesouros, de quem poderemos obter a preciosa riqueza do amor, da compaixão, da paciência, e assim por diante. Entretanto, para que os nossos amigos desempenhem esse papel, nosso amor por eles precisa estar livre de apego. Se nosso amor por nossos amigos estiver misturado com forte apego, esse amor estará condicionado ao modo como o comportamento deles nos agrada e, tão logo façam algo que desaprovemos, nossa afeição por eles poderá se transformar em raiva. Na verdade, os objetos mais comuns da nossa raiva costumam ser nossos amigos, e não nossos inimigos ou estranhos!

Se ficamos frequentemente com raiva dos nossos amigos, nós os transformamos em *maras*. Um mara, ou demônio-obstrutor, é alguém ou algo que interfere com a nossa prática espiritual. Ninguém é um mara do seu próprio lado, mas se permitirmos que as pessoas estimulem mentes deludidas em nós, como raiva, forte apego ou autoapreço, nós as transformamos em maras para nós. Um mara não precisa ter chifres nem uma expressão assustadora; alguém que nos apareça como sendo um bom amigo, que nos elogie em excesso e nos influencie a realizar atividades sem significado pode ser um grande obstáculo à nossa prática espiritual. Se os nossos amigos são tesouros preciosos ou maras, isso depende inteiramente de nós; se praticarmos o Dharma de uma maneira habilidosa, eles poderão ser como joias inestimáveis, mas se nossa prática estiver misturada com as oito preocupações mundanas, ou interesses mundanos, nossos amigos poderão se tornar maras.

Ficaríamos deleitados e nos consideraríamos muito afortunados se descobríssemos um tesouro enterrado ou se ganhássemos uma grande soma de dinheiro. Entretanto, se considerarmos o caráter enganoso da riqueza exterior e a superioridade da riqueza interior da virtude, quão mais afortunados deveríamos nos sentir sempre que encontrássemos outro ser vivo, a fonte potencial de riqueza interior ilimitada? Para sinceros praticantes mahayana, apenas ver outros seres vivos, falar com eles ou meramente pensar neles é como achar um tesouro enterrado. Todos os seus encontros com outras pessoas servem para aprimorar sua compaixão, e até atividades cotidianas, como fazer compras ou conversar com amigos, tornam-se causas de iluminação.

De todas as nossas mentes virtuosas, a compaixão é suprema. A compaixão purifica nossa mente e, quando nossa mente é pura, seus objetos também se tornam puros. Há muitos relatos de praticantes espirituais que, por desenvolverem forte compaixão, purificaram suas mentes da negatividade que há muito obstruía seu progresso espiritual. Por exemplo, Asanga, um grande mestre budista que viveu na Índia no século V, meditou numa caverna isolada na montanha a fim de obter uma visão de Buda Maitreya. Após doze anos, ele ainda não havia conseguido realizar seu objetivo e, sentindo-se desanimado, abandonou seu retiro. Descendo a montanha, deparou-se com um velho cachorro caído no meio do caminho. Seu corpo estava coberto de feridas infestadas de larvas e ele parecia próximo da morte. Essa cena provocou em Asanga um irresistível sentimento de compaixão por todos os seres vivos aprisionados no samsara. Enquanto retirava meticulosamente as larvas do cachorro moribundo, o cachorro subitamente se transformou no próprio Buda Maitreya. Maitreya explicou que estava com Asanga desde o início do seu retiro, mas, devido às impurezas na mente de Asanga, Asanga não tinha sido capaz de vê-lo. Foi a extraordinária compaixão de Asanga que, por fim, purificou as obstruções cármicas que o impediam de ver Maitreya. Na verdade, durante o tempo todo, o cachorro era uma emanação de Buda Maitreya – com o propósito de despertar a compaixão de Asanga, Maitreya havia se emanado como um cachorro sofredor. Podemos compreender, a partir disso, como os Budas manifestam-se de muitas maneiras diferentes para ajudar os seres vivos.

Qualquer pessoa que morra com uma mente de pura compaixão renascerá, definitivamente, numa Terra Pura, onde ele (ou ela) nunca mais terá de experienciar os sofrimentos do samsara novamente. O principal desejo do Bodhisattva Geshe Chekhawa era o de renascer no inferno para que pudesse ajudar os seres que ali estão sofrendo. No entanto, no seu leito de morte, ele vislumbrou uma Terra Pura e compreendeu que seu desejo não seria realizado. Em vez de renascer no inferno, ele não tinha outra escolha a não ser ir para uma Terra Pura! A razão disso é que sua compaixão havia purificado sua mente de modo tão profundo que, do ponto de vista da sua experiência pessoal, objetos impuros, como os reinos do inferno, não mais existiam – para ele, tudo era puro. No entanto, embora Geshe Chekhawa tenha renascido numa Terra Pura, ele era capaz de ajudar os seres-do-inferno por meio de suas emanações.

Podemos achar difícil acreditar nessas histórias, mas isso acontece porque não compreendemos a relação entre nossa mente e seus objetos. Sentimos que o mundo existe "lá fora", independente da mente que o percebe, mas, na verdade, os objetos são totalmente dependentes das mentes que os percebem. Este mundo impuro que experienciamos agora existe apenas em relação à nossa mente impura. Uma vez que tenhamos purificado completamente nossa mente através dos treinos em trocar eu por outros, compaixão e assim por diante, este mundo impuro desaparecerá e perceberemos um mundo novo e puro. Nossa sensação de que as coisas existem separadas da nossa mente, com sua própria natureza inerente e fixa, provém da nossa ignorância do agarramento ao em-si. Quando compreendermos a verdadeira natureza das coisas, veremos que nosso mundo é como um sonho, no qual tudo existe como uma mera aparência à mente. Compreenderemos que podemos mudar nosso mundo simplesmente mudando nossa mente e que, se desejamos ser livres do sofrimento, tudo o que precisamos fazer é purificar nossa mente. Tendo purificado nossa própria mente, estaremos, então, na condição de realizar nosso desejo compassivo, por meio de mostrar aos outros como fazer o mesmo.

Considerando todos esses benefícios da compaixão, devemos tomar a determinação de usar todas as oportunidades para desenvolvê-la. A coisa mais importante é colocar os ensinamentos sobre compaixão em prática; caso contrário, eles permanecerão, para nós, apenas palavras vazias.

Compaixão pura é uma mente que considera o sofrimento dos outros insuportável, mas ela não nos deixa deprimidos. Na verdade, a compaixão nos dá tremenda energia para trabalhar para os outros e para concluir o caminho espiritual para o benefício deles. Ela destrói nossa complacência e torna impossível que continuemos contentes com a felicidade superficial de satisfazer nossos desejos mundanos e, em vez disso, seremos levados a conhecer uma profunda paz interior, que não pode ser perturbada por condições mutáveis. É impossível que fortes delusões, ou aflições mentais, surjam em uma mente repleta de compaixão. Se não desenvolvermos delusões, as circunstâncias exteriores, por si próprias, não terão o poder de nos perturbar; portanto, quando nossa mente é governada por compaixão, ela está sempre em paz. Essa é a experiência de todos aqueles que desenvolveram sua compaixão para além da compaixão limitada que normalmente sentimos por um círculo cármico próximo, transformando-a na compaixão altruísta por todos os seres vivos.

Desenvolver compaixão e sabedoria e ajudar os necessitados sempre que possível é o verdadeiro sentido da vida. Aumentando nossa compaixão, aproximamo-nos da iluminação e da satisfação dos nossos desejos mais profundos. Como são bondosos os seres vivos ao atuarem como objetos da nossa compaixão. Como eles são preciosos! Se não houvesse seres sofredores a quem pudéssemos ajudar, os Budas teriam de emaná-los para nós! Na verdade, se pensarmos sobre a história de Maitreya e Asanga, veremos que não temos como saber ao certo se aqueles que estamos tentando ajudar agora são ou não, de fato, emanações de Buda, manifestadas para o nosso benefício. O sinal de que dominamos as meditações de *apreciar os outros* e *compaixão* é que, sempre que nos encontrarmos com outra pessoa – mesmo com alguém que esteja nos prejudicando – sentiremos, genuinamente, como se houvéssemos encontrado um raro e precioso tesouro.

Geshe Potowa

Amor Desiderativo

Mesmo se alguém que eu ajudei
E em quem depositei grandes esperanças
Não obstante, prejudicar-me intencionalmente,
Que eu o veja, ou a ela, como meu sagrado Guia Espiritual.

O propósito principal desta estrofe é nos ensinar como desenvolver e aprimorar nossa experiência de amor desiderativo, ou amor que deseja a felicidade dos outros. Em geral, existem três tipos de amor: amor afetuoso, amor apreciativo e amor desiderativo. O amor afetuoso é uma mente que não está misturada com apego desejoso e que vê a outra pessoa como agradável, amável ou bela. Por exemplo, quando uma mãe olha para seus filhos, ela sente grande afeição por eles e os percebe como belos, não importa o modo como eles aparecem para os outros. Devido ao seu amor afetuoso, ela naturalmente sente que seus filhos são preciosos e importantes; esse sentimento é o amor apreciativo. Porque aprecia seus filhos, ela deseja sinceramente que eles sejam felizes; esse desejo é o amor desiderativo – o amor que deseja a felicidade dos outros. O amor desiderativo surge do amor apreciativo, que, por sua vez, surge do amor afetuoso. Precisamos desenvolver esses três tipos de amor por todos os seres vivos, sem exceção.

COMO DESENVOLVER AMOR DESIDERATIVO

A maneira de desenvolver e de aprimorar nosso amor apreciativo já foi explicada. Agora, precisamos desenvolver amor desiderativo, contemplando de que modo esses seres vivos, a quem apreciamos tão carinhosamente, carecem de felicidade verdadeira. Todo mundo quer ser feliz, mas ninguém experiencia felicidade verdadeira no samsara. Em comparação com a quantidade de sofrimento que suportam, a felicidade dos seres vivos é rara e passageira e, mesmo ela, é apenas uma felicidade contaminada que, na verdade, é da natureza do sofrimento. Buda chamou as sensações agradáveis que resultam dos prazeres mundanos de "sofrimento-que-muda", porque elas são simplesmente a experiência de uma redução temporária do sofrimento manifesto. Em outras palavras, experienciamos prazer devido ao alívio da nossa dor anterior. Por exemplo, o prazer que extraímos de comer é, na verdade, apenas uma redução temporária da nossa fome; o prazer que extraímos de beber é meramente uma redução temporária da nossa sede; e o prazer que extraímos em nossos relacionamentos comuns é, na maioria dos casos, meramente uma redução temporária da nossa solidão latente.

Em *Quatrocentas Estrofes*, o mestre budista Aryadeva diz:

> A experiência de sofrimento nunca será transformada pela mesma causa,
> Mas podemos ver que a experiência de felicidade será transformada pela mesma causa.

Isso significa que, por exemplo, o sofrimento causado por fogo nunca será transformado em felicidade pelo fogo, mas podemos observar que a felicidade causada, por exemplo, por comer será transformada em sofrimento simplesmente pelo ato de comer. Como podemos entender isso? Se aumentarmos a causa da nossa felicidade mundana, nossa felicidade irá se transformar, gradualmente, em sofrimento. Quando comemos nossa comida favorita, ela tem um sabor delicioso, mas, se continuássemos a comer um prato após outro, nosso prazer logo se converteria em desconforto, em aversão e, por fim, em dor. No entanto, o inverso não acontece com as experiências dolorosas. Por exemplo, bater em nosso dedo repetidamente com um martelo nunca se tornará algo agradável, porque isso é uma causa verdadeira de sofrimento. Assim como uma causa verdadeira de sofrimento nunca pode dar origem à felicidade, uma causa verdadeira de felicidade nunca pode dar origem à dor. Visto que as sensações agradáveis resultantes dos prazeres mundanos se convertem em dor, segue-se que elas não podem ser felicidade verdadeira. Entregar-se de maneira prolongada a comer, à prática de esportes, atividade sexual ou qualquer outro prazer comum leva, invariavelmente, ao sofrimento. Por mais que tentemos encontrar felicidade nos prazeres mundanos, nunca seremos bem-sucedidos. Como foi mencionado anteriormente, entregar-se aos prazeres samsáricos é como beber água salgada: em vez de saciar nossa sede, quanto mais bebemos, mais sedentos ficamos. No samsara, nunca alcançamos um ponto em que podemos dizer: "Agora estou completamente satisfeito, não preciso de mais nada".

A questão não é apenas que os prazeres mundanos não sejam felicidade verdadeira, mas que eles também não duram. As pessoas devotam suas vidas para adquirir posses, projetar-se socialmente, construir uma casa, constituir família e ter um círculo de amigos; mas, quando elas morrem, perdem tudo. Tudo pelo qual elas trabalharam desaparece subitamente, e elas ingressam na próxima vida sozinhas e de mãos vazias. Elas anseiam fazer amizades profundas e duradouras, mas, no samsara, isso é impossível. Os mais apaixonados amantes serão, por fim, involuntariamente separados; e, quando voltarem a se encontrar numa vida futura, não se reconhecerão um ao outro. Podemos achar que aqueles que têm bons relacionamentos e realizaram suas ambições de vida são verdadeiramente felizes, mas, na verdade, sua felicidade é tão frágil como uma bolha-d'água. A impermanência não poupa nada nem ninguém; no samsara, todos os nossos sonhos são desfeitos no final. Como disse Buda nos *Sutras Vinaya*:

O fim da reunião é a dispersão.
O fim da ascenção é a queda.
O fim do encontro é a separação.
O fim do nascimento é a morte.

A natureza do samsara é sofrimento, pois, enquanto os seres vivos renascerem no samsara, eles nunca experienciarão felicidade verdadeira. Buda comparou viver no samsara com o sentar-se na ponta de um alfinete – não importa o quanto tentemos ajustar nossa posição, ela será sempre dolorosa, e não importa o quanto tentemos corrigir e melhorar nossa situação samsárica, ela irá sempre nos irritar e causar dor. Felicidade verdadeira somente pode ser encontrada através de conquistar a libertação do samsara. Contemplando isso, desenvolveremos um desejo sincero de que todos os seres vivos experienciem felicidade pura por meio de conquistarem a libertação.

Devemos começar nossa meditação focando nossos familiares e amigos e refletindo que eles nunca conhecerão felicidade verdadeira enquanto permanecerem no samsara e que, mesmo a felicidade limitada que experienciam atualmente, será, em breve, tirada deles. Então, ampliando esse sentimento de amor que deseja a felicidade dos outros, incluimos todos os seres vivos, e, com a compreensão e a crença de que a felicidade e a liberdade de todos e de cada um dos seres vivos é muito mais importante que a nossa própria felicidade e liberdade, pensamos:

Que maravilhoso seria se todos os seres vivos conquistassem a felicidade pura e duradoura da iluminação! Que eles conquistem essa felicidade. Eu, pessoalmente, trabalharei para esse objetivo.

Permanecemos estritamente focados nessa mente preciosa de amor desiderativo por todos os seres vivos pelo maior tempo possível. Repetimos essa meditação muitas vezes, até desejarmos espontaneamente que todos e cada um dos seres vivos experienciem a felicidade da iluminação. Esse desejo espontâneo é a realização efetiva do amor que deseja a felicidade dos outros.

Misturamos nossa mente com esse sentimento de amor que deseja a felicidade dos outros pelo maior tempo possível. Quando estivermos fora da meditação, sempre que virmos ou lembrarmos de qualquer ser vivo, humano ou animal, devemos rezar mentalmente: "Que eles sejam felizes o tempo todo. Que eles alcancem a felicidade da iluminação". Pensando constantemente desse modo, conseguiremos manter o amor desiderativo dia e noite, até durante o sono.

A meditação em amor é muito poderosa. O amor desiderativo, ou amor que deseja a felicidade dos outros, é também chamado de "amor incomensurável" porque, por meramente meditar em amor desiderativo, receberemos incomensuráveis benefícios nesta vida e nas incontáveis vidas futuras, mesmo que nossa concentração não seja muito forte. Com base nos ensinamentos de Buda, o grande erudito Nagarjuna enumerou oito benefícios do amor afetuoso e do amor desiderativo: (1) meditando em amor afetuoso e no amor desiderativo por apenas um instante, acumulamos mais mérito do que se déssemos comida, três vezes todos os dias, para todos os que estão com fome no mundo.

Quando damos comida para os que estão com fome, não estamos dando felicidade verdadeira a eles. O motivo é que a felicidade que vem de comer não é felicidade verdadeira, mas apenas uma redução temporária do sofrimento da fome. No entanto, meditar em amor afetuoso e no amor desiderativo, ou amor que deseja a felicidade dos outros, nos conduz, e a todos os seres vivos, à felicidade pura e duradoura da iluminação.

Os sete benefícios restantes de meditar em amor afetuoso e no amor desiderativo são que, no futuro: (2) receberemos grande bondade amorosa de humanos e não humanos; (3) seremos protegidos de diversas maneiras por humanos e não humanos; (4) seremos mentalmente felizes o tempo todo; (5) seremos fisicamente saudáveis o tempo todo; (6) não seremos feridos por armas, prejudicados por veneno e outras condições prejudiciais;

(7) obteremos todas as condições necessárias sem esforço; e (8) nasceremos no paraíso superior de uma Terra Búdica.

Tendo contemplado esses benefícios, devemos aplicar esforço em meditar no amor desiderativo muitas vezes, todos os dias.

O amor é o grande protetor, que nos protege da raiva e da inveja e de danos causados por espíritos. Quando Buda Shakyamuni estava meditando sob a Árvore Bodhi, ele foi atacado por todos os apavorantes demônios deste mundo, mas o seu amor transformou as armas dos demônios em uma chuva de flores. Em última instância, nosso amor irá se converter no amor universal de um Buda, um amor que efetivamente tem o poder de conceder felicidade a todos os seres vivos.

A maioria dos relacionamentos entre as pessoas está fundamentado numa mistura de amor e apego. Isso não é amor puro, pois está embasado num desejo de felicidade para nós próprios – valorizamos as outras pessoas porque elas nos fazem sentir bem. O amor puro não está misturado com apego e se origina inteiramente de um interesse pela felicidade dos outros. Ele nunca dá origem a problemas, mas faz surgir, unicamente, paz e felicidade, tanto para nós como para os outros. Precisamos remover o apego de nossas mentes, mas isso não significa que tenhamos de abandonar nossos relacionamentos. O que devemos fazer é aprender a distinguir entre apego e amor e, gradualmente, tentar remover todos os vestígios de apego dos nossos relacionamentos e aperfeiçoar nosso amor até que ele se torne puro.

TRANSFORMAR CONDIÇÕES ADVERSAS

Quando as coisas vão bem e os outros são gentis e nos tratam com respeito, não é nada difícil desejar que eles sejam felizes. Porém, se nosso amor pelos outros diminui assim que eles nos causam problemas ou deixam de nos apreciar, isso indica que nosso amor não é puro. Enquanto os nossos bons sentimentos pelos outros estiverem condicionados ao modo agradável como eles nos tratam, nosso amor será fraco e instável e não seremos capazes de transformá-lo em amor universal. É inevitável que, em algum momento, as pessoas respondam à nossa bondade de modo ingrato e negativo e, portanto, é essencial que encontremos um meio de transformar essa experiência em caminho espiritual.

Quando alguém, que tenhamos ajudado, retribuir nossa bondade prejudicando-nos, devemos, em vez de sentir raiva, tentar ver essa pessoa como um professor espiritual e gerar uma mente de gratidão por ele ou ela. Explicitamente, essa estrofe menciona apenas aqueles que beneficiamos, na expectativa de que nosso benefício trouxesse resultados positivos para eles e para outros, mas, implicitamente, inclui qualquer pessoa que nos prejudique. Existem muitos raciocínios que podemos utilizar para desenvolver esse reconhecimento especial. Podemos pensar:

A única razão pela qual as pessoas me prejudicam é porque eu criei a causa para que elas façam o que estão fazendo, devido às minhas ações negativas passadas. Essas pessoas estão me ensinando a lei do carma. Ao me enganarem e retribuírem minha ajuda prejudicando-me, elas estão me relembrando que, no passado, enganei e prejudiquei os outros. Elas estão sendo desleais comigo unicamente porque eu fui desleal com elas ou com outros em vidas anteriores. Elas estão me encorajando a purificar meu carma negativo e a me abster de ações prejudiciais no futuro. Que bondosas elas são! Elas só podem ser meu Guia Espiritual, emanado por Buda Amitabha.

Pensando desse modo, transformamos uma situação que normalmente nos causaria raiva ou autopiedade em uma poderosa lição sobre a necessidade de purificação e de praticar disciplina moral.

Alternativamente, podemos pensar:

Essa experiência mostra que não existem certezas no samsara. Tudo muda. Amigos tornam-se inimigos, e inimigos tornam-se amigos. Por quê? Porque no samsara todos são controlados por suas delusões, ou aflições mentais, e ninguém tem qualquer liberdade. Essa situação está me encorajando a abandonar o renascimento samsárico; logo, em vez de ficar com raiva ou desanimado, preciso abandonar o renascimento samsárico e gerar a mente alegre de renúncia – um desejo sincero de alcançar a paz interior permanente da libertação. Rezo para que eu alcance a libertação do samsara e para que todos os seres vivos alcancem o mesmo estado.

Seguindo essa linha de raciocínio, consideramos a pessoa que está nos tratando de maneira desagradável como um professor espiritual, que está nos encorajando a sair do samsara e a experienciar felicidade pura. Essa maneira habilidosa de considerar nossas dificuldades transforma-as numa oportunidade para progredir no caminho espiritual. Visto que essa pessoa está nos ensinando uma profunda lição sobre a natureza do samsara e está exercendo uma influência tão benéfica sobre nossa mente, ele (ou ela) é supremamente bondosa.

Podemos, também, pensar:

Essa pessoa que está me prejudicando ou atrapalhando está, na verdade, encorajando-me a praticar paciência; e, já que é impossível fazer progressos no caminho espiritual sem desenvolver a mente forte da paciência, ele (ou ela) é muito benéfica para mim.

Paciência é uma mente motivada por uma intenção virtuosa que aceita alegremente as dificuldades e os prejuízos causados pelos outros. Uma pessoa sem paciência não tem estabilidade mental e se aborrece com o menor obstáculo ou crítica. Em contraste, quando desenvolvermos verdadeira paciência, nossa mente irá se tornar estável como uma montanha e calma como as profundezas do oceano. Com essa mente calma e forte, não será difícil aperfeiçoar as realizações espirituais de amor universal, grande compaixão e bodhichitta.

Pensando habilidosamente dessas maneiras, podemos considerar até aqueles que nos prejudicam ou enganam como nossos professores espirituais. Esse é um ponto muito importante, porque significa que todos podem ser nosso professor. Se alguém é nosso professor espiritual ou um obstáculo para o nosso progresso espiritual é algo que depende totalmente da nossa mente. Em muitos aspectos, aqueles que nos prejudicam são os mais bondosos de todos, porque destroem nossa visão complacente que enxerga o samsara como um jardim de prazeres e, como um enérgico Guia Espiritual, nos inspiram a nos empenharmos mais fortemente na prática espiritual. Pensando desse modo, podemos transformar o mal que recebemos em caminho espiritual e, em vez de ficar desanimados, podemos aprender a apreciar até aqueles que nos prejudicam. É especialmente importante adotar essa atitude em relação aos nossos amigos mais próximos e familiares. Visto que passamos tanto tempo com eles, seria muito benéfico se os considerássemos como professores espirituais puros!

Temos grandes expectativas sobre nossos amigos, esperando que sejam uma fonte de felicidade verdadeira, mas, no samsara, nunca podemos encontrar amigos assim. Ainda que eles não tentem nos prejudicar deliberadamente, é inevitável que eles nos causem problemas de tempos em tempos. Pensamos que, se procurarmos o bastante, encontraremos o amigo certo ou o companheiro perfeito, que nunca nos decepcionará; mas não existem amigos perfeitos no samsara. As relações samsáricas são, por sua natureza, enganosas. Esperamos encontrar um relacionamento permanentemente harmonioso e satisfatório, mas, por alguma razão, isso nunca acontece. Não há necessidade de acusar a outra pessoa por fracassar em não cumprir com nossas expectativas – a falha é do renascimento samsárico. Porque renascemos no samsara, temos de experienciar relacionamentos insatisfatórios – é impossível encontrar amigos puros neste mundo impuro. Se realmente quisermos desfrutar relações puras e harmoniosas, temos de abandonar o samsara. Portanto, quando nossos amigos nos desapontam, não devemos ficar com raiva deles, mas, em vez disso, considerá-los como professores espirituais que estão nos mostrando as falhas do samsara.

Os lugares samsáricos também são enganosos por natureza. Pensamos que, mudando de casa, de cidade ou para um país diferente, encontraremos um lugar onde nos sentiremos realmente confortáveis e felizes, mas, enquanto permanecermos no samsara, nunca encontraremos um lugar assim. Já nos mudamos tantas vezes e, ainda assim, não estamos satisfeitos. Quando visitamos um lugar novo, ele nos parece muito bonito e achamos que, se vivêssemos ali, todos os nossos problemas seriam solucionados; mas, uma vez que realmente tenhamos nos mudado para lá, novos problemas logo começarão a vir à tona. Não existe lugar algum neste mundo onde nunca experienciaremos problemas. Se desejarmos viver num ambiente puro ou encontrar um lugar onde possamos nos sentir sempre em casa, precisaremos purificar nossa mente, desenvolvendo amor e compaixão universais.

Embora passemos nossas vidas à procura de felicidade no samsara, mudando de um amigo para outro e de um lugar para outro, jamais encontraremos felicidade verdadeira. Somos como o ladrão que, certa noite, entrou na caverna de Milarepa à procura de algo valioso para roubar. Ao ouvi-lo, Milarepa riu e disse: "Como esperas encontrar algo valioso aqui, à noite, quando eu não consigo encontrar nada de valor aqui durante o dia?". Como podemos esperar encontrar felicidade na caverna vazia do samsara, obscurecida pela escuridão das nossas delusões, quando os Budas, com sua sabedoria onisciente, foram incapazes de encontrá-la? O samsara é uma prisão da qual precisamos fugir, em vez de desperdiçar nosso tempo numa busca infrutífera por felicidade nesta prisão.

Pensando dessas maneiras, podemos transformar condições aparentemente adversas em oportunidades de crescimento espiritual. Existem duas maneiras de transformar condições adversas em caminho: por meio do método e por meio de sabedoria. Temos as sementes da Budeidade dentro de nós, mas, para transformar essas sementes no corpo e na mente perfeitos de um Buda, precisamos nutrir ambas essas sementes e livrá-las de quaisquer obstruções ao seu desenvolvimento. As práticas que nutrem o crescimento das sementes búdicas, como renúncia, compaixão e bodhichitta, são conhecidas como "práticas do método", e as práticas que livram as sementes búdicas de obstruções são conhecidas como "práticas de sabedoria". Quando usamos nossas adversidades para fortalecer nossa experiência de renúncia, apreciar os outros e assim por diante, estamos transformando condições adversas em caminho por meio do método. Quando usamos as adversidades para aprofundar nossa realização da vacuidade, estamos transformando condições adversas em caminho por meio de sabedoria. Mais detalhes podem ser encontrados no livro *Compaixão Universal*.

Transformar condições adversas em caminho é vital nestes tempos degenerados, porque estamos constantemente cercados por dificuldades, como uma chama de vela exposta ao vento, que sopra ora de uma direção, ora de outra. Não há como evitar as situações difíceis, mas, se conseguirmos mudar nossa atitude diante delas, elas deixarão de ser um problema para nós. Em vez de permitir que as adversidades nos tornem infelizes e desanimados, podemos usá-las para aprimorar nossa experiência das etapas do caminho espiritual e, dessa maneira, manter uma mente pura e pacífica o tempo todo.

Em *Roda de Armas Afiadas*, Dharmarakshita explica que todas as dificuldades que experienciamos nesta vida são o resultado de ações negativas que cometemos em vidas passadas ou anteriormente nesta vida. Se encontramos dificuldade em satisfazer nossos desejos é porque, no passado, impedimos os outros de satisfazerem os deles. Se somos separados dos nossos amigos, a quem amamos muito, é porque interferimos com os relacionamentos de outras pessoas. Se não conseguimos ter amigos dignos de confiança, é porque enganamos as pessoas. Se nosso corpo está atormentado por doenças, é porque infligimos dor física aos outros. Se as pessoas nos acham sem atrativos, é porque frequentemente ficávamos com raiva dos outros. Se somos pobres, é porque roubamos as posses dos outros. Se temos uma vida curta, é porque matamos outros seres. Dharmarakshita enumera muitos exemplos de ações e seus efeitos que foram explicados por Buda em vários Sutras, como o *Sutra Centena de Ações* e os *Sutras Vinaya*. Se lermos esses Sutras, seremos capazes de reconhecer que todas as dificuldades que experienciamos em nossa vida diária são como uma roda de armas afiadas, que retorna sobre nós, devolvendo todo o mal que causamos.

É importante compreender a relação entre as ações e seus efeitos. Nossa reação normal quando nos deparamos com um problema é tentar encontrar alguém para culpar; mas, se olharmos a situação com sabedoria, entenderemos que nós mesmos criamos a causa daquele problema através das nossas ações negativas. A causa principal de todos os nossos problemas é, necessariamente, uma ação negativa corporal, verbal ou mental que nós mesmos criamos no passado; as ações das outras pessoas são apenas condições secundárias que permitem nosso carma negativo amadurecer. Se elas não proporcionarem as condições para nosso carma negativo amadurecer, alguém ou algo mais o fará com certeza; uma vez que a causa principal tenha sido estabelecida, a menos que a purifiquemos por meio de práticas de purificação, nada poderá impedir que, cedo ou tarde, o efeito ocorra. Em vez de culparmos os outros pelos nossos problemas, devemos usar nossos infortúnios para aprofundar nossa compreensão do carma.

Treinando nossa mente para reconhecer lições espirituais em todas as nossas experiências, conseguiremos ver todas as pessoas e todas as situações como nosso professor espiritual e poderemos converter todas e quaisquer situações a nosso favor. Essa é uma compreensão muito importante, pois significa que nenhuma experiência jamais será desperdiçada. O tempo que passamos ouvindo os ensinamentos de Dharma ou lendo livros de Dharma é normalmente bastante limitado, mas se conseguirmos reconhecer as lições de Dharma na nossa vida diária, estaremos sempre na presença do nosso Guia Espiritual. Como disse Milarepa:

> Não preciso ler livros; tudo o que aparece à minha mente é um livro de Dharma. Todas as coisas confirmam a verdade dos ensinamentos de Buda e aumentam minha experiência espiritual.

Foi porque Milarepa via tudo como sendo seu professor espiritual que ele progrediu muito rapidamente pelo caminho espiritual e conquistou a plena iluminação naquela mesma vida.

Os ensinamentos de Lamrim explicam que a função de um Buda é revelar o sagrado Dharma e conceder bênçãos. Porque nosso Guia Espiritual executa essas funções, do nosso ponto de vista ele (ou ela) é um Buda. De modo semelhante, para um praticante qualificado do treino da mente, todos os seres vivos são professores espirituais e todas as situações são lições de Dharma. Se conseguirmos manter esse reconhecimento especial com contínua-lembrança (*mindfulness*), não haverá mais quaisquer obstáculos à nossa prática espiritual, porque todas as nossas experiências diárias irão se tornar significativas e servirão para aumentar nossas boas qualidades.

Se formos habilidosos, qualquer coisa que virmos poderá nos ensinar sobre a lei do carma. Quando virmos pessoas pobres ou escutarmos falar delas, poderemos refletir que a experiência de pobreza é o resultado de não terem praticado generosidade no passado. Isso vai nos encorajar a praticar o dar. Quando virmos animais, poderemos pensar que tiveram um renascimento inferior porque não praticaram disciplina moral e, portanto, eles estão ensinando que "eu preciso observar disciplina moral pura agora". Do mesmo modo, aqueles que sofrem de raiva "estão me ensinando como é importante praticar paciência"; e todos aqueles que estão aprisionados na prisão do samsara "estão me ensinando que preciso abandonar a preguiça e aplicar grande esforço para conquistar a cessação permanente do renascimento samsárico e ajudar todos os demais a fazerem o mesmo". Pensando desse modo, obteremos, gradualmente, uma experiência profunda de que todos os seres vivos estão nos dando o presente inestimável dos ensinamentos de Dharma. Em vez de desprezar aqueles que estão experienciando sofrimento, iremos respeitá-los e valorizá-los como nossos Guias Espirituais incomparavelmente preciosos.

Aceitar a Derrota e Oferecer a Vitória

Quando os outros, por inveja ou raiva,
Prejudicarem-me ou insultarem-me,
Que eu tome sobre mim a derrota
E ofereça-lhes a vitória.

A sexta estrofe revela que, tendo obtido alguma experiência de amor e de compaixão por todos os seres vivos, precisamos agora colocar em prática esse bom coração em nossa vida diária. Por exemplo, quando alguém tomado de raiva ou de inveja nos prejudicar ou insultar, devemos, com nossa mente apoiada em amor e compaixão, aceitar alegremente o prejuízo e não retaliar – esse é o significado de aceitar a derrota e oferecer a vitória aos outros. Essa prática nos protege diretamente do desânimo e da infelicidade. A principal intenção do Bodhisattva Langri Tangpa nessa estrofe é nos encorajar a praticar paciência. A prática sincera de paciência é a base para a realização de tomar e dar, explicada no próximo capítulo.

Quando objetos inanimados ou outras pessoas nos causarem problemas e tivermos feito tudo o que podíamos para melhorar a situação, não haverá mais nada a fazer exceto suportar pacientemente nosso sofrimento, sem ficar com raiva ou perturbados. Uma vez que os efeitos das nossas ações negativas já amadureceram, é impossível evitá-los, e nem um Buda pode impedir o nosso sofrimento. A única coisa que podemos fazer é praticar paciência e alegremente aceitar nossas dificuldades. Desse modo, mantemos nossa mente num

Je Tsongkhapa

estado equilibrado e positivo, não importa quão ruins sejam nossas circunstâncias exteriores. Por exemplo, se praticarmos paciência quando estivermos doentes, conseguiremos permanecer calmos e serenos, e, se praticarmos paciência quando alguém nos prejudicar, teremos clareza e tranquilidade mentais para reagir de modo construtivo, sem raiva nem autopiedade. Sempre que nos encontrarmos numa situação desagradável ou dolorosa, devemos pensar:

> *Essa situação é resultado do meu carma negativo. Como o efeito já amadureceu, é tarde demais para purificá-lo. Não há nada a fazer, exceto aceitar a situação pacientemente, com a mente feliz. Eu mesmo criei a causa para esse problema e, portanto, é minha responsabilidade aceitar o resultado. Se eu não experienciar os resultados das minhas ações negativas, quem mais o fará?*

Embora a paciência de voluntariamente suportar nosso sofrimento não seja, em si, a prática efetiva de tomar, se formos capazes de suportar corajosamente nosso próprio sofrimento, não acharemos difícil tomar os sofrimentos dos outros. Aqueles que são capazes de praticar essa paciência possuem mentes muito fortes. Eles são como Heróis ou Heroínas, que não temem os sofrimentos do samsara, e nada tem o poder de perturbar suas mentes. Como disse Dharmarakshita:

> Uma pessoa que aceita prazeres samsáricos, mas que não consegue aceitar o sofrimento
> Experienciará muitos problemas;
> Mas um Bodhisattva, que aceita o sofrimento corajosamente,
> Será sempre feliz.

Aqueles que esperam colher somente felicidade no samsara e acham difícil suportar seus sofrimentos acumularão somente mais desgraças para si mesmos. Estamos sofrendo porque estamos no samsara. O samsara é a criação da nossa mente impura de autoapreço e de agarramento ao em-si e, portanto, sua real natureza é sofrimento. Enquanto tivermos a causa em nossa mente – autoapreço e ignorância do agarramento ao em-si – continuaremos a experienciar o efeito: o samsara e todos os seus infortúnios. Esperar escapar do sofrimento sem purificar nossa mente do autoapreço e do agarramento ao em-si revela uma absoluta falta de sabedoria. Desprovidos de sabedoria temos tentado, vida após vida, nos libertar do sofrimento manipulando nosso mundo samsárico, enquanto negligenciamos a purificação da nossa mente. Em vez de continuar nesse caminho, devemos agora emular a atitude sábia e corajosa de um Bodhisattva e ver nossos sofrimentos e problemas como estímulos para nos impulsionar em nossa prática espiritual.

A razão pela qual achamos tão difícil aceitar o sofrimento é que a nossa mente de autoapreço exagera grosseiramente a importância da nossa própria felicidade. Na realidade, quando estamos felizes, apenas uma pessoa está feliz, e, quando estamos sofrendo, apenas uma pessoa está a sofrer; comparado ao sofrimento dos incontáveis seres vivos, nosso próprio sofrimento é insignificante. É claro que um único ser vivo é importante, mas, se alguém nos perguntasse "quem é mais importante – uma pessoa ou dez pessoas?", teríamos de responder que dez pessoas são mais importantes. Esse raciocínio é muito útil e pode nos ajudar em nossa prática de aceitar a derrota.

No entanto, precisamos usar nossa sabedoria quando estivermos envolvidos nessa prática. Se nossa prática de aceitar a derrota e oferecer a vitória representar um sério obstáculo à realização dos dois desejos da nossa bodhichitta, isso prejudicará indiretamente incontáveis seres vivos, incluindo a pessoa a quem estamos oferecendo a vitória. Sem sabedoria, poderíamos permitir que alguém destruísse nossa grande oportunidade de progredir rumo à iluminação e de beneficiar muitos seres vivos. Uma compaixão como essa seria inábil e conduziria a uma prática incorreta. Suponha que há uma praticante do treino da mente chamada Maria e que tenha dedicado todas as suas atividades para beneficiar os outros. Se alguém tentasse matá-la motivado por inveja e, com o objetivo de satisfazer os desejos do seu agressor, Maria permitisse ser assassinada, isso seria *compaixão louca*. Somente compaixão não é suficiente; precisamos equilibrá-la com sabedoria, pois, de outro modo, cometeremos muitos equívocos.

Certa vez, um homem compassivo encontrou, numa estrada, um grande peixe ainda vivo, que havia caído da carroça de um pescador. Querendo salvar a vida do peixe, ele cuidadosamente o pegou e o levou até um pequeno lago nas redondezas. Não demorou muito, entretanto, para que as pessoas da região notassem que todos os peixes pequenos do lago haviam desaparecido e que só restava um grande peixe. Quando perceberam que aquele grande peixe havia devorado todos os outros peixes do lago, elas ficaram enfurecidas e o mataram. Assim, a ação compassiva do homem resultou na morte não apenas de todos os peixes do lago, como também do peixe grande que tentara salvar. Essa história ilustra que, se quisermos verdadeiramente ajudar os outros, precisaremos ter mais do que um simples desejo compassivo de ajudar. Precisaremos desenvolver também nossa sabedoria, pois, sem sabedoria, nossos esforços para ajudar podem, muitas vezes, produzir um efeito contrário. No Budismo, compaixão e sabedoria são vistas como complementares e igualmente necessárias para ajudar os outros de modo eficaz.

Suponha que tenhamos abandonado o autoapreço e que alguém exija que entreguemos nossa vida. Do nosso lado, talvez tenhamos a habilidade de sacrificar nossa vida sem nenhum sentimento de perda, mas, antes de fazê-lo, devemos nos perguntar se isso realmente irá ajudar os outros. Em certos casos, essa poderá ser a atitude mais benéfica a ser feita. O rei tibetano Yeshe Ö sacrificou sua vida para convidar o grande mestre indiano Dhipamkara Shrijana para ensinar o Dharma no Tibete e, como resultado da atitude de generosidade altruísta de Yeshe Ö, Dhipamkara Shrijana ficou tão profundamente comovido que aceitou o convite. Ele foi capaz de ensinar o precioso Dharma Kadam aos rudes e indisciplinados tibetanos e eles retribuíram com amor e gratidão. Em sinal de respeito, foi-lhe dado o nome "Atisha", que em tibetano significa "Paz", e o puro Budadharma que ele ensinou floresceu por todo o Tibete e em outros países. Desde essa época, incontáveis seres receberam, e continuam a receber, profundos benefícios da ação habilidosa de Yeshe Ö de doar voluntariamente sua vida. Essa história está explicada em detalhes nos livros *Caminho Alegre da Boa Fortuna* e *Budismo Moderno*.

Por outro lado, há ocasiões em que dar a nossa vida poderá agradar uma pessoa, mas também destruirá nossa oportunidade de ajudar muitas outras. Se percebermos que podemos beneficiar mais pessoas ficando vivos, não devemos entregar nossa vida. Se uma pessoa ficar com raiva e ameaçar nos matar, podemos até mesmo lutar para proteger nossa vida para o benefício de muitos. Buda disse que seria um grave equívoco entregar o nosso corpo por um motivo insignificante ou colocar nossa saúde em perigo desnecessariamente, pois isso seria um grande obstáculo à nossa prática espiritual.

Normalmente, devemos tentar agradar os outros cooperando com os seus desejos e aceitando quaisquer críticas ou problemas que eles nos tragam, mas há ocasiões em que seria muito inábil agir dessa maneira, como quando os desejos de uma pessoa são prejudiciais e irão levar a sofrimentos desnecessários. Por exemplo, se alguém nos pedisse para ajudá-lo a roubar um banco ou se nosso filho nos pedisse para comprar uma vara de pescar ou uma espingarda para caçar passarinhos, é óbvio que deveríamos recusar. Precisamos usar nossa sabedoria e não apenas concordar cegamente com tudo o que nos é pedido.

Também pode acontecer que, se passarmos a maior parte do nosso tempo atendendo aos desejos dos outros, ficaremos sem tempo para estudar, contemplar e meditar no Dharma. Além disso, muitas pessoas têm desejos incorretos e podem abusar da nossa boa vontade. A não ser que reservemos algum tempo para meditar todos os dias, acharemos muito difícil mantermos mentes pacíficas e positivas em nossa vida diária, e nossa prática espiritual como um todo será prejudicada. Visto que o verdadeiro propósito da meditação é aumentar nossa capacidade de ajudar os outros, o tempo que precisamos todo dia para meditar não é egoísmo. Devemos organizar nosso tempo e energia de maneira que possamos ser do máximo benefício para os outros e, para fazer isso efetivamente, precisamos de algum tempo para ficar a sós, a fim de recobrar nossas forças, ordenar nossos pensamentos e ver os fatos a partir de outra perspectiva.

Uma vez que tenham sido prejudicados, os praticantes do treino da mente aceitam seus sofrimentos com paciência, mas isso não significa que não tentem, em primeiro lugar, se defender de serem prejudicados. É um equívoco pensar que, porque estamos tentando praticar paciência e destruir nossa mente de autoapreço, podemos permitir que os outros nos prejudiquem. Na realidade, é nossa obrigação nos proteger, porque se os outros conseguirem nos prejudicar, eles estarão criando a causa para experienciarem grande sofrimento no futuro. Os Bodhisattvas empregam quaisquer meios pacíficos e irados que tenham à sua disposição para impedir que os outros os prejudiquem, mas sua motivação para agir é tão somente a de proteger os outros de criarem carma negativo e para preservar sua oportunidade de beneficiar os outros. Embora exteriormente possa parecer como se agissem por interesse próprio, na realidade eles estão protegendo seu corpo e sua vida motivados por compaixão por todos os seres vivos.

Certa vez, um puro praticante de Dharma procurou seu professor com uma pergunta sobre sua prática de Lamrim, levando consigo seu precioso texto de Lamrim. No caminho de volta para sua caverna, foi selvagemente atacado por um cão. O praticante costumava tratar seus livros de Dharma com grande cuidado e respeito, mas para impedir que o mordesse, ele bateu no cão com o texto. Foi um erro ele ter usado seu texto de Dharma desse modo?

É claro que, geralmente, devemos tratar nossos textos de Dharma como se fossem verdadeiras Joias Dharma. Contudo, não tivesse ele se defendido, o cachorro o teria mordido e, possivelmente, até o matado, interrompendo seriamente sua prática de Dharma e, indiretamente, prejudicando muitos seres sencientes. Como sua motivação era pura, o praticante não incorreu em nenhum carma negativo. De modo semelhante, em certas circunstâncias extremas, Bodhisattvas podem até mesmo lutar a fim de proteger muitos seres sencientes. É muito difícil julgar, a partir somente das ações exteriores de alguém, se ele (ou ela) está praticando o Dharma puramente. Se vivêssemos com alguém por muitos anos, talvez viéssemos a compreender gradualmente sua verdadeira motivação, mas, por outro lado, não podemos conhecer a motivação de uma pessoa apenas pelo seu comportamento exterior.

Também não faz sentido suportar sofrimento desnecessariamente, como no caso de se recusar a aceitar ajuda médica quando estamos gravemente doentes. Talvez pensemos: "como praticante do treino da mente, posso solucionar todos os meus problemas usando apenas minha força interior". Porém, na realidade, ao recusar ajuda, estamos quebrando o compromisso do treino da mente que diz: "Permaneça natural enquanto muda de aspiração". De acordo com a Tradição Kadampa de Je Tsongkhapa, ainda que tenhamos realizações elevadas, devemos observar as convenções da sociedade em que vivemos. Uma vez que é costume aceitar tratamento médico quando estamos doentes, não devemos atrair atenção indevida sobre nós mesmos ao recusá-lo, caso o tratamento possa nos ajudar, mesmo que sejamos mentalmente fortes o suficiente para suportar a dor sem ajuda. A Tradição de Je Tsongkhapa de permanecer exteriormente como uma pessoa comum, enquanto cultivamos interiormente mentes especiais, é muito prática e bonita.

Podemos pensar que, se praticarmos pacientemente aceitar a derrota o tempo todo, nossos sofrimentos e problemas irão se multiplicar e seremos completamente dominados por eles; mas, na realidade, a prática da paciência sempre reduz nosso sofrimento, porque não acrescentamos dor mental às dificuldades que estamos tendo. Visto que sofrimento, ansiedade, depressão e dor são sensações, eles são tipos de mente; portanto, segue-se que eles existem dentro da nossa mente, e não fora dela. Se, enquanto experienciarmos condições adversas, nossa mente permanecer calma e feliz por meio da prática de paciência, não teremos um problema. Talvez tenhamos que enfrentar uma situação desafiadora e até mesmo fiquemos doentes ou feridos, mas estaremos livres da dor. Controlando nossa mente desse modo, experienciaremos a cessação da nossa dor, ansiedade e depressão, e encontraremos verdadeira paz interior. Além disso, mantendo uma mente serena em situações difíceis, estaremos muito mais propensos a encontrar soluções e reagir de modo construtivo. A prática budista é muito suave. Ela não requer privações físicas e práticas severas, pois está interessada principalmente na tarefa interior de controlar e de transformar a mente. Quando tivermos aprendido como fazer isso, compreenderemos o real significado dos ensinamentos de Buda.

No Tibete, conheci diversos praticantes humildes que, embora não fossem famosos, sempre praticaram aceitar a derrota e oferecer a vitória em suas vidas diárias. Um deles era um monge chamado Kachen Sangye, que as pessoas chegaram a reconhecê-lo como um Bodhisattva. Sempre que alguém lhe dizia algo desagradável, ele aceitava sem revidar, e sempre que alguém lhe pedia algo, ele imediatamente dava sem nenhum resquício de avareza. Se lhe cobrassem um preço maior ao fazer compras, ele pagava sem comentários, e, se o vendedor fosse pobre, ele lhe dava ainda mais. O pertence mais caro de Kachen Sangye era um pote de cobre para guardar água. Um dia, quando ele estava fora, um ladrão entrou em seu quarto e roubou o pote, mas, enquanto fugia pela rua, o ladrão encontrou Kachen Sangye voltando para seu quarto. Como o monge o conhecia, o ladrão ficou tão envergonhado que derrubou o pote e saiu correndo. Contudo, Kachen Sangye desenvolveu um forte desejo de dar seu pote de cobre como um presente; então, ele levou o pote até a casa do ladrão e lhe disse: "Não precisavas fugir. Podes pegar o que quiseres do meu quarto a qualquer momento!". As pessoas costumavam dizer que, mesmo se alguém lhe pedisse para dar a própria vida, ele a daria com alegria. Existem muitos exemplos de tais praticantes no passado, e não há razão alguma para que não existam praticantes como esses agora ou no futuro. Aqueles que forem capazes de pensar e de se comportar desse modo nunca encontrarão problemas na vida, pois conseguirão aceitar alegremente quaisquer situações que encontrem.

Em resumo, se desejarmos ajudar os outros efetivamente, precisaremos ser capazes de aceitar nossos problemas sem raiva nem desânimo. Ajudar os outros nem sempre é fácil – isso frequentemente envolve dificuldades e inconveniências consideráveis, e vai contra os desejos da nossa mente de autoapreço. A menos que sejamos capazes de aceitar isso, nosso compromisso de beneficiar os outros será fraco e instável. No entanto, uma vez que tenhamos desenvolvido a habilidade de aceitar nossos próprios problemas com paciência, teremos a força mental para fazer a prática de tomar o sofrimento dos outros e dar-lhes felicidade. Gradualmente, desenvolveremos a realização interior de aceitar a derrota e de oferecer a vitória, e nada terá o poder para nos desencorajar das nossas atividades benéficas.

Tomar e Dar

Em resumo, que eu, direta e indiretamente,
Ofereça ajuda e felicidade a todas as minhas mães
E, secretamente, tome sobre mim
Todos os seus males e sofrimentos.

Na sétima estrofe, o Bodhisattva Langri Tangpa explica as práticas de tomar por meio de compaixão e de dar por meio de amor, como uma conclusão para as estrofes anteriores. "Em resumo" significa, neste contexto, "em conclusão".

A apresentação do Bodhisattva Langri Tangpa é muito bonita. Na primeira estrofe, ele explica como apreciar os outros; na segunda, como aprimorar a mente de apreciar os outros; e, na terceira, como eliminar o autoapreço e demais obstáculos ao amor apreciativo. As duas primeiras estrofes revelam a prática de equalizar eu com outros, e a terceira revela a prática de trocar eu por outros. Na quarta estrofe, Langri Tangpa explica como expandir e aprofundar nossa compaixão, e, na quinta, como expandir e aprofundar nosso amor. À medida que nosso amor e compaixão crescem e nosso autoapreço diminui, torna-se cada vez mais fácil aceitar o sofrimento e empenhar-se nas práticas de tomar e dar. Na sexta estrofe, Langri Tangpa explica como praticar a paciência de voluntariamente suportar o sofrimento, um pré-requisito à prática efetiva de tomar. Agora, na sétima estrofe, ele explica a prática de tomar e dar, por meio da qual podemos aperfeiçoar ainda mais nosso amor e compaixão. Na dependência dessa prática, podemos desenvolver uma bodhichitta muito especial e, então, praticar com sucesso as seis perfeições, que são o caminho efetivo à Budeidade.

No início, quando começamos a meditar em tomar e dar, não podemos tomar efetivamente o sofrimento dos outros e nem lhes dar nossa felicidade; porém, imaginando que estamos fazendo isso agora, estamos treinando nossa mente para sermos capazes de fazê-lo no futuro. No momento presente, somos incapazes de beneficiar todos os seres vivos, mas temos o potencial para essa habilidade, pois ela é parte da nossa natureza búdica. Por praticar as meditações em tomar e dar com forte compaixão por todos os seres vivos, o nosso potencial de beneficiarmos todos os seres vivos amadurecerá e, quando isso acontecer, iremos nos tornar um ser iluminado, um Buda.

"Tomar", neste contexto, significa tomar os sofrimentos dos outros sobre nós mesmos por meio de meditação. A palavra "diretamente" refere-se a tomar realmente o sofrimento dos outros pelo poder da nossa concentração, e a palavra "indiretamente" refere-se a tomar o sofrimento dos outros por meio da nossa imaginação. Ao dar início à nossa prática de tomar e dar, não precisamos pensar muito sobre como é possível aliviar o sofrimento dos outros apenas com o poder da mente. Em vez disso, devemos simplesmente praticar o tomar e dar com uma boa motivação, compreendendo que este é um método supremo para aumentar nosso mérito e concentração. Essa prática também purifica nossas não virtudes e delusões, especialmente nosso autoapreço, e faz com que nosso amor e compaixão tornem-se muito fortes. Por meio de treino gradual, nossa meditação em tomar e dar irá se tornar tão poderosa que desenvolveremos a habilidade de tomar diretamente o sofrimento dos outros e dar-lhes felicidade.

Há muitos exemplos de iogues realizados que usam sua concentração para tomar o sofrimento de outros seres com os quais têm uma conexão cármica. Há uma história sobre um mestre budista indiano chamado Maitriyogi, que tomou a dor de um cachorro que estava sendo espancado, e as feridas apareceram no seu corpo em vez de aparecerem no corpo do cachorro. O grande iogue tibetano Milarepa tinha domínio completo da meditação de tomar e dar. Certa vez, ele tomou o sofrimento de um homem doente, mas o homem recusou-se a acreditar que era graças a Milarepa que ele estava livre da dor. Para provar isso, Milarepa devolveu-lhe a dor e, quando a dor se tornou insuportável, Milarepa transferiu a dor para uma porta, que começou a tremer! Praticantes budistas sinceros acreditam que, quando seu Guia Espiritual fica doente, na verdade ele (ou ela) está tomando o sofrimento dos outros. Muitos cristãos também acreditam que, ao se deixar ser crucificado, Jesus estava tomando sobre si os sofrimentos da humanidade. É bem possível que Jesus estivesse praticando o tomar enquanto estava na cruz.

Se os Budas e elevados Bodhisattvas têm o poder de tomar diretamente o sofrimento dos outros e conceder-lhes felicidade, podemos nos perguntar por que os seres vivos ainda continuam sofrendo. Porque os Budas têm esse poder, eles estão continuamente concedendo bênçãos a todos os seres vivos. Como resultado direto de receberem essas bênçãos, todos e cada um dos seres vivos, incluindo os animais e os seres-do-inferno, experienciam paz mental ocasionalmente e, nesses momentos, eles estão felizes e livres de sofrimento manifesto. No entanto, o único modo de os seres vivos poderem conquistar a libertação permanente do sofrimento é se eles colocarem efetivamente os ensinamentos de Buda em prática. Assim como um médico não pode curar uma doença a não ser que o doente tome, de fato, o remédio que foi prescrito, os Budas não podem curar nossa doença interior das delusões a não ser que tomemos, de fato, o remédio do Dharma. Está dito nos Sutras:

> Os Budas não podem remover o sofrimento dos seres
> sencientes com suas mãos,
> Lavar o mal que está em suas mentes com água,
> Nem lhes dar suas realizações como um presente;
> Mas eles podem conduzi-los à libertação revelando a verdade
> última.

Jampel Gyatso

Mesmo quando o sol está brilhando, se nossa casa estiver com as janelas fechadas, apenas um pouco de luz poderá entrar, e nossa casa permanecerá fria e escura; mas, se abrirmos as janelas, os cálidos raios do sol inundarão todo o ambiente. Do mesmo modo, embora o sol das bênçãos de Buda esteja sempre brilhando, se nossa mente estiver fechada pela nossa falta de fé, poucas bênçãos conseguirão entrar, e nossa mente permanecerá fria e escura; no entanto, desenvolvendo forte fé, nossa mente irá se abrir e o sol pleno das bênçãos de Buda irá preenchê-la. Fé é a força vital da prática espiritual. Precisamos ter fé inabalável nos ensinamentos de Buda, ou nunca encontraremos a energia para colocar esses ensinamentos em prática.

TOMAR POR MEIO DE COMPAIXÃO

Para os seres não humanos, como os animais ou mesmo os deuses, o sofrimento causa unicamente aflição e infelicidade, e eles não podem aprender nada com sua dor. Em contrapartida, os seres humanos que encontraram o Budadharma podem aprender muito com seus sofrimentos. Para nós, o sofrimento pode ser um grande incentivo para desenvolvermos renúncia, compaixão e bodhichitta, e pode nos encorajar a nos empenharmos em uma prática sincera de purificação.

Quando o mestre budista Je Gampopa era um jovem leigo, estava casado com uma linda jovem com quem vivia feliz, mas, pouco depois, ela ficou doente e morreu. Devido ao seu profundo apego pela esposa, Gampopa foi tomado pela tristeza, mas a sua perda o fez compreender que a morte e a impermanência são a verdadeira natureza do samsara, e isso o encorajou a buscar a libertação permanente do samsara por meio de praticar o Dharma puramente. Primeiro, confiou em diversos geshes kadampas e praticou o Lamrim Kadam e, depois, conheceu Milarepa e recebeu as instruções do Mahamudra. Por fim, praticando sinceramente todos os ensinamentos que ouvira, ele se tornou um grande mestre que conduziu muitos seres ao longo dos caminhos espirituais. Assim, podemos ver que, para um praticante de Dharma qualificado, o sofrimento tem muitas boas qualidades. Para esses praticantes, os sofrimentos do samsara são como um Guia Espiritual que os conduz ao longo do caminho à iluminação.

Shantideva diz:

> Ademais, o sofrimento tem muitas boas qualidades.
> Experienciando-o, podemos dissipar o orgulho,
> Desenvolver compaixão por aqueles que estão presos no samsara,
> Abandonar não virtude e nos deleitar em virtude.

Compreendendo as boas qualidades do sofrimento, devemos desenvolver alegria pela nossa oportunidade de praticar o tomar por meio de compaixão.

TOMAR NOSSO PRÓPRIO SOFRIMENTO FUTURO

Para nos prepararmos para a meditação propriamente dita de tomar o sofrimento dos outros, podemos começar tomando nosso próprio sofrimento futuro. Essa meditação é um método poderoso para purificar o carma negativo, que é a causa principal do nosso sofrimento futuro. Se removermos a causa do nosso sofrimento futuro, não haverá base para experienciarmos o efeito. Libertar-se do sofrimento futuro é mais importante do que libertar-se do sofrimento presente, porque nosso sofrimento futuro é sem-fim, ao passo que o nosso sofrimento presente é apenas o sofrimento de uma breve vida. Portanto, devemos treinar em tomar o nosso próprio sofrimento futuro enquanto ainda temos a oportunidade para purificar as causas. Essa prática serve também para reduzir nosso autoapreço, que é a razão principal pela qual achamos tão difícil suportar nosso sofrimento, e ela também fortalece nossa paciência. Quando, pela prática de aceitar pacientemente nosso próprio sofrimento, pudermos suportar alegremente nossas adversidades, não será difícil tomar o sofrimento dos outros. Desse modo, obteremos a capacidade de impedir nosso próprio sofrimento e de beneficiar os outros. Compreendendo isso, geramos a determinação de purificar nossas não virtudes por meio de tomar seus efeitos agora.

Imaginamos que todos os sofrimentos que experienciaremos no futuro como um ser humano, deus, semideus, animal, espírito faminto ou ser-do-inferno se reúnem no aspecto de uma fumaça preta e se dissolvem na nossa ignorância do agarramento ao em-si e do autoapreço, em nosso coração. Acreditamos intensamente que nossa ignorância do agarramento ao em-si e do autoapreço foi completamente destruída e que purificamos as potencialidades negativas na nossa mente, a causa de todo o nosso sofrimento futuro. Meditamos, então, nessa crença pelo maior tempo possível. Devemos repetir esta meditação de tomar nosso sofrimento futuro muitas vezes, até recebermos sinais de que nosso carma negativo foi purificado. Por nos empenharmos nesta meditação, experienciaremos uma alegria que nos encorajará a desenvolver o desejo sincero de tomar o sofrimento dos outros por meio de compaixão.

Também podemos nos preparar para a meditação propriamente dita de tomar o sofrimento dos outros fazendo preces. É muito fácil dizer uma prece e, se as dissermos com um bom coração e forte concentração, elas serão muito poderosas. Enquanto nos concentramos no seu significado, rezamos:

Portanto, ó Compassivo, Venerável Guru, busco tuas bênçãos
Para que todo sofrimento, negatividades e obstruções dos seres sencientes-mães
Amadureçam em mim neste instante.

Sentimos alegria com a ideia de tomar o sofrimento de todos os seres vivos e retemos esse sentimento especial pelo maior tempo possível. Por repetir essa prece dia e noite, fortalecemos continuamente nosso desejo sincero de tomar o sofrimento dos outros. Empenhamo-nos, então, na meditação propriamente dita de tomar o sofrimento dos outros.

OS BENEFÍCIOS DE TOMAR O SOFRIMENTO DOS OUTROS

As palavras "todas as minhas mães", nesta estrofe do texto-raiz, referem-se a todos os seres vivos. Por meio de sua sabedoria onisciente, Buda realizou que não existe um único ser vivo que não tenha sido nossa mãe no passado, e cada uma dessas mães tem mostrado infinita bondade para conosco. Como não podemos nos lembramos das nossas vidas anteriores e porque o aspecto das nossas mães muda de uma vida para a outra, não as reconhecemos ou não lembramos de sua bondade; contudo, isso não altera o fato de que todos os seres vivos são, em essência, nossas bondosas mães. Se considerarmos todos os seres vivos desse modo, será fácil desenvolver amor e compaixão puros por eles. Isso nos impedirá de ficar com raiva ou inveja e irá nos incentivar a ajudá-los o mais que pudermos. Visto que esse reconhecimento está fundamentado na sabedoria de todos os Budas e nos conduz na direção da iluminação, devemos adotá-lo sem hesitação. Não faz sentido nos fixarmos nas falhas dos outros – é muito mais benéfico nos focarmos na sua bondade.

Ainda que possamos achar difícil provar para nós mesmos a verdade da visão de que todos os seres vivos são nossas mães, seríamos, não obstante, sábios em aceitá-la, porque há imensos benefícios ao fazê-lo. Devemos compreender que, em última instância, nada é verdadeiro, exceto a vacuidade. Os objetos convencionais, como pessoas, árvores, átomos e planetas, possuem um grau relativo de realidade que os distingue de fenômenos não existentes, como círculos quadrados e unicórnios; mas somente a natureza última, ou vacuidade, dos fenômenos é verdadeira, porque somente a vacuidade existe da maneira como aparece. Os objetos existem apenas em relação às mentes que os conhecem. Uma vez que a natureza e as características de um objeto dependem da mente que o contempla, podemos mudar os objetos que vemos mudando o modo como os vemos. Podemos escolher ver a nós próprios, as outras pessoas e o nosso mundo do modo que for mais benéfico. Mantendo firmemente uma visão positiva, viremos gradualmente habitar um mundo positivo e, por fim, uma Terra Pura.

As meditações em tomar e dar possuem quatro benefícios principais: elas são métodos poderosos para (1) purificar as potencialidades das ações não virtuosas, que nos fazem experienciar doenças graves, como o câncer; (2) acumular uma grande coleção de mérito; (3) amadurecer nosso potencial de sermos capazes de beneficiar todos os seres vivos; e (4) purificar nossa mente.

Quando purificarmos a nossa mente por meio das práticas de tomar e dar, todas as realizações espirituais crescerão com facilidade em nossa mente. Contemplando os quatro benefícios principais de meditar em tomar e dar, devemos nos encorajar a praticar essas meditações sinceramente.

Por meditar em tomar os sofrimentos de todos os seres, nossa compaixão torna-se mais forte e, por fim, irá se transformar na compaixão universal de um Buda. Desenvolveremos também uma mente muito forte, capaz de suportar adversidades com coragem. No momento presente, nossa mente é como uma ferida aberta – ao menor sinal de adversidades, recuamos desanimados. Com essa mente fraca, até mesmo pequenas dificuldades interferem com nossa prática de Dharma. Contudo, treinando a prática de *tomar*, podemos fortalecer nossa mente até que ela se torne inabalável. Os geshes kadampas costumavam rezar para desenvolver uma mente que fosse tão forte e estável como uma bigorna, que não quebra por mais que seja malhada. Precisamos de uma mente forte e estável, que seja imperturbável frente a qualquer adversidade que a vida nos imponha. Com uma mente assim, somos como um Herói ou uma Heroína, e nada poderá interferir com o nosso progresso rumo à iluminação.

Aqueles que possuem uma profunda experiência da prática de tomar podem satisfazer facilmente seus próprios desejos e os desejos dos outros. Por quê? O motivo é que eles possuem muito mérito e seus desejos são sempre puros e motivados por compaixão. Eles podem, inclusive, satisfazer seus desejos por meio de preces ou, simplesmente, por meio de declarar a verdade. Na época em que Je Monlam Palwa era o detentor do trono de Je Tsongkhapa no Monastério Ganden, houve uma terrível enchente que alagou a região, destruiu muitas casas e ameaçava a cidade próxima. Quando as pessoas da região pediram socorro a Je Monlam, ele simplesmente respondeu escrevendo num pedaço de papel – "Se é verdade que eu tenho a bodhichitta, deves partir imediatamente" – e disse às pessoas para mostrarem isso para a enchente. Elas seguiram suas instruções e as águas retrocederam.

Há muitos relatos de Bodhisattvas que realizaram feitos miraculosos através do seu poder de declarar a verdade. Essas declarações são muito poderosas porque são motivadas pela bodhichitta, e a bodhichitta extrai seu poder da grande compaixão. Quando eu era um jovem monge no Monastério Jampaling, no Tibete Ocidental, fiquei seriamente doente durante alguns meses. Quando a dor se tornou tão intensa que eu mal podia suportá-la, meu professor, Geshe Palden, veio visitar-me. Ele tinha um *mala*, ou rosário, abençoado e frequentemente falava-nos quão especial era o seu mala, mas costumávamos pensar que estava apenas brincando. Contudo, naquela ocasião, ele ficou em pé ao lado do meu leito e disse-me "Se for verdade que meu mala é abençoado pelo Buda da Sabedoria Manjushri, que tu sejas prontamente curado", e, então, ele me abençoou, tocando a coroa da minha cabeça com o mala. Depois disso, recuperei-me por completo.

Geshe Palden foi a reencarnação de um praticante chamado Lama Gelong, que viveu num pequeno mosteiro chamado Deshar Rito, próximo a Jampaling. Lama Gelong fazia frequentemente retiros Nyungne de jejum e enfatizava a prática do Buda da Compaixão, Avalokiteshvara. Ele era capaz de curar as pessoas de certas doenças causadas pelos espíritos *naga* e que não podem ser curadas pela medicina comum. Ele tinha em seu altar uma bonita estátua de Avalokiteshvara, que estava sempre aumentando de tamanho, o que significava que ele tinha que ficar aumentando o tamanho do gabinete do seu altar! Isso era uma indicação de suas crescentes realizações e fez com que muitas pessoas desenvolvessem forte fé nele.

A MEDITAÇÃO PROPRIAMENTE DITA EM TOMAR O SOFRIMENTO

Existem duas maneiras de treinar em tomar por meio de compaixão. A primeira é focar todos os seres vivos em geral e imaginar que estamos tomando seus sofrimentos; a segunda é focar seres vivos específicos e imaginar que estamos tomando seus sofrimentos.

Para praticar o primeiro método, visualizamo-nos rodeados pela assembleia de todos os seres vivos-mães, sem exceção. Por auspiciosidade e para nos ajudar a nos identificarmos mais facilmente com eles, podemos visualizá-los todos sob a forma humana, mas devemos lembrar que cada um deles experiencia o sofrimento do seu próprio reino específico. Não é necessário percebê-los claramente – uma imagem mental aproximada será suficiente.

A seguir, pensando nos sofrimentos de todos esses seres vivos, desenvolvemos compaixão por todos eles. Os seres humanos experienciam os sofrimentos do nascimento, doença, envelhecimento e morte, pobreza, fome e sede, o sofrimento de terem que enfrentar condições adversas, de não satisfazerem seus desejos e de serem separados das pessoas que amam, assim como incontáveis outros sofrimentos. Os animais experienciam os mesmos sofrimentos, mas de um modo pior. Além desses sofrimentos, os animais sofrem de grande ignorância, são explorados pelos seres humanos e vivem com constante medo de serem mortos por outros animais. Os espíritos famintos experienciam os sofrimentos de intensa fome e sede, e os seres-do-inferno experienciam inimagináveis sofrimentos de calor e frio. Os semideuses experienciam os sofrimentos de inveja e batalhas por longos períodos. Até mesmo os deuses, que passam a maior parte de suas vidas desfrutando dos prazeres do samsara, não estão livres do sofrimento. Seus prazeres, ambientes e corpos são contaminados e são da natureza do sofrimento e, na hora da morte, experienciam grande angústia. Porque estão também sob o controle de suas delusões, ou aflições mentais, os deuses não estão livres do renascimento samsárico e têm de experienciar os sofrimentos do samsara interminavelmente, vida após vida.

Focando-nos em todos os seres vivos dos seis reinos e contemplando seus sofrimentos, pensamos, do fundo do nosso coração:

Em suas incontáveis vidas futuras, esses seres vivos experienciarão continuamente, sem escolha alguma, os sofrimentos de humanos, animais, espíritos famintos, seres-do-inferno, semideuses e deuses. Que maravilhoso seria se todos esses seres vivos fossem libertados permanentemente do sofrimento e dos medos desta vida e das incontáveis vidas futuras! Que eles conquistem isso. Eu próprio trabalharei para que eles conquistem isso. Eu preciso fazer isso.

Pensando desse modo, imaginamos que os sofrimentos de todos os seres vivos se reúnem sob o aspecto de uma fumaça preta. Ela se dissolve na nossa ignorância do agarramento ao em-si e do autoapreço, em nosso coração. Acreditamos então, fortemente, que todos os seres vivos ficaram permanentemente livres de todo sofrimento, e que a nossa ignorância do agarramento ao em-si e do autoapreço foi completamente destruída. Meditamos estritamente focados nessa crença pelo maior tempo possível.

Com compaixão por todos os seres vivos, devemos praticar continuamente essa meditação até experienciarmos sinais que indiquem que a nossa mente foi purificada. Esses sinais podem incluir: a cura de qualquer doença que possamos ter; a redução das nossas delusões; a obtenção de uma mente mais pacífica e feliz; o aumento da nossa fé, intenção correta e visão correta; e, em especial, o fortalecimento da nossa experiência de compaixão universal.

Podemos pensar que a nossa crença de que os seres vivos alcançaram a libertação permanente do sofrimento através da nossa meditação seja incorreta, porque os seres vivos não a obtiveram efetivamente. Embora seja verdade que os seres vivos não tenham alcançado de fato a libertação permanente, a nossa crença, ainda assim, é correta, porque ela surge da nossa compaixão e sabedoria. Meditar nessa crença fará com que o nosso potencial de sermos capazes de libertar permanentemente todos os seres vivos do sofrimento amadureça rapidamente, de modo a alcançarmos com rapidez a iluminação. Portanto, nunca devemos abandonar essa crença benéfica, que é da natureza da sabedoria.

É verdade que, logo no início, não temos o poder de tomar diretamente o sofrimento dos outros, mas, meditando repetidamente na convicção de que tomamos seus sofrimentos, desenvolveremos gradualmente o poder efetivo de fazê-lo. Meditar em tomar é o caminho rápido à iluminação e é similar à prática tântrica de *trazer o resultado para o caminho*, pela qual, por imaginar intensamente que já somos um Buda, gradualmente nos tornamos um Buda. A questão é que, se não conseguirmos sequer nos imaginarmos alcançando a iluminação, nunca seremos capazes de alcançá-la! As palavras "e, secretamente, tome sobre mim" indicam que essa prática é similar à prática do Mantra Secreto, ou Tantra. É dito que as realizações tântricas podem ser alcançadas simplesmente através de confiar em crença e imaginação corretas. Essa prática é muito simples: tudo o que precisamos fazer é nos tornarmos profundamente familiarizados com a meditação em crença correta e imaginação correta, como apresentada no Tantra, por meio de aplicarmos esforço contínuo.

Como é possível que algo que só existe na nossa imaginação se converta em realidade? Essa é uma qualidade notável da mente, que, primeiro, cria objetos com a nossa imaginação e, então, os traz para a nossa realidade do dia a dia. Na verdade, tudo começa na imaginação. Por exemplo, a casa em que vivemos atualmente foi criada, primeiro, na imaginação do arquiteto. Depois, ele fez um projeto no papel, que serviu de base para a planta da construção efetiva. Se, inicialmente, ninguém houvesse imaginado nossa casa, ela nunca teria sido construída. Na verdade, nossa mente é a criadora de tudo o que experienciamos. Todas as criações exteriores, como dinheiro, carros e computadores, foram desenvolvidas na dependência da imaginação de alguém; se ninguém as tivesse imaginado, elas nunca teriam sido inventadas. Do mesmo modo, todas as criações interiores e todas as realizações de Dharma, inclusive a libertação e a iluminação, são desenvolvidas na dependência da imaginação. Por essa razão, tanto para as aquisições mundanas como para as espirituais, a imaginação é de fundamental importância.

Se imaginarmos algo que, em teoria, possa existir e, então, a partir daí, familiarizarmos nossa mente com isso pelo tempo suficiente, por fim esse objeto aparecerá diretamente à nossa mente: primeiro, à nossa percepção mental e, depois, às nossas percepções sensoriais. Enquanto o objeto for apenas um objeto imaginado, a mente que o apreende será simplesmente uma crença. Se o objeto for um objeto benéfico, será uma crença correta; e se o objeto estimular delusões, ele será uma crença incorreta. Uma crença é uma mente conceitual que apreende seu objeto por meio de uma imagem genérica, ou mental, do objeto. Se meditarmos numa crença correta pelo tempo suficiente, a imagem genérica irá se tornar progressivamente mais transparente até, por fim, desaparecer por completo e percebermos o objeto diretamente. O objeto imaginado terá se tornado, então, um objeto real. Meditando na crença benéfica de que libertamos todos os seres sencientes e destruímos nossa mente de autoapreço, finalmente realizaremos isso de modo efetivo. Nossa crença correta terá se transformado em um conhecedor válido, uma mente plenamente confiável.

No segundo modo de treinar em tomar por meio de compaixão, tomamos os sofrimentos de indivíduos ou de grupos específicos de seres vivos em todos os infinitos mundos. Por exemplo, focamos a assembleia dos seres vivos que experienciam o sofrimento da doença e desenvolvemos compaixão. Então, pensamos:

Esses seres vivos experienciam, interminavelmente, o sofrimento da doença nesta vida e nas suas incontáveis vidas futuras. Que maravilhoso seria se esses seres vivos fossem libertados permanentemente da doença! Que eles conquistem isso. Eu próprio trabalharei para que eles conquistem isso. Eu preciso fazer isso.

Pensando desse modo, imaginamos que o sofrimento da doença de todos os seres vivos se reúne sob o aspecto de uma fumaça preta. Ela se dissolve na nossa ignorância do agarramento ao em-si e do autoapreço, em nosso coração. Acreditamos então, fortemente, que todos esses seres vivos foram permanentemente libertados da doença, e que a nossa ignorância do agarramento ao em-si e do autoapreço foi completamente destruída. Meditamos com concentração estritamente focada nessa crença pelo maior tempo possível.

Do mesmo modo, podemos praticar a meditação de tomar enquanto focamos um indivíduo ou um grupo específico de seres vivos que estão experienciando outros sofrimentos, tais como pobreza, guerra ou fome.

Sempre que estivermos experienciando um problema específico, como doença, falta de recursos ou nossas delusões, podemos pensar nos incontáveis seres sencientes que estão experienciando problemas semelhantes e, então, com uma motivação compassiva, imaginamos que estamos tomando seus sofrimentos. Isso nos ajudará a lidar com o nosso próprio problema e, ao purificar o carma negativo que o prolonga, podemos, inclusive, nos livrar dele. Se estivermos sofrendo de forte apego, por exemplo, podemos pensar em todos aqueles que também estão sofrendo de apego, desenvolver compaixão por eles e imaginar que tomamos todo o seu apego, juntamente com o sofrimento que ele causa. Esse é um método poderoso para destruir o nosso próprio apego.

A prática de tomar motivada por compaixão é uma mente extremamente pura, incontaminada pelo autoapreço. Quando nossa mente é pura, isso torna, por sua vez, todas as nossas ações puras, de modo que nos tornamos um ser puro. Se morrermos com forte compaixão por todos os seres vivos, nasceremos definitivamente na Terra Pura de um Buda. A razão é que a compaixão que manifestarmos quando estivermos morrendo atuará diretamente no amadurecimento do nosso potencial para renascer na Terra Pura de um Buda. Esse é o bom resultado de um bom coração. O resultado de manter o bom coração de desejar sinceramente a libertação permanente de todos os seres vivos do sofrimento é que nós mesmos experienciaremos libertação permanente do sofrimento renascendo na Terra Pura de um Buda.

Para concluir nossas sessões da meditação em tomar, dedicamos nosso mérito para libertar todos os seres sencientes dos seus sofrimentos e problemas e para que haja paz duradoura neste mundo.

DAR POR MEIO DE AMOR

"Dar", neste contexto, significa: com uma mente pura de amor desiderativo, dar a nossa própria felicidade aos outros por meio de meditação. Em geral, no ciclo de vida impura, o samsara, não existe felicidade verdadeira de modo algum. Como foi mencionado anteriormente, a felicidade que normalmente experienciamos através de comer, beber, sexo e assim por diante, não é felicidade verdadeira, mas meramente uma redução de um problema ou insatisfação anteriores.

Como meditar no dar? No *Guia do Estilo de Vida do Bodhisattva*, Shantideva diz:

> (...) para realizar o bem-estar de todos os seres vivos,
> Transformarei meu corpo numa joia-iluminada-que-satisfaz-os-desejos.

Devemos considerar nosso corpo residente-contínuo, ou nosso corpo muito sutil, como sendo a verdadeira joia-que-satisfaz-os-desejos; ele é a nossa natureza búdica, por meio da qual os nossos desejos e os desejos de todos os outros seres vivos serão satisfeitos. Então, pensamos:

> *Todos os seres vivos desejam ser felizes o tempo todo, mas eles não sabem como fazer isso. Eles nunca experienciam felicidade verdadeira, porque, devido à ignorância, destroem sua própria felicidade ao desenvolverem delusões, como a raiva, e executarem ações não virtuosas. Que maravilhoso seria se todos esses seres vivos experienciassem a felicidade pura e duradoura da iluminação! Que eles experienciem essa felici-*

dade. Eu darei, agora, a minha própria felicidade futura da iluminação para todos e cada um dos seres vivos.

Pensando dessa maneira, imaginamos que, do nosso corpo residente-contínuo no nosso coração, emanamos infinitos raios de luz, que são da natureza da nossa felicidade futura da iluminação. Eles tocam todos os seres vivos dos seis reinos e acreditamos, fortemente, que todos e cada um dos seres vivos experienciam a felicidade pura e duradoura da iluminação. Meditamos nessa crença, com concentração estritamente focada, pelo maior tempo possível. Devemos praticar continuamente essa meditação até acreditarmos, espontaneamente, que todos os seres vivos receberam, agora e efetivamente, a nossa felicidade futura da iluminação.

Se quisermos meditar mais extensivamente no dar, podemos imaginar que os raios de luz que emitimos satisfazem todos os desejos e necessidades individuais de todos os seres vivos. Os seres humanos recebem amigos que lhes são próximos, casas confortáveis, bons trabalhos, alimentos deliciosos, belas roupas e qualquer coisa que necessitem ou desejem. Os animais recebem comida, lares seguros e aquecidos e se libertam do medo; os espíritos famintos recebem alimentos e bebidas; os seres que estão nos infernos quentes recebem brisas refrescantes, e os seres que estão nos infernos frios recebem cálidos raios de sol. Os semideuses recebem paz e satisfação, e os deuses recebem felicidade incontaminada e uma vida significativa. Ao desfrutarem esses objetos de desejo, todos os seres vivos se sentem plenamente satisfeitos e experienciam o êxtase incontaminado da iluminação.

Embora estejamos treinando principalmente o pensamento, ou a ideia, de dar, podemos também praticar o tomar e dar em termos práticos sempre que tivermos a oportunidade. No nosso nível, não podemos tomar o sofrimento dos outros através do poder da nossa concentração, mas podemos, muitas vezes, beneficiá-los de maneiras práticas. Podemos aliviar a dor de pessoas doentes cuidando bem delas, e podemos ajudar os outros quando estão muito atarefados ou fazendo algum trabalho do qual não gostem. Aceitar dificuldades enquanto estamos envolvidos em ajudar os outros é também uma forma de praticar o dar. Podemos também dar ajuda material, nossa capacidade de trabalho, nossas habilidades, ensinamentos de Dharma ou bons conselhos. Quando encontramos pessoas que estão deprimidas e precisando de ânimo, podemos dar a elas nosso tempo e amor.

Podemos dar, também, aos animais. Salvar insetos de se afogarem ou tirar, gentilmente, vermes do caminho são exemplos da prática de dar destemor, ou proteção. Permitir, inclusive, que um camundongo revolva nosso cesto de lixo sem ficarmos irritados pode ser considerado uma forma de dar. Os animais desejam ser felizes tanto quanto nós próprios também desejamos ser felizes, e eles precisam da nossa ajuda até mais do que os seres humanos. A maioria dos seres humanos tem alguma capacidade de se ajudarem a si próprios, mas os animais estão tão profundamente envoltos pela ignorância que não têm liberdade nem mesmo para melhorar sua situação. Os animais renasceram num estado de existência que é inferior ao dos seres humanos, mas jamais devemos considerá-los como menos importantes. Os Budas e os Bodhisattvas possuem total equanimidade e apreciam os animais e os seres humanos igualmente.

Ao final da nossa meditação de dar, dedicamos nosso mérito para que todos os seres vivos encontrem felicidade verdadeira. Podemos também fazer dedicatórias específicas, rezando para que os doentes recuperem a saúde, os pobres obtenham riqueza, os desempregados encontrem bons empregos, os fracassados tenham sucesso, os ansiosos obtenham paz mental, e assim por diante. Pela força da nossa motivação pura e pelo poder e bênçãos do Budadharma, nossas dedicatórias podem, com toda certeza, ajudá-los, especialmente se tivermos uma forte ligação cármica com as pessoas para as quais estamos rezando. Dedicar nosso mérito para os outros é, por si só, uma forma de dar. Podemos também praticar mentalmente o dar em nossa vida diária. Sempre que virmos ou lermos a respeito de pessoas que são pobres, doentes, que estão com medo, que são malsucedidas, sofrem rejeição ou que estão infelizes, podemos aumentar nosso amor desiderativo, ou amor que deseja a felicidade dos outros, e dedicar nosso mérito para sua felicidade e libertação do sofrimento.

MONTAR O TOMAR E DAR NA RESPIRAÇÃO

Uma vez que tenhamos nos familiarizado com as meditações de tomar e dar, podemos unir as duas práticas e praticá-las associadas à nossa respiração. Começamos meditando em compaixão e amor por todos os seres vivos e desenvolvemos uma forte determinação de tomar seus sofrimentos e dar felicidade pura a todos eles. Com essa determinação, imaginamos que inspiramos, pelas nossas narinas, o sofrimento, as delusões e as não virtudes de todos os seres vivos no aspecto de uma fumaça preta, que se dissolve em nosso coração e destrói completamente nosso autoapreço. À medida que exalamos, imaginamos que nossa respiração sai no aspecto de luz-sabedoria, cuja natureza é felicidade pura e incontaminada, e que permeia todo o universo. Todos e cada um dos seres vivos recebem tudo o que eles necessitam e desejam e, em particular, a felicidade suprema da paz interior permanente. Praticamos este ciclo de respiração dia e noite, no qual cada respiração toma o sofrimento de todos os seres vivos e lhes dá felicidade pura, até obtermos uma experiência profunda desta prática.

Uma vez que tenhamos adquirido habilidade com esta meditação de montar o tomar e dar na respiração, ela será muito poderosa, porque existe uma relação muito próxima entre a respiração e a mente. A respiração está relacionada com os ventos-energia interiores que fluem pelos canais do nosso corpo, e esses ventos atuam como veículos, ou montarias, para os diferentes tipos de percepção ou consciência. Se atrelarmos nossa respiração a objetivos virtuosos, purificamos nossos ventos interiores e, quando ventos puros fluem pelos nossos canais, mentes puras surgem naturalmente.

Muitas pessoas praticam meditação respiratória, mas o tipo mais amplamente praticado consiste em simplesmente concentrar-se na sensação do ar entrando e saindo pelas narinas. Isso serve para acalmar a mente e reduzir pensamentos distrativos temporariamente, mas não tem o poder para produzir uma transformação profunda e duradoura da nossa mente. Contudo, a combinação entre a meditação respiratória e a prática de tomar e dar tem o poder de transformar nossa mente, do seu estado presente de infelicidade e autocentrado, na mente altruísta e extasiante de um Bodhisattva. Essa prática aprimora nossa concentração, torna nosso amor e compaixão muito fortes, e acumula vasto mérito. Desse modo, o simples ato de respirar é transformado numa poderosa prática espiritual. No início, fazemos essa prática apenas em meditação, mas, com familiaridade, podemos praticá-la a qualquer momento. Familiarizando-nos profundamente com esta prática, nossa mente irá se transformar, por fim, na compaixão de um Buda.

Meditar em tomar e dar também pode ser muito efetivo para curar doenças. Tomando a doença e o sofrimento dos outros com uma mente de compaixão, podemos purificar o carma negativo que causa a continuidade da nossa doença. Embora devamos sempre buscar ajuda médica quando estamos doentes, pode haver ocasiões em que os médicos serão incapazes de nos ajudar. Existem muitos relatos no Tibete de pessoas que se curaram a si próprias de doenças consideradas incuráveis meditando sinceramente no tomar e dar. Havia um meditador chamado Kharak Gomchen que contraiu uma doença que os médicos eram incapazes de curar. Pensando que estava morrendo, ele deu todas as suas posses como uma oferenda a Avalokiteshvara e retirou-se para um cemitério, onde pretendia, por meio de meditar no tomar e dar, tornar significativas as últimas poucas semanas de vida. Entretanto, através da sua prática de tomar e dar, ele purificou o carma que estava perpetuando sua doença e, para surpresa de todos, retornou para casa completamente curado. Isso nos mostra o quão poderosa a prática de tomar e dar pode ser.

Se purificarmos nosso carma negativo, será fácil curar até a mais grave doença. Minha mãe contou-me sobre um monge que ela conheceu e que havia contraído lepra. Com a esperança de purificar sua doença, ele fez uma peregrinação ao Monte Kailash, no

Tibete Ocidental, que os tibetanos acreditam ser a Terra Pura de Buda Heruka. Ele era extremamente pobre e, por isso, minha mãe ajudou-o na sua jornada, dando-lhe comida e abrigo, o que foi muito bondoso de sua parte, pois a maioria das pessoas evita os leprosos por medo de contrair lepra. Ele permaneceu nas cercanias do Monte Kailash por aproximadamente seis meses, fazendo prostrações e circum-ambulando a montanha sagrada como sua prática de purificação. Posteriormente, enquanto dormia perto de um lago, sonhou que muitos vermes saíam rastejando do seu corpo e entravam na água. Quando acordou, sentiu-se extremamente bem-disposto e descobriu que estava completamente curado. Na viagem de regresso ao seu lar, ele parou para visitar minha mãe e contou-lhe o que havia acontecido.

Devemos refletir que, desde tempos sem início, tivemos incontáveis vidas e incontáveis corpos, mas desperdiçamos tudo isso em atividades sem significado. Agora, temos a oportunidade de extrair o significado máximo do nosso corpo atual, usando-o para praticar o caminho de compaixão e sabedoria. Que maravilhoso seria para o nosso mundo se muitos praticantes contemporâneos emulassem os praticantes do treino da mente de tempos antigos e se tornassem verdadeiros Bodhisattvas!

A Preciosa Mente de Bodhichitta

O PROPÓSITO PRINCIPAL de treinar as práticas explicadas nas sete primeiras estrofes – desde desenvolver a mente de apreciar os outros até a prática de tomar e dar – é gerar uma realização especial da bodhichitta. A bodhichitta nasce da grande compaixão, que, por sua vez, depende do amor apreciativo. O amor apreciativo pode ser comparado a um campo; a compaixão, às sementes; o tomar e dar, aos supremos métodos para fazer as sementes germinarem e crescerem; e a bodhichitta, à colheita. O amor apreciativo que é desenvolvido pela prática de trocar eu por outros é mais profundo do que aquele desenvolvido por meio de outros métodos e, por isso, a compaixão e a bodhichitta que resultam dele também são mais profundas.

"Bodhi" é a palavra sânscrita para *iluminação*, e "chitta", a palavra sânscrita para *mente*; portanto, "bodhichitta" significa literalmente "mente de iluminação". Ela é definida como uma mente, motivada por grande compaixão, que busca espontaneamente a iluminação para beneficiar todos e cada um dos seres vivos diretamente. Treinando as sete primeiras estrofes, desenvolveremos grande compaixão, ou compaixão universal, o desejo espontâneo de proteger todos os seres vivos do sofrimento. Sem a grande compaixão, a bodhichitta não pode surgir na nossa mente; mas, se tivermos grande compaixão, especialmente a grande compaixão gerada através de trocar eu por outros, a bodhichitta surgirá naturalmente. É por essa razão que, nas *Oito Estrofes*, o Bodhisattva Langri Tangpa explica como desenvolver grande compaixão, mas não menciona explicitamente a bodhichitta.

Khedrubje

De fato, a força da nossa bodhichitta depende inteiramente da força da nossa grande compaixão.

De todas as realizações de Dharma, a bodhichitta é a suprema. Essa mente profundamente compassiva é a verdadeira essência do Budadharma. Desenvolver o bom coração da bodhichitta nos permite aperfeiçoar todas as nossas virtudes, solucionar todos os nossos problemas, satisfazer todos os nossos desejos e desenvolver o poder de ajudar os outros das maneiras mais adequadas e benéficas. A bodhichitta é o melhor amigo que podemos ter e a qualidade mais elevada que podemos desenvolver. Em geral, consideramos como *pessoa boa* alguém que é bondoso com seus amigos, cuida de seus pais e contribui generosamente com causas justas; mas quão mais louvável é uma pessoa que dedicou sua vida inteira aliviando o sofrimento de todos e de cada um dos seres vivos? Atisha teve muitos professores, mas o professor que ele reverenciava acima de todos era Guru Serlingpa. Sempre que ouvia o nome de Serlingpa, Atisha se prostrava. Quando os discípulos de Atisha lhe perguntavam por que respeitava Serlingpa mais que aos outros professores, Atisha respondia: "É devido à bondade de Guru Serlingpa que eu fui capaz de desenvolver o bom coração da bodhichitta". Pelo poder da sua bodhichitta, Atisha era capaz de provocar grande alegria e felicidade em qualquer um que encontrasse, e tudo o que fazia era para beneficiar os outros.

De que modo a bodhichitta soluciona todos os nossos problemas e satisfaz todos os nossos desejos? Como já foi explicado, problemas não existem fora da mente – é a nossa atitude mental que transforma uma situação num problema ou numa oportunidade. Se tivermos a bodhichitta, estados mentais negativos, como apego, raiva e inveja (ou ciúme), não terão poder sobre nós. Se não conseguirmos encontrar um emprego bem remunerado, uma casa confortável ou bons amigos, não ficaremos aborrecidos. Em vez disso, pensaremos: "Meu desejo principal é alcançar a iluminação. Não importa se eu não consigo obter esses prazeres mundanos, os quais, de qualquer modo, servem apenas para me prender ao samsara". Com essa mente pura, não haverá base para autopiedade ou para acusarmos os outros, e nada será capaz de obstruir nosso progresso rumo à iluminação. Ademais, com a mente supremamente altruísta da bodhichitta, criaremos uma vasta quantidade de mérito, porque estaremos empenhados, em todas as nossas ações, para beneficiar os outros. Com tamanha acumulação de mérito, nossos desejos serão facilmente satisfeitos, desenvolveremos uma imensa capacidade de beneficiar os outros e todas as nossas atividades de Dharma serão bem-sucedidas.

Precisamos contemplar os benefícios da bodhichitta até ficarmos profundamente inspirados a desenvolver essa mente rara e preciosa. Uma apresentação extensa desses benefícios pode ser encontrada nos livros *Contemplações Significativas* e *Caminho Alegre da Boa Fortuna*. Além do forte desejo de gerar a bodhichitta, que surge de contemplar seus incomensuráveis benefícios, precisamos de quatro condições para obter uma profunda realização dessa mente: uma grande acumulação de mérito, grande sabedoria, bênçãos do nosso Guia Espiritual e esforço contínuo em nossa prática.

No momento presente, temos uma oportunidade muito especial para desenvolver a bodhichitta. Contudo, não sabemos quanto tempo nossa boa fortuna irá durar, e, se desperdiçarmos esta oportunidade, ela não surgirá outra vez. Se desperdiçássemos uma oportunidade de ganhar muito dinheiro, de obter um bom emprego ou de conquistar um parceiro atraente, provavelmente sentiríamos um forte arrependimento, mas, na verdade, não teríamos perdido muito. Essas coisas não são muito difíceis de serem encontradas e, mesmo quando as encontramos, não nos trazem felicidade verdadeira. Por outro lado, não tirar vantagem desta oportunidade única para desenvolver bodhichitta é uma perda irreparável. Os seres humanos têm a melhor oportunidade para o desenvolvimento espiritual e, dentre todos os tipos de renascimento possíveis que poderíamos ter tido, renascemos como um ser humano. Hoje em dia, a maioria dos seres humanos não tem interesse pelo desenvolvimento espiritual e, entre aqueles que se interessam, apenas alguns poucos encontraram o Budadharma. Se contemplarmos isso cuidadosamente, compreenderemos como somos extremamente afortunados por ter esta preciosa oportunidade de alcançar a felicidade suprema da Budeidade.

DESENVOLVER A BODHICHITTA

Embora tenhamos desenvolvido grande compaixão superior – o desejo espontâneo de tomar os sofrimentos de todos os seres vivos sobre nós – compreendemos que, apesar do nosso forte desejo de proteger todos os seres vivos, não temos o poder para fazê-lo no momento presente. Assim como uma pessoa que está se afogando não pode salvar outra por mais intenso que seja o seu desejo de fazê-lo, somente seremos capazes de libertar os outros quando nós próprios tivermos nos libertado do sofrimento e das limitações mentais. Se nos perguntarmos quem tem o poder efetivo para proteger todos os seres vivos, compreenderemos que somente um Buda tem esse poder. Somente um Buda é livre de todas as falhas e limitações e possui a sabedoria onisciente e a habilidade para ajudar todos e cada um dos seres vivos de acordo com as suas necessidades e disposições individuais. Somente um Buda alcançou a terra firme da iluminação e está na condição de libertar todos os seres-mães do cruel oceano do samsara.

A iluminação é a luz interior de sabedoria que é permanentemente livre de toda aparência equivocada, e cuja função é conceder paz mental a todos e a cada um dos seres vivos, todos os dias. Quando alcançarmos a iluminação de um Buda, seremos capazes de beneficiar todos e cada um dos seres vivos diretamente, concedendo-lhes bênçãos e ajudando-os através das nossas incontáveis emanações. Se pensarmos profundamente sobre isso, a bodhichitta surgirá naturalmente em nossa mente. Contemplamos:

Quero proteger todos os seres vivos do sofrimento, mas, no estado limitado em que me encontro agora, não tenho poder para isso. Visto que somente um Buda tem esse poder, eu preciso me tornar um Buda o mais rapidamente possível.

Meditamos estritamente focados nessa determinação, muitas e muitas vezes, até desenvolvermos o desejo espontâneo de alcançarmos a iluminação para beneficiar todos e cada um dos seres vivos diretamente.

Precisamos ter essa preciosa mente de bodhichitta em nosso coração. Ela é o nosso Guia Espiritual interior, que nos conduz diretamente ao estado da suprema felicidade da iluminação, e é também a verdadeira joia-que-satisfaz-os-desejos, por meio da qual podemos satisfazer nossos próprios desejos e os dos outros. Não existe intenção mais benéfica do que esta.

Quando queremos tomar uma xícara de chá, nosso desejo principal é tomar chá, mas, para satisfazer esse desejo, geramos naturalmente o desejo secundário de obter uma xícara. Do mesmo modo, o desejo principal daqueles que têm grande compaixão é proteger todos os seres vivos dos seus sofrimentos; mas, para satisfazer esse desejo, eles sabem que primeiro precisam, eles próprios, alcançar a Budeidade e, por isso, geram naturalmente o desejo secundário de alcançar a iluminação. Assim como obter uma xícara é o meio para cumprir nossa meta de tomar chá, alcançar a iluminação é o meio para conquistarmos nossa meta última de beneficiar todos os seres vivos.

Inicialmente, nossa bodhichitta será uma bodhichitta artificial, ou fabricada, surgindo apenas quando fazemos um esforço específico para gerá-la. A melhor maneira de transformá-la na bodhichitta espontânea consiste em obter uma profunda familiaridade com essa mente por meio de prática contínua. Como passamos a maior parte do nosso tempo fora da sessão de meditação, é vital que façamos uso de todas as oportunidades para aprimorar nossas mentes virtuosas durante nossa vida diária. Precisamos fazer com que nossas sessões de meditação e nossa prática nos intervalos entre as meditações apoiem-se mutuamente. Durante nossa sessão de meditação, podemos experienciar um estado mental pacífico e desenvolver muitas intenções virtuosas, mas, se nos esquecermos delas assim que sairmos da meditação, não seremos capazes de solucionar nossos problemas diários de raiva, apego e ignorância, tampouco faremos progressos em nossa prática espiritual. Devemos aprender a integrar nossa prática espiritual com nossas atividades diárias, de modo que possamos manter, dia e noite, os estados mentais pacíficos e as intenções puras que desenvolvemos durante a meditação.

No momento, podemos achar que nossas meditações e nossa vida diária estão nos puxando em direções opostas. Em meditação, tentamos gerar mentes virtuosas, mas, porque não conseguimos parar de pensar em nossas outras atividades, nossa concentração é muito pobre. Os sentimentos virtuosos que conseguimos desenvolver são, então, rapidamente dissipados na agitação da vida diária e, quando voltamos para nossa almofada de meditação, estamos cansados, tensos e repletos de pensamentos distrativos. Podemos superar esse problema transformando todas as nossas atividades e experiências diárias em caminho espiritual através de desenvolver maneiras especiais de pensar. Atividades como cozinhar, trabalhar, conversar e descansar não são intrinsecamente mundanas; elas serão mundanas somente se forem feitas com uma mente mundana. Se executarmos exatamente as mesmas ações com uma motivação espiritual, elas irão se tornar práticas espirituais puras. Por exemplo, quando conversamos com nossos amigos, nossa motivação normalmente está misturada com autoapreço e falamos tudo aquilo que nos vem à cabeça, sem nos importar se o que falamos é benéfico ou não. No entanto, podemos conversar com os outros com o único propósito de beneficiá-los, incentivando-os a desenvolverem estados mentais positivos e tomando o cuidado para não dizer nada que possa perturbá-los. Em vez de pensar sobre como podemos causar boa impressão nos outros, devemos pensar em como podemos ajudá-los, lembrando que estão presos no samsara e que carecem de felicidade pura. Desse modo, conversar com nossos amigos pode se tornar um meio para aprimorarmos nosso amor, compaixão e demais realizações mahayana. Se conseguirmos transformar habilidosamente todas as nossas atividades diárias desse modo, em vez de nos sentirmos esgotados e cansados quando nos sentarmos para meditar, iremos nos sentir alegres e inspirados e será fácil desenvolvermos concentração pura.

Desenvolver grande compaixão é a causa principal, ou substancial, para gerar a bodhichitta – ela é como a semente da bodhichitta. Para possibilitar que essa semente cresça, precisamos também das condições cooperativas de acumular mérito, purificar negatividade e receber as bênçãos dos Budas e Bodhisattvas. Se reunirmos todas essas causas e condições, não será difícil desenvolver a bodhichitta.

APRIMORAR A BODHICHITTA

Uma vez que tenhamos o desejo sincero de libertar todos os seres vivos da prisão do samsara, não será difícil desenvolvermos o desejo de nos tornar um ser iluminado para o benefício deles. No entanto, manter e aprimorar esse desejo até transformá-lo na bodhichitta espontânea é muito mais difícil. O motivo é que, assim que terminamos nossa sessão de meditação, normalmente nos distraímos com os nossos afazeres diários e nos esquecemos das intenções virtuosas que desenvolvemos durante essas meditações. Uma maneira de manter nossa experiência de bodhichitta em nossa vida diária é mantermos os preceitos da bodhichitta aspirativa. Para tomar esses preceitos geramos, primeiro, a mente de bodhichitta, e, depois, na presença ou do nosso Guia Espiritual, de uma imagem de Buda ou de uma assembleia visualizada de Budas, repetimos, depois deles, a seguinte prece:

Ó Gurus, Budas e Bodhisattvas
Por favor, ouvi o que agora direi.
Deste momento em diante, até que eu me torne um Buda,
Manterei, mesmo à custa da minha vida,
A mente que deseja alcançar a completa iluminação
Para libertar todos os seres vivos dos medos do samsara e da paz solitária.

Tendo feito essa promessa, devemos sempre estar atentos para não quebrá-la e devemos nos abster de quaisquer ações que causem a degeneração da nossa bodhichitta. Os oito preceitos da bodhichitta aspirativa, que são o método supremo para manter e aprimorar nossa bodhichitta, são os seguintes:

(1) Relembrar os benefícios da bodhichitta seis vezes por dia;
(2) Gerar a bodhichitta seis vezes por dia;
(3) Não abandonar nenhum ser vivo;
(4) Acumular mérito e sabedoria;
(5) Não trapacear ou enganar nossos Preceptores ou Guias Espirituais;
(6) Não criticar os que ingressaram no Mahayana;
(7) Não fazer com que os outros se arrependam de suas ações virtuosas;
(8) Não fingir ter boas qualidades nem esconder nossas falhas sem uma intenção pura e especial.

Para manter os dois primeiros preceitos, podemos dividir o dia em seis períodos de quatro horas, três durante o dia e três durante a noite. No começo de cada período, devemos fazer uma pausa para relembrar nossos preceitos, buscar refúgio e gerar bodhichitta. Se acharmos difícil acordar no meio da noite, podemos dividir o dia em seis partes, em vez de dividir as 24 horas em seis períodos. Por exemplo, se costumamos dormir seis horas por noite, podemos dividir nosso dia em seis períodos de três horas cada. Nossa bodhichitta fabricada é como um relógio ao qual precisamos dar corda periodicamente para se manter funcionando. Se relembrarmos os benefícios da bodhichitta e a gerarmos a cada três ou quatro horas, ela nunca ficará afastada da nossa mente. Essa prática é um excelente método para obter profunda familiaridade com a bodhichitta.

Precisamos ser habilidosos em nossa abordagem da prática de Dharma. É quase inevitável que haverá momentos em que nossa meditação não irá bem e, então, será fácil desanimarmos, pensando que somos incapazes de praticar o Dharma. Entretanto, a prática de Dharma não é apenas meditação. Existem muitas práticas que podemos e devemos fazer em nossa vida diária, durante o intervalo entre meditações. Uma vez que saibamos o que fazer, podemos então tentar colocar nossa compreensão em prática. Por exemplo, sempre que virmos qualquer ser vivo sofrendo, poderemos relembrar que o único modo pelo qual podemos eliminar o nosso sofrimento e o dos outros é conquistando a Budeidade, e que o principal caminho à Budeidade é a bodhichitta. Relembrando os inconcebíveis benefícios da bodhichitta, devemos gerá-la repetidamente ao longo do dia.

O terceiro preceito, não abandonar nenhum ser vivo, significa que devemos sempre nos sentir felizes em ajudar qualquer pessoa ou grupo de pessoas, mesmo que tenham nos prejudicado. Se, tendo gerado o pensamento "Que eu me torne um Buda para o benefício de todos", excluirmos aqueles que nos prejudicaram ou que não gostam de nós, esse modo de pensar é o oposto da bodhichitta e fará com que a nossa bodhichitta se degenere.

O quarto preceito nos aconselha que precisamos aplicar esforço para acumular mérito e sabedoria. Um modo simples e eficaz de aumentar nosso mérito é fazer oferendas aos seres sagrados. Todos os dias, podemos fazer oferendas de água, oferecendo, inclusive, cem potes de água diariamente se desejarmos, considerando a água como puro néctar. Podemos também fazer oferendas imaginadas, cobrindo o espaço inteiro com lindos objetos de prazer que deleitam os seres sagrados. Um método profundo para aumentar nosso mérito é fazer oferendas de mandala, nas quais transformamos mentalmente todos os mundos, seres e prazeres em Terras Puras, seres puros e prazeres puros e os oferecemos aos seres sagrados. Também é muito importante tentar e fazer prostrações todos os dias, com uma mente de profunda fé. Dedicar todas as nossas atividades para o florescimento do sagrado Dharma é um método poderoso para aumentar nosso mérito, ou boa fortuna. Esses e muitos outros métodos para aumentar nosso mérito estão explicados em detalhes no livro *Caminho Alegre da*

Boa Fortuna. A principal maneira de aperfeiçoar nossa sabedoria é por meio de ouvir, ler e contemplar ensinamentos de Dharma.

Os quatro primeiros preceitos são métodos para impedir que a nossa bodhichitta se degenere nesta vida, e os outros quatro preceitos são métodos para impedir que ela se degenere em vidas futuras.

O quinto preceito é não trapacear ou enganar nossos Preceptores ou Guias Espirituais. Enganar nosso Guia Espiritual é uma ação tão negativa que, ainda que tenhamos gerado a bodhichitta nesta vida e tentado manter os quatro primeiros preceitos, criaremos obscurecimentos cármicos tão pesados que não seremos capazes de transportar nossa bodhichitta conosco para a nossa próxima vida.

O sexto preceito é não criticar aqueles que ingressaram no Caminho Mahayana. Se, por antipatia pelo mahayana, criticarmos os ensinamentos, professores, comunidades ou praticantes mahayana, criaremos a ação não virtuosa de abandonar o Dharma. Isso tornará quase impossível que, em vidas futuras, encontremos professores e ensinamentos mahayana ou que possamos nos envolver em práticas mahayana.

O sétimo preceito é não fazer com que os outros se arrependam de suas ações virtuosas. Como os Bodhisattvas desejam a felicidade de todos os seres, eles ficam especialmente deleitados quando veem pessoas criando virtude, a causa de felicidade futura. Se fizermos com que alguém se arrependa de uma ação virtuosa que executou, dizendo-lhe que a ação era negativa ou desnecessária, essa atitude é contrária à atitude de um Bodhisattva e causará a degeneração da nossa bodhichitta.

O oitavo preceito é evitar desonestidade e a ação de enganar. Se, com a motivação de enganar os outros para o nosso próprio proveito, fingirmos que temos boas qualidades, realizações ou conhecimento dos quais carecemos, não estaremos agindo por amor ou compaixão. Se realmente amássemos os seres vivos, como poderíamos enganá-los? A razão pela qual uma mãe nunca engana seus filhos é que ela os ama. Se formos desonestos com os outros, nosso amor e compaixão irão se tornar cada vez mais fracos, nossa bodhichitta irá se degenerar e será muito difícil transportar nossa experiência da bodhichitta conosco para nossa próxima vida. Ademais, ao enganar as outras pessoas, destruímos sua confiança em nós, tornando muito difícil dar-lhes conselhos ou ensinar o Dharma. Por essa razão, os Bodhisattvas consideram a ação de enganar os outros como sendo um dos seus principais objetos de abandono.

Embora nunca devamos ocultar nossas falhas por orgulho ou pelo desejo de iludir os outros, em geral é inabilidoso declará-las em público. Embora possamos estar sinceramente tentando controlar nossa mente e viver uma vida virtuosa, é provável que nem sempre sejamos bem-sucedidos; mas, se contarmos a todos, sem uma boa razão, sobre nossos fracassos, isso poderá desencorajar aqueles que nos admiram como um bom exemplo. A esse respeito, devemos seguir, em geral, os costumes da sociedade em que vivemos, mantendo uma atitude humilde e despretensiosa, mas sem chamar desnecessariamente a atenção sobre nós com confissões públicas das nossas falhas. Se alguém apontar uma falha em nós e houver algum benefício em confessá-la, é claro que devemos fazer isso honestamente; mas, em geral, não devemos nos esforçar para atrair atenção sobre nossas virtudes ou falhas. Em vez de declarar nossas falhas em público, podemos confessá-las privativamente aos Budas e Bodhisattvas.

Mantendo esses oito preceitos puramente, impediremos que nosso desejo de alcançar a iluminação para o benefício dos outros se degenere nesta vida e nas vidas futuras. Nossa bodhichitta fabricada crescerá continuamente, cada vez mais forte e estável, transformando-se, por fim, na bodhichitta espontânea. Com essa mente tão preciosa, todas as nossas ações irão nos conduzir para mais perto da iluminação.

Para satisfazer o desejo da nossa bodhichitta, precisamos tomar os votos bodhisattva e adotar o estilo de vida do Bodhisattva, que consiste principalmente na prática das seis perfeições. As seis perfeições – as perfeições de dar, disciplina moral, paciência, esforço, concentração e sabedoria – são chamadas "perfeições" porque são motivadas pela bodhichitta. A bodhichitta associada à prática das seis perfeições é o método efetivo para nos tornarmos um Buda e a estrada principal que devemos percorrer para alcançar a iluminação.

Sempre que praticamos as instruções dadas em *Oito Estrofes*, também estamos praticando o dar, disciplina moral, paciência e as demais perfeições. Sempre que praticamos amor apreciativo, estamos dando amor aos outros; sempre que tentamos abandonar nosso autoapreço, outras delusões – ou aflições mentais – e não-virtudes, estamos praticando disciplina moral; sempre que praticamos aceitar a derrota e oferecer a vitória aos outros, estamos praticando paciência; sempre que nos empenhamos para fazer progressos em nossas meditações, contemplações e assim por diante, estamos praticando esforço; sempre que enfatizamos a prática de meditação de modo estritamente focado, estamos praticando concentração; e sempre que contemplamos e meditamos na vacuidade, estamos praticando sabedoria. Se qualquer uma dessas práticas for motivada por bodhichitta, ela irá se tornar uma "perfeição". Explicações adicionais sobre tomar os votos bodhisattva e de como praticar as seis perfeições podem ser encontradas nos livros *Budismo Moderno*, *O Voto Bodhisattva* e *Contemplações Significativas*.

Todas as práticas das seis perfeições, incluindo as práticas tântricas dos estágios de geração e de conclusão, são na realidade partes da prática da bodhichitta, porque todas elas são métodos para cumprir os desejos da bodhichitta. A bodhichitta é como o corpo principal do Caminho do Bodhisattva, e as outras realizações do Bodhisattva são como os seus membros. A aquisição da iluminação depende de fazermos progressos na prática da bodhichitta e de concluí-la. Isso foi descrito nos *Sutras Perfeição de Sabedoria*, nos quais Buda explicou os 22 tipos de bodhichitta.

Os 22 tipos de bodhichitta são:

(1) Bodhichitta semelhante à terra;
(2) Bodhichitta semelhante ao ouro;
(3) Bodhichitta semelhante à lua nova;
(4) Bodhichitta semelhante ao fogo;
(5) Bodhichitta semelhante a um tesouro;
(6) Bodhichitta semelhante a uma mina de joias;
(7) Bodhichitta semelhante ao oceano;

(8) Bodhichitta semelhante a um vajra;
(9) Bodhichitta semelhante a uma montanha;
(10) Bodhichitta semelhante a um remédio;
(11) Bodhichitta semelhante a um Guia Espiritual;
(12) Bodhichitta semelhante à joia-que-concede-desejos;
(13) Bodhichitta semelhante ao Sol;
(14) Bodhichitta semelhante à canção do Dharma;
(15) Bodhichitta semelhante a um rei;
(16) Bodhichitta semelhante a um cofre;
(17) Bodhichitta semelhante a uma estrada;
(18) Bodhichitta semelhante a um veículo;
(19) Bodhichitta semelhante a uma fonte;
(20) Bodhichitta semelhante a um som melodioso;
(21) Bodhichitta semelhante a um rio;
(22) Bodhichitta semelhante a uma nuvem.

(1) BODHICHITTA SEMELHANTE À TERRA

A primeira bodhichitta a ser desenvolvida é simplesmente a aspiração de nos tornarmos um Buda para o benefício de todos os seres sencientes. Essa bodhichitta aspirativa é chamada "bodhichitta semelhante à terra" porque, assim como a terra é a base para o crescimento de todas as plantas, árvores, colheitas e assim por diante, essa bodhichitta é o fundamento para todas as realizações mahayana subsequentes. Ela é como o broto que nasceu da semente de grande compaixão. Devemos cuidar e nutrir esse broto, reconhecendo-o como sendo uma preciosa Joia Dharma, pois ele é frágil e facilmente morrerá se o negligenciarmos.

(2) BODHICHITTA SEMELHANTE AO OURO

Tendo gerado a bodhichitta semelhante à terra, o Bodhisattva estabiliza sua bodhichitta tomando os votos bodhisattva e se comprometendo com o estilo de vida do Bodhisattva. Essa bodhichitta de compromisso é chamada "bodhichitta semelhante ao ouro" porque, assim como o ouro nunca perde o brilho, a partir de agora sua bodhichitta nunca irá se degenerar. A bodhichitta de aspiração equivale a tomar a decisão de ir a um determinado lugar, ao passo que a bodhichitta de compromisso equivale a dar, realmente, início à viagem.

(3) BODHICHITTA SEMELHANTE À LUA NOVA

Tendo gerado a bodhichitta semelhante ao ouro, o Bodhisattva agora enfatiza a prática das seis perfeições e, em particular, a perfeição de concentração. Com isso, ele (ou ela) alcança a concentração do *continuum* do Dharma, uma realização por meio da qual é capaz de se lembrar de qualquer instrução de Dharma que já tenha recebido e de enxergar os Budas diretamente. A bodhichitta associada à concentração do *continuum* do Dharma é chamada "bodhichitta semelhante à lua nova" porque, assim como a lua nova cresce a cada noite até se tornar cheia, essa bodhichitta cresce a cada momento.

(4) BODHICHITTA SEMELHANTE AO FOGO

Tendo gerado a bodhichitta semelhante à lua nova, o Bodhisattva agora enfatiza a prática da perfeição de sabedoria e, com isso, alcança a sabedoria da visão superior que observa a vacuidade. A bodhichitta associada a essa sabedoria é chamada "bodhichitta semelhante ao fogo" porque ela queima o agarramento ao em-si manifesto, bem como as delusões e as ações não virtuosas que causam renascimento inferior. Uma explicação da sabedoria da visão superior que observa a vacuidade pode ser encontrada nos livros *Budismo Moderno*, *Novo Coração de Sabedoria* e *Caminho Alegre da Boa Fortuna*.

(5) BODHICHITTA SEMELHANTE A UM TESOURO

Quando o Bodhisattva realiza diretamente a vacuidade, ele (ou ela) alcança o primeiro dos dez solos do Bodhisattva e uma realização insuperável da perfeição de dar. A bodhichitta associada a essa perfeição de dar é chamada "bodhichitta semelhante a um tesouro" porque ela satisfaz os desejos de muitos seres vivos.

(6) BODHICHITTA SEMELHANTE A UMA MINA DE JOIAS

Por se empenhar continuamente na prática da perfeição de sabedoria, o Bodhisattva avança para o segundo solo do Bodhisattva e alcança uma realização insuperável da perfeição de disciplina moral. A bodhichitta associada a essa perfeição é chamada "bodhichitta semelhante a uma mina de joias" porque ela é fonte de preciosas qualidades virtuosas, semelhantes a joias, para muitos seres vivos.

(7) BODHICHITTA SEMELHANTE AO OCEANO

A bodhichitta do Bodhisattva no terceiro solo é mantida por uma realização insuperável da perfeição de paciência. Com essa paciência, a mente do Bodhisattva não pode ser perturbada por quaisquer condições, boas ou más, e, por essa razão, diz-se que essa bodhichitta assemelha-se às profundezas de um oceano, que permanece imperturbável o tempo todo.

(8) BODHICHITTA SEMELHANTE A UM VAJRA

A bodhichitta do Bodhisattva no quarto solo é mantida por uma realização insuperável da perfeição de esforço. Com esse esforço, as realizações do Bodhisattva jamais podem ser destruídas por nenhuma circunstância; logo, por ser indestrutível, essa bodhichitta é chamada "bodhichitta semelhante a um vajra".

(9) BODHICHITTA SEMELHANTE A UMA MONTANHA

A bodhichitta do Bodhisattva no quinto solo é mantida por uma realização insuperável da perfeição de concentração. Essa concentração é estável como uma montanha e, por isso, essa bodhichitta é chamada "bodhichitta semelhante a uma montanha".

(10) BODHICHITTA SEMELHANTE A UM REMÉDIO

A bodhichitta do Bodhisattva no sexto solo é mantida por uma realização insuperável da perfeição de sabedoria. Porque essa bodhichitta é especialmente poderosa para curar a doença das delusões, ela é chamada "bodhichitta semelhante a um remédio".

(11) BODHICHITTA SEMELHANTE A UM GUIA ESPIRITUAL

A bodhichitta do Bodhisattva no sétimo solo é mantida por uma realização insuperável da perfeição de meios habilidosos. Porque essa bodhichitta capacita o Bodhisattva a conduzir, de modo muito efetivo, os seres vivos ao longo dos caminhos espirituais, ela é comparada a um Guia Espiritual.

(12) BODHICHITTA SEMELHANTE À JOIA-QUE--CONCEDE-DESEJOS

A bodhichitta do Bodhisattva no oitavo solo é mantida por uma realização insuperável da perfeição de prece. Nesta etapa, as preces do Bodhisattva são indubitavelmente satisfeitas, e ele é capaz de beneficiar amplamente os seres vivos através apenas do poder de suas preces, sem o auxílio de mais nada. Sua bodhichitta, portanto, assemelha-se a uma joia-que-concede-desejos, que é capaz de atender os desejos de incontáveis seres vivos.

(13) BODHICHITTA SEMELHANTE AO SOL

A bodhichitta do Bodhisattva no nono solo é mantida por uma realização insuperável da perfeição de força. Essa perfeição é uma realização mahayana capaz de superar todas as condições desfavoráveis – nada pode obstruir as atividades virtuosas de um Bodhisattva que está nesse nível. Assim como o Sol tem o poder de amadurecer muitas plantações, a bodhichitta semelhante ao Sol também tem o poder de amadurecer o *continuum* mental de muitos seres sencientes.

(14) BODHICHITTA SEMELHANTE À CANÇÃO DO DHARMA

A bodhichitta do Bodhisattva no décimo solo é mantida por uma realização insuperável da perfeição de excelsa sabedoria. Enquanto a sexta perfeição observa principalmente a verdade última, a décima perfeição observa principalmente a verdade convencional. Porque essa perfeição dá ao Bodhisattva imensa habilidade de ajudar os outros proclamando o som melodioso do Dharma, a bodhichitta do Bodhisattva no décimo solo é chamada "bodhichitta semelhante à canção do Dharma".

(15) BODHICHITTA SEMELHANTE A UM REI
(16) BODHICHITTA SEMELHANTE A UM COFRE
(17) BODHICHITTA SEMELHANTE A UMA ESTRADA
(18) BODHICHITTA SEMELHANTE A UM VEÍCULO
(19) BODHICHITTA SEMELHANTE A UMA FONTE
(20) BODHICHITTA SEMELHANTE A UM SOM MELODIOSO
(21) BODHICHITTA SEMELHANTE A UM RIO

Esses sete tipos de bodhichitta não devem ser considerados como separados da bodhichitta do Bodhisattva no décimo solo. A bodhichitta do décimo solo é como o corpo e essas sete bodhichittas são como os membros.

O primeiro membro chama-se "bodhichitta semelhante a um rei" porque é o caminho supremo do Bodhisattva. O segundo membro chama-se "bodhichitta semelhante a um cofre" porque é uma coleção superior de mérito e de sabedoria com o poder de conferir uma grande riqueza de virtude para incontáveis seres vivos. O terceiro membro chama-se "bodhichitta semelhante a uma estrada" porque possui grande poder para conduzir incontáveis seres vivos pela estrada principal à Budeidade. A "bodhichitta semelhante a um veículo" é o veículo superior que transporta o Bodhisattva diretamente aos solos de Buda. A "bodhichitta semelhante a uma fonte" capacita o Bodhisattva a dar ensinamentos sem nunca esgotar coisas a dizer, como uma fonte que nunca seca.

Com a "bodhichitta semelhante a um som melodioso", o Bodhisattva beneficia efetivamente incontáveis seres vivos ao proclamar o som melodioso do Dharma. A "bodhichitta semelhante a um rio" é como um rio que deságua no oceano, pois, na próxima etapa, a bodhichitta do Bodhisattva no décimo solo irá desaguar no oceano da compaixão de Buda.

(22) BODHICHITTA SEMELHANTE A UMA NUVEM

Quando um Bodhisattva no décimo solo avançou ao longo desses sete estágios da bodhichitta e os concluiu, ele (ou ela) torna-se um Buda. Ao mesmo tempo, sua bodhichitta se transforma na compaixão de um Buda, que tem o poder efetivo de beneficiar todos os seres vivos sem exceção. Assim como a chuva cai das nuvens e rega as plantações em todo o mundo, a chuva do Dharma sagrado cai das nuvens da compaixão de Buda sobre incontáveis seres afortunados, fazendo com que as colheitas de virtude e de paz cresçam em suas mentes. Portanto, a compaixão dos Budas é chamada de "bodhichitta semelhante a uma nuvem".

Existe um debate sobre se um Buda possui, de fato, a bodhichitta ou não. Alguns eruditos afirmam que um Buda não possui bodhichitta, porque a bodhichitta é o desejo de alcançar a iluminação, e os Budas já conquistaram a iluminação. Para esses eruditos, a bodhichitta semelhante a uma nuvem se refere à bodhichitta do décimo solo. Outros eruditos dizem que a compaixão de um Buda é ambas – ela é igualmente compaixão e bodhichitta, igualmente compaixão e sabedoria, igualmente bodhichitta convencional e bodhichitta última. Essas são as qualidades incomuns de um Buda.

Treinar a Bodhichitta Última

Ademais, por meio de todas essas práticas,
Associadas a uma mente incontaminada pelas manchas das concepções dos oito extremos
E que vê todos os fenômenos como ilusórios,
Que eu e todos os seres vivos sejamos libertados da escravidão das aparências e concepções equivocadas.

AS PRÁTICAS PRINCIPAIS do treino da mente são as duas bodhichittas, a bodhichitta convencional e a bodhichitta última. As primeiras sete estrofes nos ensinam como desenvolver a bodhichitta convencional, e a oitava e última estrofe nos revela como desenvolver a bodhichitta última.

Como foi explicado no capítulo anterior, a bodhichitta convencional é o desejo de alcançar a iluminação para o benefício de todos os seres vivos. A bodhichitta última é uma sabedoria que realiza diretamente a verdade última, ou vacuidade, motivada pela bodhichitta convencional. Quando meditamos na vacuidade para desenvolver ou intensificar a bodhichitta última, estamos treinando a bodhichitta última. É chamada "bodhichitta última" porque seu objeto é a verdade última, a vacuidade, e é um dos principais caminhos à iluminação.

A bodhichitta que foi explicada até agora é a bodhichitta convencional e a sua natureza é compaixão, ao passo que a bodhichitta última tem a natureza da sabedoria. Essas duas bodhichittas são como as duas asas de um pássaro, com as quais podemos voar para o mundo iluminado.

Se não soubermos o significado da vacuidade, não haverá base para treinarmos a bodhichitta última, porque a vacuidade é o objeto da bodhichitta última. Qual é a diferença entre *vazio* e *vacuidade*? No Budismo, a vacuidade possui grande significado. A vacuidade é a verdadeira natureza das coisas e é um objeto muito profundo e significativo. Se realizarmos diretamente a vacuidade, alcançaremos libertação permanente de todos os sofrimentos desta vida e das incontáveis vidas futuras; não existe significado maior do que esse. Portanto, a vacuidade é um objeto muito significativo, mas um vazio é apenas vazio – ele não possui significado especial. Há um vazio de existência inerente, mas não há vacuidade de existência inerente, porque a existência inerente, ela própria, não existe.

Je Tsongkhapa disse:

> O conhecimento da vacuidade é superior a qualquer outro conhecimento,
> O professor que ensina inequivocamente a vacuidade é superior a qualquer outro professor,
> E a realização da vacuidade é a verdadeira essência do Budadharma.

A vacuidade é um assunto difícil e, por essa razão, precisaremos ler a seguinte explicação cuidadosamente e refletir sobre ela profundamente. A primeira linha da oitava estrofe indica que todas as práticas explicadas nas sete estrofes anteriores devem ser praticadas juntamente com uma compreensão da vacuidade, a verdadeira natureza de todos os fenômenos. A segunda linha descreve a prática da bodhichitta última durante a sessão de meditação, a terceira linha descreve a prática da bodhichitta última durante o intervalo entre as meditações e, a quarta linha, explica o propósito de meditar na bodhichitta última.

A primeira linha, "Ademais, por meio de todas essas práticas", também indica que a bodhichitta última não é uma realização isolada, mas depende de todas as realizações explicadas nas sete primeiras estrofes. Para que uma realização da vacuidade seja bodhichitta última, ela precisa estar motivada pela bodhichitta convencional, e para desenvolver a bodhichitta convencional precisamos das realizações de apreciar os outros, grande compaixão e assim por diante. Ademais, para que nosso estudo e meditação na vacuidade tenham um profundo impacto em nossa mente, é preciso que estejam motivados, no mínimo, por renúncia, o desejo de alcançar a libertação do samsara por meio do abandono das nossas delusões, ou aflições mentais. Se estivermos motivados apenas por uma curiosidade filosófica, o melhor que podemos esperar é obter um entendimento intelectual e superficial da vacuidade – jamais alcançaremos uma experiência profunda e libertadora.

O QUE É A VACUIDADE?

Vacuidade é o modo como as coisas realmente são. É o modo como as coisas existem, que é oposto ao modo como elas aparecem. Acreditamos naturalmente que as coisas que vemos ao nosso redor – como mesas, cadeiras e casas – são verdadeiramente existentes porque acreditamos que elas existem exatamente do modo como aparecem. No entanto, o modo como as coisas aparecem aos nossos sentidos é enganoso e completamente contraditório ao modo como elas realmente existem. As coisas aparecem como existindo do seu próprio lado, sem dependerem da nossa mente. Este livro que aparece à nossa mente, por exemplo, parece ter sua própria existência objetiva, independente. Ele parece estar "fora", ao passo que nossa mente parece estar "dentro". Sentimos que o livro pode existir sem a nossa mente; nao sentimos que nossa mente esteja, de algum maneira, envolvida em trazer o livro à existência. Esse modo de existência, independente da nossa mente, recebe várias denominações: "existência verdadeira", "existência inerente", "existência do seu próprio lado" e "existência do lado do objeto".

Embora as coisas apareçam diretamente aos nossos sentidos como sendo verdadeiramente existentes, ou inerentemente existentes, na verdade todos os fenômenos carecem, ou são vazios, de existência verdadeira. Este livro, nosso corpo, nossos amigos, nós próprios e o universo inteiro são, em realidade, apenas aparências à mente, como coisas vistas em um sonho. Se sonharmos com um elefante, o elefante aparecerá vividamente com todos os seus detalhes – poderemos vê-lo, ouvi-lo, cheirá-lo e tocá-lo; mas, quando acordarmos, realizaremos que ele era apenas uma aparência à mente. Não iremos perguntar "Onde está o elefante agora?" porque entenderemos que ele era simplesmente uma projeção da nossa mente e não tinha existência fora da nossa mente. Quando a percepção onírica que apreendia o elefante cessou, o elefante não foi para lugar algum – ele simplesmente desapareceu, pois era apenas uma aparência à mente e não existia separado da mente. Buda disse que isso também é verdadeiro para todos os fenômenos; eles são meras aparências à mente, em total dependência das mentes que os percebem.

O mundo que experienciamos quando estamos acordados e o mundo que experienciamos quando sonhamos são, ambos, meras aparências à mente e que surgem das nossas concepções equivocadas. Se quisermos afirmar que o mundo do sonho é falso, teremos também que dizer que o mundo da vigília é falso; e se quisermos afirmar que o mundo da vigília é verdadeiro, também teremos que dizer que o mundo onírico, ou mundo do sonho, é verdadeiro. A única diferença entre eles é que o mundo onírico é uma aparência para a nossa mente sutil do sonho, ao passo que o mundo da vigília é uma aparência para a nossa mente densa da vigília. O mundo onírico existe apenas enquanto existir a percepção onírica para a qual ele aparece, e o mundo da vigília existe apenas enquanto existir a percepção da vigília para a qual ele aparece. Buda disse: "Deves saber que todos os fenômenos são como sonhos". Quando morremos, nossas mentes densas da vigília se dissolvem em nossa mente muito sutil, e o mundo que experienciávamos quando estávamos vivos simplesmente desaparece. O mundo tal como os outros o percebem continuará existindo, mas o nosso mundo pessoal desaparecerá tão completa e irrevogavelmente como o mundo do sonho da noite passada desapareceu.

Buda também declarou que todos os fenômenos são como ilusões. Há muitos tipos diferentes de ilusão, como miragens, arco-íris e alucinações provocadas por drogas. Em tempos antigos, era costume haver mágicos que podiam lançar um encantamento sobre uma plateia, fazendo com que as pessoas vissem um objeto qualquer – um pedaço de madeira, por exemplo – como se fosse um tigre ou qualquer outra coisa. Os que estavam iludidos pelo encantamento viam o que aparecia como um tigre de verdade e desenvolviam medo, mas as pessoas que chegassem após o encantamento ter sido lançado viam, simplesmente, um pedaço de madeira. O que todas as ilusões têm em comum é que o modo como elas aparecem não coincide com o modo como elas existem. Buda comparou todos os fenômenos a ilusões porque, devido à força das marcas da ignorância do agarramento ao em-si acumuladas desde tempos sem início, o que quer que apareça à nossa mente aparece, naturalmente, como verdadeiramente existente e, instintivamente, concordamos com essa aparência; mas, em realidade, tudo é totalmente vazio de existência verdadeira. Assim como uma miragem, que aparece como sendo água quando, de fato, não é água, as coisas aparecem de um modo enganoso. Por não compreendermos sua real natureza, somos enganados pelas aparências e nos aferramos a livros e mesas, corpos e mundos como verdadeiramente existentes. O resultado de nos aferrarmos aos fenômenos desse modo é que desenvolvemos autoapreço, apego, ódio, inveja (ou ciúme) e demais delusões, nossa mente torna-se agitada e desequilibrada e a nossa paz mental é destruída. Somos como viajantes em um deserto, que se esgotam correndo atrás de miragens, ou como alguém andando à noite por uma rua ou estrada, confundindo as sombras das árvores com criminosos ou animais selvagens à espreita para atacar.

A VACUIDADE DO NOSSO CORPO

Para compreender como os fenômenos são vazios de existência verdadeira, ou inerente, devemos considerar nosso próprio corpo. Uma vez que tenhamos compreendido como o nosso corpo carece de existência verdadeira, facilmente poderemos aplicar o mesmo raciocínio para outros objetos.

No *Guia do Estilo de Vida do Bodhisattva*, Shantideva diz:

> Portanto, não há corpo,
> Mas, devido à ignorância, vemos um corpo presente nas mãos e assim por diante,
> Assim como uma mente que, de maneira equivocada, apreende uma pessoa
> Quando observa o formato de uma pilha de pedras ao anoitecer.

Em certo nível, conhecemos muito bem o nosso corpo – sabemos se ele está saudável ou doente, se é bonito ou feio, e assim por diante. No entanto, nunca o examinamos mais profundamente, questionando-nos: "O que é o meu corpo, precisamente? Onde está o meu corpo? Qual é a sua verdadeira natureza?". Se examinássemos nosso corpo desse modo, não seríamos capazes de encontrá-lo – em vez de encontrar o nosso corpo, o resultado desse exame seria o desaparecimento do nosso corpo. O significado do primeiro verso da estrofe de Shantideva, "Portanto, não há corpo", é que, se procurarmos por nosso corpo "real", não há corpo; o nosso corpo existe apenas se não procurarmos por um corpo real por detrás de sua mera aparência.

Há duas maneiras de procurar um objeto. Um exemplo da primeira maneira, que podemos chamar de "busca convencional", é procurar por nosso carro em um estacionamento. A conclusão desse tipo de busca é que encontraremos o carro, no sentido de que veremos a coisa que todos concordam ser nosso carro. No entanto, tendo localizado nosso carro no estacionamento, vamos supor que ainda não estejamos satisfeitos com a mera aparência do carro e que desejemos determinar exatamente o que o carro é. Empenhamo-nos, então, naquilo que podemos denominar de "busca última" pelo carro, pela qual olhamos em profundidade para o objeto ele próprio, a fim de encontrar algo que seja o objeto.

Para fazer isso, perguntamo-nos: "Alguma das partes individuais do carro é o carro? As rodas são o carro? O motor é o carro? O chassi é o carro?", e assim por diante. Quando, ao conduzir uma busca última pelo nosso carro, não ficarmos satisfeitos apenas em apontar para o capô, as rodas e assim por diante e, então, dizermos "carro", vamos querer saber o que o carro de fato é. Em vez de apenas usarmos a palavra "carro", como as pessoas comuns fazem, vamos querer saber a que a palavra "carro", em realidade, se refere. Vamos querer separar mentalmente o carro de tudo aquilo que *não é carro*, para que possamos dizer: "Isto é o que o carro realmente é". Queremos encontrar um carro, mas, na verdade, não há carro: não podemos encontrar coisa alguma. No *Sutra Perfeição de Sabedoria Condensado*, Buda diz: "Se procurares por teu corpo com sabedoria, não conseguirás encontrá-lo". Isso também se aplica ao nosso carro, à nossa casa e a todos os demais fenômenos.

No *Guia do Estilo de Vida do Bodhisattva*, Shantideva diz:

Quando examinado dessa maneira,
Quem está vivendo e quem é este que morrerá?
O que é o futuro e o que é o passado?
Quem são os nossos amigos e quem são os nossos parentes?

Rogo a ti, que és exatamente como eu,
Por favor, reconhece que todas as coisas são vazias, como
o espaço.

O sentido essencial dessas palavras é que, quando procuramos pelas coisas com sabedoria, não existe pessoa que esteja vivendo ou morrendo, não há passado ou futuro e não existe presente, incluindo nossos amigos e parentes atuais. Devemos compreender que todos os fenômenos são vazios como o espaço, o que significa que devemos compreender que todos os fenômenos não são algo além que vacuidade.

Para compreender a afirmação de Shantideva de que, em realidade, não há corpo, precisamos conduzir uma busca última pelo nosso corpo. Se formos seres comuns, todos os objetos, incluindo nosso corpo, aparecem como existindo inerentemente. Como já foi mencionado, os objetos parecem ser independentes da nossa mente e independentes dos demais fenômenos. O universo aparece como constituído de objetos separados, independentes, que têm existência do seu próprio lado. Esses objetos aparecem existindo em si mesmos, como estrelas, planetas, montanhas, pessoas e assim por diante, "esperando" para serem experienciados por seres conscientes. Normalmente, não nos ocorre que estejamos, de algum modo, envolvidos na existência desses fenômenos. Por exemplo, sentimos que nosso corpo existe do seu próprio lado e que ele não depende da nossa mente ou da mente de qualquer outra pessoa para trazê-lo à existência. No entanto, se nosso corpo existisse desse modo ao qual instintivamente nos agarramos – mais propriamente, como um objeto exterior, em vez de existir apenas como uma projeção da mente – deveríamos ser capazes de apontar para o nosso corpo sem que apontássemos para qualquer outro fenômeno que não seja o nosso corpo. Deveríamos ser capazes de encontrá-lo entre suas partes ou fora de suas partes. Já que não há uma terceira possibilidade, se nosso corpo não puder ser encontrado entre suas partes nem fora de suas partes, devemos concluir que o nosso corpo que normalmente vemos não existe.

Não é difícil compreender que as partes individuais do nosso corpo não são o nosso corpo – é absurdo dizer que nossas costas, pernas ou nossa cabeça são o nosso corpo. Se uma das partes – digamos, as costas – for o nosso corpo, então as outras partes são igualmente o nosso corpo, e seguir-se-á que temos muitos corpos. Além disso, nossas costas, pernas e assim por diante não podem ser o nosso corpo porque elas são partes do nosso corpo. O corpo é o possuidor das partes, e as costas, pernas e assim por diante são as partes possuídas; e o possuidor e a posse não podem ser o mesmo.

Algumas pessoas acreditam que, embora nenhuma das partes individuais do corpo seja o corpo, a coleção de todas as partes reunidas é o corpo. De acordo com elas, é possível encontrar nosso corpo quando procuramos analiticamente por ele, porque a coleção de todas as partes do nosso corpo é o nosso corpo. Entretanto, essa afirmação pode ser refutada com muitas razões válidas. A força desses raciocínios talvez não seja imediatamente óbvia para nós, mas, se os contemplarmos de maneira bastante cuidadosa, com uma mente calma e positiva, iremos apreciar sua validade.

Já que nenhuma das partes individuais do nosso corpo é o nosso corpo, de que maneira a coleção, ou o conjunto, de todas as partes pode ser o nosso corpo? Por exemplo, um conjunto de cachorros não pode ser um ser humano, já que nenhum dos cachorros, individualmente, é humano. Como cada membro individual é "não humano", de que maneira essa coleção de *não humanos* pode se transformar magicamente em um ser humano? Do mesmo modo, uma vez que a coleção das partes do nosso corpo é uma coleção de coisas que não são o nosso corpo, ela não pode ser o nosso corpo. Assim como o conjunto de cachorros permanece simplesmente como *cachorros*, a coleção de todas as partes do nosso corpo permanece simplesmente como *partes do nosso corpo* – a coleção não se transforma, magicamente, no possuidor das partes: o nosso corpo.

Podemos achar esse ponto difícil de compreender, mas, se pensarmos sobre isso por um longo tempo, com uma mente calma e positiva, e debatermos com praticantes mais experientes, ele irá se tornar mais claro gradualmente. Podemos também consultar livros autênticos sobre o assunto, como *Novo Coração de Sabedoria* e *Oceano de Néctar*.

Existe outra maneira pela qual podemos compreender que a coleção das partes do nosso corpo não é o nosso corpo. Se pudermos apontar para a coleção das partes do nosso corpo e dizer que a coleção é, em si mesma, nosso corpo, então a coleção das partes do nosso corpo precisa existir independentemente de todos os fenômenos que não são nosso corpo. Desse modo, segue-se que a coleção das partes do nosso corpo existiria independentemente de suas próprias partes. Isso é, claramente, um absurdo – se isso fosse verdade, poderíamos remover todas as partes do nosso corpo e a coleção das partes permaneceria. Podemos concluir, portanto, que a coleção das partes do nosso corpo não é o nosso corpo.

Já que o corpo não pode ser encontrado dentro de suas partes, nem como uma parte individual nem como a coleção das partes, a única possibilidade que resta é que o corpo exista separado de suas partes. Se esse for o caso, seria possível remover, física ou mentalmente, todas as partes do nosso corpo e, ainda assim, ficar com o corpo. No entanto, se removermos nossos braços, pernas, cabeça, tronco e todas as demais partes do nosso corpo, não restará nenhum corpo. Isso prova que não existe um corpo separado de suas partes. Devido à ignorância, sempre que apontamos para o nosso corpo, apontamos apenas para uma parte do corpo – parte essa que não é nosso corpo.

Acabamos de procurar em todos os lugares possíveis e fomos incapazes de encontrar nosso corpo, seja entre suas partes ou em qualquer outro lugar. Não conseguimos encontrar nada que corresponda ao corpo que aparece de modo tão vívido e ao qual normalmente nos aferramos. Somos forçados a concordar com Shantideva que, quando procuramos por nosso corpo, não há um corpo a ser encontrado. Isso prova, de modo bastante claro, que o nosso corpo que normalmente vemos não existe. É quase como se o nosso corpo não existisse de modo algum. De fato, o único meio pelo qual podemos dizer que nosso corpo existe é se ficarmos satisfeitos com o mero nome "corpo" e não esperarmos encontrar um corpo real por detrás do nome. Se tentarmos encontrar, ou apontar, um corpo real ao qual o nome "corpo" se refira, não iremos encontrar absolutamente nada. Ao invés de encontrarmos um corpo verdadeiramente existente, perceberemos a mera ausência do nosso corpo que normalmente vemos. Essa mera ausência do nosso corpo que normalmente vemos é o modo como o nosso corpo existe de fato. Compreenderemos e realizaremos que o corpo que normalmente percebemos, ao qual nos aferramos e apreciamos, não existe de modo algum. Essa não existência do corpo ao qual normalmente nos agarramos é a vacuidade do nosso corpo, a verdadeira natureza do nosso corpo.

O termo "verdadeira natureza" é muito significativo. Não satisfeitos com a mera aparência e nome "corpo", examinamos nosso corpo para descobrir sua verdadeira natureza. O resultado desse exame foi que o nosso corpo é, definitivamente, impossível de ser encontrado. Onde esperávamos encontrar um corpo verdadeiramente existente, descobrimos a absoluta não existência desse corpo verdadeiramente existente. Essa não existência, ou vacuidade, é a verdadeira natureza do nosso corpo. Exceto a mera ausência de um corpo verdadeiramente existente, não existe nenhuma outra verdadeira natureza do nosso corpo – qualquer outro atributo do corpo é, apenas, parte de sua natureza enganosa. Já que esse é o caso, porque gastamos tanto tempo nos concentrando na natureza enganosa do nosso corpo? No momento presente, ignoramos a verdadeira natureza do nosso corpo e a dos outros fenômenos, e nos concentramos apenas em sua natureza enganosa; o resultado de nos concentrarmos todo o tempo em objetos enganosos é que a nossa mente fica perturbada e permanecemos na vida infeliz do samsara. Se quisermos experienciar felicidade pura, precisamos familiarizar nossa mente com a verdade. Em vez de desperdiçar nossa energia nos concentrando apenas em objetos enganosos e sem significado, devemos nos concentrar na verdadeira natureza das coisas.

Embora seja impossível encontrar nosso corpo quando procuramos por ele analiticamente, ele aparece de modo muito claro quando não estamos envolvidos em analisá-lo. Por que isso acontece? Shantideva diz que, devido à ignorância, vemos nosso corpo dentro das mãos e das outras partes do nosso corpo. Na verdade, o nosso corpo não existe dentro das suas partes. Assim como podemos, ao anoitecer, ver uma pilha de pedras como se fosse um homem, mesmo que não exista homem algum entre as pedras, do mesmo modo, nossa mente ignorante vê um corpo dentro da coleção de braços, pernas e assim por diante, ainda que não exista corpo algum ali. O corpo que vemos dentro da coleção de braços e pernas é, simplesmente, uma alucinação da nossa mente ignorante. No entanto, porque não o reconhecemos como uma alucinação, nos aferramos muito fortemente a ele, apreciando-o e extenuando-nos na tentativa de protegê-lo de qualquer desconforto.

A maneira de familiarizar nossa mente com a verdadeira natureza do corpo é usar o raciocínio acima para procurar pelo nosso corpo e, depois, quando o tivermos procurado em todos os lugares possíveis e não o tivermos encontrado, nos concentrarmos na vacuidade semelhante-ao-espaço, que é a mera ausência do corpo que normalmente vemos. Essa vacuidade semelhante-ao-espaço é a verdadeira natureza do nosso corpo. Embora se assemelhe a um espaço vazio, é um vazio muito significativo. Seu significado é a absoluta não existência do corpo que normalmente vemos, o corpo ao qual nos agarramos tão fortemente e que temos apreciado e cuidado durante toda a nossa vida.

Ao nos familiarizarmos com a experiência da natureza última semelhante-ao-espaço do nosso corpo, nosso agarramento ao nosso corpo será reduzido. Como resultado, experienciaremos muito menos sofrimento, ansiedade e frustração com relação ao nosso corpo. A nossa tensão física diminuirá e nossa saúde irá melhorar e, mesmo que fiquemos doentes, nosso desconforto físico não pertubará nossa mente. Aqueles que têm uma experiência direta da vacuidade não sentem dor alguma, mesmo que sejam espancados ou baleados. Compreendendo que a verdadeira natureza de seu corpo é semelhante ao espaço, ser espancado é, para eles, como bater no espaço, e ser baleado é como atirar no espaço. Além disso, boas e más condições exteriores não têm mais o poder de perturbar suas mentes, porque eles realizaram que as condições exteriores são como a ilusão de um mágico – elas não têm existência separada da mente. Em vez de serem controlados pela mudança das condições, como uma marionete é controlada pelos fios, suas mentes permanecem livres e tranquilas na sabedoria da natureza última, idêntica e imutável, de todas as coisas. Desse modo, uma pessoa que realize diretamente a vacuidade, a verdadeira natureza dos fenômenos, experiencia paz e felicidade dia e noite, vida após vida.

Precisamos fazer a distinção entre o corpo convencionalmente existente, que existe, e o corpo inerentemente existente, que não existe; mas precisamos tomar cuidado para não sermos enganados pelas palavras, pensando que o corpo convencionalmente existente é algo mais do que uma mera aparência à mente. Talvez seja mais simples apenas dizer que, para uma mente que vê diretamente a verdade, ou vacuidade, não existe corpo. Um corpo só existe para uma mente comum, para a qual um corpo aparece.

Shantideva nos aconselha que, a menos que desejemos entender a vacuidade, não devemos examinar as verdades convencionais – como o nosso corpo, posses, lugares e amigos –, mas, em vez disso, ficarmos satisfeitos com os seus meros nomes, da mesma maneira que as pessoas comuns. Quando uma pessoa comum, ou mundana, conhece o nome e o propósito de um objeto, ela fica satisfeita por conhecer o objeto e não prossegue com a investigação. Devemos fazer o mesmo, a menos que queiramos meditar na vacuidade. No entanto, devemos lembrar que, se examinássemos os objetos com mais rigor, não os encontraríamos, porque eles simplesmente desapareceriam, do mesmo modo que uma miragem desaparece se tentarmos procurá-la.

O mesmo raciocínio que usamos para provar a carência de existência verdadeira do nosso corpo pode ser aplicado para todos os demais fenômenos. Este livro, por exemplo, parece existir do seu próprio lado, em algum lugar dentro de suas partes; mas, quando examinamos o livro com mais precisão, descobrimos que nenhuma das páginas individualmente nem o conjunto das páginas é o livro, e que, ainda assim, sem as páginas o livro não existe. Ao invés de encontrar um livro verdadeiramente existente, somos levados a contemplar a vacuidade, que é a não existência do livro que anteriormente sustentávamos existir. Devido à nossa ignorância, o livro aparece como se existisse separado da nossa mente, como se a nossa mente estivesse *dentro*, e o livro, *fora*. Mas, ao analisar o livro, descobrimos que sua aparência é completamente falsa. Não há livro fora da nossa mente. Não há um livro "lá fora", dentro das páginas. O único modo pelo qual o livro existe é como uma mera aparência à mente, uma mera projeção da mente.

Todos os fenômenos existem por meio de convenção; nada é inerentemente existente. Isso se aplica à mente, a Buda e, até mesmo, à vacuidade. Tudo é meramente designado, ou imputado, pela mente. Todos os fenômenos têm partes – os fenômenos físicos têm partes físicas, e os fenômenos não físicos têm várias partes, ou atributos, que podem ser distinguidos pelo pensamento. Utilizando o mesmo tipo de raciocínio acima, podemos compreender que nenhum fenômeno é uma de suas partes, nem a coleção de suas partes e nem é separado de suas partes. Desse modo, podemos compreender e realizar a vacuidade de todos os fenômenos, a mera ausência de todos os fenômenos que normalmente vemos ou percebemos.

É particularmente útil meditar na vacuidade dos objetos que fazem surgir fortes delusões em nós, como apego e raiva. Ao analisar corretamente, compreenderemos que o objeto que desejamos ou pelo qual temos aversão não existe do seu próprio lado. Sua beleza ou feiura e, até mesmo, sua própria existência, são designadas pela mente. Pensando desse modo, descobriremos que não existe base para o apego ou a raiva.

A VACUIDADE DA NOSSA MENTE

Em *Treinar a Mente em Sete Pontos*, após esquematizar como devemos nos empenhar na meditação analítica da vacuidade de existência inerente dos fenômenos exteriores, como o nosso corpo, Geshe Chekhawa continua dizendo que precisamos, então, analisar nossa própria mente para compreender de que maneira ela carece de existência inerente.

A nossa mente não é uma entidade independente, mas um *continuum* em constante mudança, que depende de muitos fatores; por exemplo: os seus momentos anteriores, os seus objetos e os ventos-energia interiores sobre os quais nossas mentes estão montadas. Assim como qualquer coisa, nossa mente é designada a uma coleção de muitos fatores e, por essa razão, carece de existência inerente. Uma mente primária, ou consciência, por exemplo, tem cinco partes, ou "fatores mentais": sensação, discriminação, intenção, contato e atenção. Nem os fatores mentais, individualmente, nem a coleção desses fatores mentais é a mente primária ela própria, porque eles são fatores mentais e, portanto, partes da mente primária. No entanto, não existe mente primária separada desses fatores mentais. Uma mente primária é meramente designada aos fatores mentais, que são a sua base de designação, e, portanto, ela não existe do seu próprio lado.

Tendo identificado a natureza da nossa mente primária, que é um vazio semelhante-ao-espaço que percebe ou compreende objetos, procuramos então por ela dentro de suas partes (sensação, discriminação, intenção, contato e atenção) até finalmente realizarmos que ela não pode ser encontrada – ela é inencontrável. Essa impossibilidade de encontrar nossa mente é a sua natureza última, ou vacuidade. Então, pensamos:

> *Todos os fenômenos que aparecem à minha mente são da natureza da minha mente. A minha mente é da natureza da vacuidade.*

Desse modo, sentimos que tudo se dissolve na vacuidade. Percebemos apenas a vacuidade de todos os fenômenos e meditamos nessa vacuidade. Essa maneira de meditar na vacuidade é mais profunda que a meditação na vacuidade do nosso corpo. Nossa experiência da vacuidade irá se tornar gradualmente mais clara até, por fim, adquirirmos uma sabedoria imaculada que realiza diretamente a vacuidade de todos os fenômenos.

A VACUIDADE DO NOSSO EU

O objeto ao qual nos agarramos mais fortemente é o nosso *self*, ou *eu*. Devido às marcas da ignorância do agarramento ao em-si acumuladas desde tempos sem início, o nosso *eu* aparece para nós como inerentemente existente, e a nossa mente de agarramento ao em-si agarra-se automaticamente a ele desse modo. Embora nos agarremos a um *eu* inerentemente existente o tempo todo – mesmo durante o sono –, não é fácil identificar de que maneira ele aparece à nossa mente. Para identificá-lo de modo claro, devemos começar permitindo que ele se manifeste fortemente, por meio de contemplar as situações nas quais temos uma sensação exagerada do *eu*, como quando ficamos constrangidos, envergonhados, amedrontados ou indignados. Recordamos ou imaginamos uma situação assim e, então, sem nenhum comentário ou análise, tentamos obter uma imagem mental clara da maneira como o *eu* naturalmente aparece nesses momentos. Temos de ser pacientes nesta etapa, pois podemos levar muitas sessões antes de obtermos uma imagem clara. Por fim, veremos que o *eu* aparece como se fosse totalmente sólido e real, existindo do seu próprio lado, sem depender do corpo ou da mente. Esse *eu* que aparece vividamente é o *eu* inerentemente existente, que tão fortemente apreciamos e cuidamos. Ele é o *eu* que defendemos quando somos criticados e do qual ficamos tão orgulhosos quando somos elogiados.

Uma vez que tenhamos uma imagem de como o *eu* aparece nessas circunstâncias extremas, devemos tentar identificar de que maneira ele aparece normalmente, em situações menos extremas. Por exemplo, podemos observar o *eu* que está, agora, lendo este livro e tentar descobrir como ele aparece à nossa mente. Veremos que, embora neste caso, não exista uma sensação exagerada do *eu*, todavia o *eu* continua a aparecer como sendo inerentemente existente, existindo do seu próprio lado, sem depender do corpo ou da mente. Uma vez que tenhamos uma imagem do *eu* inerentemente existente, concentramo-nos estritamente focados nela por algum tempo. Então, durante a meditação, avançamos para a próxima etapa, que é contemplar raciocínios válidos para provar que o *eu* inerentemente existente, ao qual nos agarramos, não existe de fato. O *eu* inerentemente existente e o nosso *self* que normalmente percebemos são o mesmo; devemos saber que nenhum deles existe – ambos são objetos negados pela vacuidade.

Se o *eu* existe do modo como aparece, ele precisa existir num destes quatro modos: como o corpo; como a mente; como a coleção, ou conjunto, de corpo e mente; ou como algo separado do corpo e da mente – não há outra possibilidade. Contemplamos esse argumento com bastante cuidado, até ficarmos convencidos de que esse é exatamente o caso e, então, procedemos ao exame de cada uma das quatro possibilidades:

(1) Se o nosso *eu* for o nosso corpo, não faz sentido dizer "meu corpo", porque o possuidor e a posse são idênticos.

Se o nosso *eu* for o nosso corpo, então não existe renascimento futuro, porque o *eu* cessa quando o corpo morre.

Se o nosso *eu* e o nosso corpo forem idênticos, então, já que somos capazes de desenvolver fé, sonhar, resolver problemas matemáticos e assim por diante, segue-se que carne, sangue e ossos podem fazer o mesmo.

Já que nada disso é verdadeiro, segue-se que o nosso *eu* não é o nosso corpo.

(2) Se o nosso *eu* for a nossa mente, não faz sentido dizer "minha mente", porque o possuidor e a posse são idênticos; mas, quando focamos nossa mente, é comum dizermos "minha mente". Isto indica, de modo bastante claro, que nosso *eu* não é a nossa mente.

Se o nosso *eu* for a nossa mente, então, já que temos muitos tipos de mente (como as seis consciências, as mentes conceituais e as mentes não conceituais) segue-se que temos muitos "*eus*". Já que isso é um absurdo, nosso *eu* não pode ser a nossa mente.

(3) Já que o nosso corpo não é o nosso *eu* e a nossa mente não é o nosso *eu*, a coleção (ou conjunto) do nosso corpo e mente não pode ser o nosso *eu*. A coleção do nosso corpo e mente é uma coleção de coisas que não são o nosso *eu*; logo, como pode a coleção, ela própria, ser o nosso *eu*? Por exemplo, num rebanho de vacas, nenhum dos animais é uma ovelha; portanto, o rebanho, ele próprio, não é *ovelha*. Do mesmo modo, na coleção do nosso corpo e mente, nem o nosso cor-

Je Phabongkhapa

po nem a nossa mente são o nosso *eu*; por essa razão, a coleção, ela própria, não é o nosso *eu*.

(4) Se o nosso *eu* não é o nosso corpo, nem a nossa mente e nem a coleção (ou conjunto) do nosso corpo e mente, a única possibilidade que resta é que o *eu* seja algo separado do nosso corpo e da nossa mente. Se este for o caso, devemos ser capazes de apreender o nosso *eu* sem que o nosso corpo ou a nossa mente apareçam; mas, se imaginarmos que o nosso corpo e a nossa mente desapareceram por completo, não terá restado coisa alguma que possa ser chamada de nosso *eu*. Portanto, segue-se que o nosso *eu* não é separado do nosso corpo e mente.

Devemos imaginar que o nosso corpo desaparece gradualmente, como se dissolvesse no ar; em seguida, nossa mente se dissolve, nossos pensamentos se dispersam com o vento e nossos sentimentos, desejos e percepções se dissolvem em um vazio. Restou algo que seja o nosso *eu*? Não restou coisa alguma. Fica claro que o nosso *eu* não é algo separado do nosso corpo e da nossa mente.

Examinamos todas as quatro possibilidades e não conseguimos encontrar o nosso *eu*, ou *self*. Uma vez que já havíamos decidido que não existe uma quinta possibilidade, devemos concluir que o nosso *eu*, ao qual normalmente nos aferramos e apreciamos, não existe de modo algum. Onde anteriormente aparecia um *eu* inerentemente existente, aparece agora uma ausência desse *eu*. Essa ausência de um *eu* inerentemente existente é vacuidade, a verdade última.

Fazemos essa contemplação desse modo até que nos apareça uma imagem genérica, ou mental, da ausência do nosso *self* que normalmente percebemos. Essa imagem é o nosso objeto da meditação posicionada. Devemos tentar nos familiarizar totalmente com ela, meditando de modo contínuo e estritamente focados pelo maior tempo possível.

Como temos nos agarrado ao nosso *eu* inerentemente existente desde tempos sem início e apreciado esse *eu* acima de qualquer outra coisa, a experiência de não conseguir encontrar nosso *self* durante a meditação pode, no início, ser um tanto chocante. Algumas pessoas desenvolvem medo, pensando "tornei-me totalmente não existente". Outras sentem grande alegria, como se a fonte de todos os seus problemas tivesse desaparecido. Ambas as reações são bons sinais e indicam uma meditação correta. Pouco depois, essas reações iniciais diminuirão e nossa mente irá se acomodar num estado mais equilibrado. Seremos então capazes de meditar na vacuidade do nosso *self* de uma maneira calma, controlada.

Devemos permitir que nossa mente se absorva na vacuidade semelhante-ao-espaço pelo maior tempo possível. É importante lembrar que o nosso objeto é a vacuidade, a mera ausência do nosso *self* que normalmente percebemos, e não um mero nada, ou inexistência. De vez em quando, devemos verificar nossa meditação, aplicando vigilância. Se a nossa mente se desviou para outro objeto ou se tivermos perdido o significado da vacuidade e estivermos focados em um mero nada, ou inexistência, devemos retornar às contemplações para trazer a vacuidade do nosso *self*, mais uma vez e de modo claro, à nossa mente.

Podemos questionar: "Se o meu *self* que normalmente percebo não existe, então, quem está meditando? Quem sairá da meditação, falará com os outros e responderá quando o meu nome for chamado?". Embora o nosso *self* que normalmente vemos não exista, isso não significa que o nosso *self* não existe de modo algum. Nós existimos como uma mera designação, ou imputação. Desde que fiquemos satisfeitos com a mera designação "*eu*", não há problema. Podemos pensar "eu existo", "eu estou indo para a cidade", e assim por diante. O problema surge apenas quando procuramos por nosso *self* que seja diferente da mera designação conceitual "*eu*", ou nosso "*self*". A nossa mente se agarra a um *eu* que existe essencialmente, independentemente de designação conceitual, como se houvesse um *eu* "real" existindo por detrás do rótulo. Se existisse um *eu* assim, seríamos capazes de encontrá-lo, mas vimos que o nosso *eu* não pode ser encontrado por investigação. A conclusão da nossa busca foi uma total e definitiva impossibilidade de encontrar o nosso *self*. Essa impossibilidade de encontrar nosso *self* – a sua inencontrabilidade – é a vacuidade do nosso *self*, a natureza última do nosso *self*. Nosso *self* que existe como mera designação é o nosso *self* existente. Do mesmo modo, os fenômenos que existem como mera designação são fenômenos existentes. Não há *self* nem demais fenômenos que existam para além de meras designações, ou imputações. Na verdade, nosso *self* e demais fenômenos, que existem como mera designação, são a natureza última do nosso *self* e dos demais fenômenos – não são a natureza convencional. No início, essas explicações são difíceis de serem compreendidas, mas, por favor, seja paciente. Devemos aplicar esforço para receber as poderosas bênçãos do Buda da Sabedoria Je Tsongkhapa por meio de nos aplicarmos sinceramente na prática da sadhana *Joia-Coração*.

A VACUIDADE QUE É VAZIA DOS OITO EXTREMOS

A segunda linha da oitava estrofe, "Associadas a uma mente incontaminada pelas manchas das concepções dos oito extremos", refere-se à sabedoria do equilíbrio meditativo que realiza diretamente a vacuidade. Quando realizamos a vacuidade pela primeira vez, nós o fazemos conceitualmente, por meio de uma imagem genérica. Por meditarmos continuamente na vacuidade muitas e muitas vezes, a imagem genérica torna-se cada vez mais transparente, até desaparecer por completo e vermos a vacuidade diretamente. Essa realização direta da vacuidade será a nossa primeira percepção completamente não equivocada, ou mente *incontaminada*. Até que realizemos a vacuidade diretamente, todas as nossas mentes são percepções equivocadas porque, devido às marcas do agarramento ao em-si – ou ignorância do agarramento ao verdadeiro – os seus objetos aparecem como inerentemente existentes.

Langri Tangpa chama essas marcas de "manchas das concepções dos oito extremos". Os oito extremos se referem aos extremos de oito fenômenos. Eles são:

1. O extremo dos fenômenos produzidos;
2. O extremo da desintegração;
3. O extremo dos fenômenos impermanentes;
4. O extremo dos fenômenos permanentes;
5. O extremo do ir;
6. O extremo do vir;
7. O extremo da singularidade;
8. O extremo da pluralidade.

O extremo dos fenômenos produzidos refere-se aos fenômenos produzidos inerentemente existentes, o extremo da desintegração refere-se à desintegração inerentemente existente, e assim por diante.

Em geral, existem dois extremos – o extremo da existência e o extremo da não-existência. Tudo o que existe está livre desses dois extremos. Este livro, por exemplo, está livre do extremo da existência porque ele não existe inerentemente, e está livre do extremo da não-existência porque ele existe convencionalmente. Compreendendo as duas verdades, realizaremos o caminho do meio, que é livre dos dois extremos.

Muitas pessoas voltam-se para o extremo da existência, pensando que, se algo existe, isso precisa existir inerentemente, exagerando assim o modo como as coisas existem, sem ficarem satisfeitas com o fato de que os fenômenos existem como meros nomes. Outras podem voltar-se para o extremo da não existência, pensando que, se os fenômenos não existem inerentemente, eles não existem de modo algum, exagerando assim a ausência de existência inerente dos fenômenos. Precisamos compreender que, embora os fenômenos careçam de qualquer vestígio de existência do seu próprio lado, eles existem convencionalmente como meras aparências para uma mente válida.

Com relação à segunda linha da oitava estrofe, algumas pessoas acreditam que os oito fenômenos referem-se às oito preocupações mundanas (ou interesses mundanos), mas, se esse fosse o significado pretendido por Langri Tangpa, ele as teria explicado anteriormente, quando explicou as práticas anteriores. Não há nenhuma relação entre este tópico e a explicação das oito preocupações mundanas. Em seu comentário às *Oito Estrofes*, intitulado *Treinar a Mente em Sete Pontos*, Geshe Chekhawa explica, especificamente neste ponto, a prática de sabedoria, isto é, a sabedoria que realiza a ausência dos extremos dos oito fenômenos. Je Tsongkhapa é também muito claro neste ponto. De acordo com a intenção de Je Tsongkhapa e de Geshe Chekhawa, o grande erudito Changkya Ngawang Chogden escreveu um comentário às *Oito Estrofes*, de Langri Tangpa, no qual explica que esses oito fenômenos referem-se aos extremos dos oito fenômenos. Esse tópico de sabedoria veio originalmente dos *Sutras Perfeição de Sabedoria* e de *Sabedoria Fundamental*, de Nagarjuna.

As mentes conceituais que se aferram ao nosso *eu* e aos demais fenômenos como sendo verdadeiramente existentes são percepções errôneas e, portanto, devem ser abandonadas, mas Bodhisattva Langri Tangpa não está dizendo que todos os pensamentos conceituais são percepções errôneas e que, portanto, devem ser abandonados. Existem muitas mentes conceituais corretas que são úteis em nossas vidas diárias, como a mente conceitual que lembra o que fizemos ontem ou a mente conceitual que entende o que faremos amanhã. Existem também muitas mentes conceituais que precisam ser cultivadas no caminho espiritual. Por exemplo, a bodhichitta convencional no *continuum* mental de um Bodhisattva é uma mente conceitual porque ela apreende o seu objeto, a grande iluminação, por meio de uma imagem genérica. Além disso, antes que possamos realizar diretamente a vacuidade com uma mente não conceitual, precisaremos realizá-la por meio de um conhecedor válido subsequente, que é uma mente conceitual. Por contemplar os raciocínios que refutam a existência inerente, aparecerá à nossa mente uma imagem genérica da ausência, ou vazio, de existência inerente. Esse é o único modo pelo qual a vacuidade pode aparecer inicialmente à nossa mente. Meditamos, então, nessa imagem com concentração cada vez mais forte até, por fim, percebermos a vacuidade diretamente.

Há algumas pessoas que dizem que o modo de meditar na

vacuidade é, simplesmente, esvaziar nossa mente de todos os pensamentos conceituais, argumentando que, assim como nuvens brancas obscurecem o Sol tanto quanto nuvens negras, os pensamentos conceituais positivos obscurecem nossa mente tanto quanto os pensamentos conceituais negativos. Essa visão é completamente equivocada porque, se não aplicarmos esforço para obter uma compreensão conceitual da vacuidade, mas, em vez disso, tentarmos suprimir todos os pensamentos conceituais, a vacuidade propriamente dita nunca aparecerá à nossa mente. Podemos alcançar uma experiência vívida de um vazio semelhante ao espaço, mas isso é apenas a ausência de pensamento conceitual – não é a vacuidade, a verdadeira natureza dos fenômenos. Meditar nesse vazio pode acalmar temporariamente a nossa mente, mas ele nunca destruirá nossas delusões nem nos libertará do samsara e dos seus sofrimentos.

Se todas as causas e condições atmosféricas necessárias se reunirem, nuvens aparecerão. Se essas causas e condições estiverem ausentes, as nuvens não podem se formar. As nuvens são completamente dependentes de causas e condições para o seu desenvolvimento; sem essas causas e condições, as nuvens não têm poder para se desenvolver. O mesmo é verdadeiro para montanhas, planetas, corpos, mentes e todos os demais fenômenos produzidos. Porque dependem de fatores exteriores a si mesmos para sua existência, eles são vazios de existência inerente, ou independente, e são meras designações feitas pela mente.

Contemplar os ensinamentos sobre carma – as ações e seus efeitos – pode nos ajudar a compreender isso. De onde vêm todas as nossas experiências boas e más? De acordo com o Budismo, elas são o resultado do carma positivo e negativo que criamos no passado. Como resultado do carma positivo, pessoas atraentes e agradáveis aparecem em nossa vida, condições materiais agradáveis surgem e vivemos em belos ambientes; mas, como resultado do carma negativo, pessoas e coisas desagradáveis aparecem. Este mundo é o efeito do carma coletivo criado pelos seres que o habitam. Visto que o carma se origina na mente – em nossas intenções mentais, especificamente – podemos compreender que todos os mundos surgem da mente. Isso é semelhante ao modo como as aparências surgem em um sonho. Tudo o que percebemos quando estamos sonhando é o resultado do amadurecimento de potenciais cármicos em nossa mente e não tem existência alguma fora da nossa mente. Quando nossa mente está calma e pura, marcas cármicas positivas amadurecem e surgem aparências oníricas agradáveis; mas quando nossa mente fica agitada e impura, marcas cármicas negativas amadurecem e surgem aparências desagradáveis e aterrorizantes. De modo semelhante, todas as aparências do nosso mundo quando estamos acordados são, simplesmente, o amadurecimento de marcas cármicas positivas, negativas ou neutras em nossa mente.

Uma vez que tenhamos compreendido como as coisas surgem de suas causas e condições interiores e exteriores e que não têm existência independente, então, simplesmente ver ou pensar sobre a produção dos fenômenos irá nos recordar sua vacuidade. Em vez de reforçar nossa sensação da solidez e objetividade das coisas, começaremos a ver as coisas como manifestações de sua vacuidade, com uma existência que não é mais concreta que a de um arco-íris surgindo em um céu vazio.

Assim como a produção das coisas depende de causas e condições, o mesmo acontece com a desintegração das coisas. Portanto, nem a produção nem a desintegração podem ser verdadeiramente existentes. Por exemplo, se nosso carro novo for destruído, iremos nos sentir infelizes porque nos aferramos a ambos – o carro e a desintegração do carro – como verdadeiramente existentes; mas, se compreendermos que o nosso carro é meramente uma aparência à nossa mente, como um carro em um sonho, sua destruição não nos perturbará. Isso é verdade para todos os objetos do nosso apego: se realizarmos que ambos – os objetos e suas cessações – carecem de existência verdadeira, não haverá base para ficarmos perturbados se formos separados deles.

Todas as coisas funcionais – os nossos ambientes, prazeres, corpo, mente e o nosso *self* – mudam momento a momento. Elas são impermanentes no sentido de que não duram sequer por um instante – nem mesmo até o instante seguinte. O livro que você está lendo neste instante não é o mesmo livro que você estava lendo um instante atrás, e ele apenas pôde vir à existência porque o livro do instante anterior cessou de existir. Quando compreendermos a impermanência sutil – que o nosso corpo, a nossa mente, o nosso *self* e assim por diante não permanecem sequer por um instante – não será difícil compreender que eles são vazios de existência inerente.

Embora possamos concordar que os fenômenos impermanentes são vazios de existência inerente, poderíamos pensar que os fenômenos permanentes, sendo imutáveis e não surgindo de causas e condições, precisariam existir inerentemente. No entanto, mesmo os fenômenos permanentes, como a vacuidade e o espaço não produzido (a mera ausência de obstrução física), são fenômenos dependente-relacionados porque dependem de suas partes, de suas bases e das mentes que os designam; portanto, eles não são inerentemente existentes. Embora a vacuidade seja a realidade última, ela não é independente ou inerentemente existente porque ela também depende de suas partes, de suas bases e das mentes que a designam. Assim como uma moeda de ouro não existe separada do seu ouro, a vacuidade do nosso corpo não existe separada do nosso corpo porque ela é, simplesmente, a carência de existência inerente do nosso corpo.

Sempre que vamos a algum lugar, desenvolvemos o pensamento "eu estou indo", e agarramo-nos a um ato de ir inerentemente existente. De modo semelhante, quando alguém vem nos visitar, pensamos "eles estão vindo", e agarramo-nos a um ato de vir inerentemente existente. Ambas essas concepções são agarramento ao em-si e percepções errôneas. Quando alguém vai embora, sentimos que uma pessoa verdadeiramente existente saiu de verdade, e quando alguém volta, sentimos que uma pessoa verdadeiramente existente retornou de verdade. No entanto, o ir e vir das pessoas são como o aparecimento e o desaparecimento de um arco-íris no céu. Quando as causas e as condições para um arco-íris aparecer estão reunidas, um arco-íris aparece, e quando as causas e as condições para o arco-

-íris continuar aparecendo se dispersam, o arco-íris desaparece; mas o arco-íris não veio de lugar algum, nem foi para lugar algum.

Quando observamos um objeto, como o nosso *eu*, sentimos fortemente que ele é uma entidade única e indivisível e que a sua singularidade é inerentemente existente. Entretanto, na verdade, nosso *eu* tem muitas partes, como as partes que olham, ouvem, andam e pensam, ou, por exemplo, as partes que são uma professora, uma mãe, uma filha e uma esposa. O nosso *eu* é designado à coleção de todas essas partes. Assim como cada fenômeno individual é uma singularidade, embora sua singularidade seja meramente designada, um exército é meramente designado à coleção de soldados, ou uma floresta é designada à coleção de árvores.

Quando vemos mais que um objeto, consideramos a multiplicidade desses objetos como inerentemente existente. No entanto, assim como uma singularidade é meramente designada, a pluralidade é, do mesmo modo, apenas uma designação feita pela mente e não existe do lado do objeto. Por exemplo, em vez de olhar para uma coleção de soldados ou de árvores do ponto de vista dos soldados ou das árvores individuais, poderíamos vê-los como um exército ou uma floresta, isto é, como uma coleção singular – ou totalidade – e, neste caso, estaríamos olhando para uma singularidade ao invés de uma pluralidade.

Em resumo, uma singularidade não existe do seu próprio lado porque é apenas designada a uma pluralidade – as suas partes. Do mesmo modo, uma pluralidade não existe do seu próprio lado porque ela é apenas designada a uma singularidade – a coleção de suas partes. Portanto, singularidade e pluralidade são meras designações feitas pela mente conceitual e carecem de existência verdadeira. Se realizarmos isso de modo claro, não haverá base para desenvolver apego e raiva em relação a objetos, sejam singulares ou plurais. Por exemplo, tendemos a projetar as falhas ou qualidades de uns poucos sobre muitos e, então, desenvolvemos ódio ou apego com base na raça (ou etnia), religião ou país. Contemplar a vacuidade da singularidade e da pluralidade pode ser útil na redução desse tipo de ódio e apego.

Embora a produção, desintegração e assim por diante existam, elas não existem inerentemente. São as nossas mentes conceituais da ignorância do agarramento ao em-si que se agarram a elas como inerentemente existentes. Essas concepções agarram-se aos oito extremos: produção inerentemente existente, desintegração inerentemente existente, impermanência inerentemente existente, permanência inerentemente existente, ir inerentemente existente, vir inerentemente existente, singularidade inerentemente existente e pluralidade inerentemente existente. Embora esses extremos não existam, estamos sempre nos agarrando a eles devido à nossa ignorância. As concepções desses extremos encontram-se na raiz de todas as demais delusões e, porque as delusões dão origem às nossas ações contaminadas, que nos mantêm confinados na prisão do samsara, essas concepções são a raiz do samsara, o ciclo de vida impura.

A produção inerentemente existente é o mesmo que a produção que normalmente vemos, e devemos compreender que, na verdade, nenhuma das duas existe. O mesmo vale para os demais sete extremos. Por exemplo, a desintegração e destruição inerentemente existentes e a desintegração e destruição que normalmente vemos são o mesmo, e devemos compreender que nenhuma delas existe. As nossas mentes que se aferram a esses oito extremos são diferentes aspectos da nossa ignorância do agarramento ao em-si. Visto que a nossa ignorância do agarramento ao em-si é o que nos faz vivenciar sofrimento e problemas sem-fim, quando essa ignorância cessar permanentemente por meio da meditação na vacuidade de todos os fenômenos, todo o nosso sofrimento desta vida e das incontáveis vidas futuras cessará permanentemente e realizaremos o verdadeiro significado da vida humana.

O tópico dos oito extremos é profundo e requer explicação detalhada e estudo prolongado. Buda explicou-os em detalhes nos *Sutras Perfeição de Sabedoria*. Em *Sabedoria Fundamental*, um comentário aos *Sutras Perfeição de Sabedoria*, Nagarjuna também utilizou raciocínios muito profundos e poderosos para demonstrar que os oito extremos não existem, mostrando de que modo todos os fenômenos são vazios de existência inerente. Por analisar as verdades convencionais, Nagarjuna estabeleceu a natureza última delas e mostrou porque é necessário compreender ambas as naturezas, convencional e última, de um objeto a fim de compreendê-lo plenamente.

VERDADE CONVENCIONAL E VERDADE ÚLTIMA

O que quer que exista é ou uma verdade convencional ou uma verdade última; e, já que a verdade última refere-se apenas à vacuidade, tudo mais, exceto a vacuidade, é uma verdade convencional. Por exemplo, coisas como casas, carros e mesas são, todas elas, verdades convencionais.

Todas as verdades convencionais são objetos falsos porque o modo como elas aparecem não corresponde ao modo como existem. Se alguém se mostra amigável e bondoso, mas sua verdadeira intenção é ganhar nossa confiança para nos roubar, podemos dizer que ele é falso ou enganoso porque há uma discrepância entre o modo como ele aparece e sua verdadeira natureza. De modo semelhante, objetos, como formas e sons, são falsos ou enganosos porque eles aparecem como existindo inerentemente, mas, em realidade, são totalmente destituídos de existência inerente. Porque o modo como aparecem não coincide com o modo como existem, as verdades convencionais são conhecidas como "fenômenos enganosos". Uma xícara, por exemplo, aparece como existindo independentemente de suas partes, de suas causas e da mente que a apreende, mas, em realidade, a xícara depende totalmente dessas coisas. Porque o modo como a xícara aparece à nossa mente não corresponde ao modo como ela existe, a xícara é um objeto falso.

Embora as verdades convencionais sejam objetos falsos, no entanto, elas existem porque uma mente que percebe diretamente uma verdade convencional é uma mente válida, uma mente completamente confiável. Por exemplo, uma consciência visual que percebe diretamente uma xícara sobre a mesa é uma mente válida porque ela não nos enganará – se alcançarmos a xícara para pegá-la, nós a encontraremos onde a nossa consciência visual a vê. A esse respeito, uma consciência visual que percebe uma xícara sobre a mesa é diferente da consciência visual que, equivocadamente, considera o reflexo de uma xícara em um espelho como sendo uma xícara de verdade, ou uma consciência visual que vê uma miragem como se fosse água. Ainda que a xícara seja um objeto falso, a consciência visual que a percebe diretamente é, para fins práticos, uma mente válida e confiável. No entanto, embora seja uma mente válida, ainda assim é uma percepção equivocada na medida em que a xícara aparece para a mente como sendo verdadeiramente existente. Ela é válida e não enganosa com respeito às características convencionais da xícara – sua posição, tamanho, cor e assim por diante – mas equivocada com respeito ao modo como aparece.

Em resumo, os objetos convencionais são falsos porque, embora apareçam como se existissem do seu próprio lado, na verdade eles são meras aparências à mente, como coisas vistas em um sonho. Dentro do contexto de um sonho, no entanto, os objetos sonhados têm uma validade relativa, e isso os distingue dos objetos que não existem de modo algum. Suponha que, em um sonho, roubemos um diamante e que alguém nos pergunte se fomos nós que o roubamos. Apesar de o sonho ser meramente uma criação da nossa mente, se respondermos "sim" estaremos dizendo a verdade, ao passo que, se respondermos "não", estaremos dizendo uma mentira. Do mesmo modo, apesar de, em realidade, o universo inteiro ser apenas uma aparência à mente, podemos fazer, dentro do contexto da experiência dos seres comuns, uma distinção entre verdades relativas e falsidades relativas.

As verdades convencionais podem ser classificadas em verdades convencionais densas e verdades convencionais sutis. Podemos compreender de que modo todos os fenômenos têm esses dois níveis de verdade convencional considerando o exemplo de um carro. O carro ele próprio, o carro que depende de suas causas e o carro que depende de suas partes são, todos, verdades convencionais densas do carro. Elas são denominadas "densas" porque são relativamente fáceis de compreender. O carro que depende de sua base de designação é mais sutil e não é fácil de compreender, mas, ainda assim, é uma verdade convencional densa. A base de designação do carro são as partes do carro. Para apreender *carro*, as partes do carro precisam aparecer à nossa mente; sem que as partes apareçam, não há como desenvolver o pensamento "carro". Por essa razão, as partes são a base de designação do carro. Dizemos "eu vejo um carro", mas, rigorosamente falando, tudo o que de fato vemos são partes do carro. No entanto, quando desenvolvemos o pensamento "carro" ao ver suas partes, vemos o carro. Não existe carro que não as suas partes, não existe corpo que não as suas partes, e assim por diante. O carro que existe meramente como uma designação do pensamento é a verdade convencional sutil do carro. Compreenderemos isso quando realizarmos que o carro é nada mais do que uma mera designação feita por uma mente válida. Não podemos compreender as verdades convencionais sutis a menos que tenhamos compreendido a vacuidade. Quando realizarmos por completo a verdade convencional sutil, teremos realizado ambas as verdades – a convencional e a última.

Rigorosamente falando, *verdade*, *verdade última* e *vacuidade* são sinônimos porque as verdades convencionais não são verdades reais, mas objetos falsos. Elas são verdades apenas para as mentes daqueles que não realizaram a vacuidade. Somente a vacuidade é verdadeira, pois apenas a vacuidade existe do modo como aparece. Quando a mente de qualquer ser senciente percebe diretamente verdades convencionais, tais como formas etc., elas aparecem como que existindo do seu próprio lado. No entanto, quando a mente de um ser superior percebe diretamente a vacuidade, nada aparece além da vacuidade; essa mente está totalmente misturada com a mera ausência de fenômenos inerentemente existentes. O modo pelo qual a vacuidade aparece para a mente de um percebedor direto não conceitual corresponde exatamente ao modo pelo qual a vacuidade existe.

Deve-se observar que, embora a vacuidade seja uma verdade última, ela não é inerentemente existente. A vacuidade não é uma realidade separada, existindo por detrás das aparências convencionais, mas a verdadeira natureza dessas aparências. Não podemos falar sobre a vacuidade isoladamente, porque a vacuidade é sempre a mera ausência de existência inerente de algo. Por exemplo, a vacuidade do nosso corpo é a ausência de existência inerente do nosso corpo e, sem o nosso corpo como sua base, essa vacuidade não pode existir. Como a vacuidade depende necessariamente de uma base, ela carece de existência inerente.

No *Guia do Estilo de Vida do Bodhisattva*, Shantideva define a verdade última como um fenômeno que é verdadeiro para a mente incontaminada de um ser superior. Uma mente incontaminada é uma mente que realiza a vacuidade diretamente. Essa mente é a única percepção inequívoca, e os seres superiores são os únicos que as têm. Como as mentes incontaminadas são totalmente inequívocas, qualquer coisa percebida diretamente por elas como verdadeira é, necessariamente, uma verdade última. Em contrapartida, qualquer coisa diretamente percebida como verdadeira pela mente de um ser comum necessariamente não é uma verdade última, porque todas as mentes dos seres comuns são equivocadas, e mentes equivocadas nunca podem perceber a verdade diretamente.

Bodhisattva Langri Tangpa descreve a sabedoria do equilíbrio meditativo que realiza diretamente a vacuidade como incontaminada pelas marcas, ou manchas, dos pensamentos conceituais que se aferram aos oito extremos. Devido a essas marcas, tudo o que aparece às mentes dos seres comuns aparece como sendo inerentemente existente. Apenas a sabedoria do equilíbrio meditativo que realiza diretamente a vacuidade não é maculada pelas marcas dos pensamentos conceituais. Essa é a única sabedoria que não tem aparência equivocada.

Quando um Bodhisattva superior medita na vacuidade, ele (ou ela) mistura por completo sua mente com a vacuidade, sem nenhuma aparência de existência inerente. Ele desenvolve uma sabedoria incontaminada, completamente pura, que é a bodhichitta última. No entanto, quando ele sai do equilíbrio meditativo, os fenômenos convencionais aparecem novamente como inerentemente existentes à sua mente devido às marcas do agarramento-ao-verdadeiro, e a sua sabedoria incontaminada torna-

-se temporariamente não manifesta. Apenas um Buda pode manifestar sabedoria incontaminada ao mesmo tempo que percebe diretamente verdades convencionais. Uma qualidade incomum de um Buda é que um único instante de sua mente realiza, direta e simultaneamente, tanto a verdade convencional quanto a verdade última. Existem muitos níveis de bodhichitta última. Por exemplo, a bodhichitta última obtida através da prática tântrica é mais profunda que a desenvolvida apenas pela prática de Sutra, e a bodhichitta última suprema é a de um Buda.

Se, por meio de raciocínios válidos, realizarmos a vacuidade que é vazia do primeiro extremo, o extremo da produção, seremos capazes de realizar facilmente a vacuidade que é vazia dos sete extremos restantes. Uma vez que tenhamos realizado a vacuidade que é vazia dos oito extremos, teremos realizado a vacuidade de todos os fenômenos. Tendo obtido essa realização, continuamos a contemplar e a meditar na vacuidade dos fenômenos produzidos e assim por diante, e, à medida que nossas meditações se tornarem mais profundas, sentiremos todos os fenômenos se dissolvendo na vacuidade. Seremos então capazes de manter uma concentração estritamente focada na vacuidade de todos os fenômenos.

Para meditar na vacuidade dos fenômenos produzidos, pensamos:

> *O meu self, que, devido a causas e condições, nasceu como um ser humano, é impossível de ser encontrado dentro do meu corpo e da minha mente ou separado do meu corpo e mente quando eu procuro por ele com sabedoria. Isso prova que o meu self que normalmente vejo não existe de modo algum.*

Tendo contemplado desse modo, sentimos que o nosso *self* que normalmente vemos desaparece e percebemos uma vacuidade semelhante-ao-espaço, que é a mera ausência do nosso *self* que normalmente vemos. Sentimos que a nossa mente entra nessa vacuidade semelhante-ao-espaço e nela permanece, de modo estritamente focado. Essa meditação é denominada "equilíbrio meditativo na vacuidade semelhante-ao-espaço".

Assim como as águias planam através da vasta extensão do céu sem encontrarem nenhum obstáculo, precisando apenas de um esforço mínimo para manterem seu voo, meditadores avançados concentrados na vacuidade podem meditar na vacuidade por um longo tempo, com pequeno esforço. A mente desses meditadores paira pela vacuidade semelhante-ao-espaço, sem se deixarem distrair por nenhum outro fenômeno. Quando meditamos na vacuidade, devemos tentar emular esses meditadores. Uma vez que tenhamos encontrado nosso objeto de meditação – a mera ausência do nosso *self* que normalmente vemos – devemos restringir qualquer análise e, simplesmente, repousar nossa mente na experiência dessa vacuidade. De tempos em tempos, devemos verificar para nos certificarmos de que não perdemos nem a clara aparência da vacuidade nem o reconhecimento do seu significado, mas não devemos verificar muito intensamente, pois isso pertubará nossa concentração. Nossa meditação não deve ser como o voo de um passarinho, que nunca para de bater suas asas e está sempre mudando de direção, mas como o voo de uma águia, que plana gentilmente com apenas alguns ajustes ocasionais em suas asas. Meditando desse modo, sentiremos nossa mente se dissolvendo e se unificando com a vacuidade.

Se formos bem-sucedidos ao fazer isso, então, durante a sessão de meditação, estaremos livres do agarramento ao em-si manifesto. Se, por outro lado, levarmos todo o nosso tempo verificando e analisando, nunca permitindo que a nossa mente relaxe no espaço da vacuidade, nunca obteremos essa experiência e a nossa meditação não irá servir para reduzir o nosso agarramento ao em-si.

Em geral, precisamos melhorar nossa compreensão da vacuidade por meio de extenso estudo, abordando-a a partir de vários ângulos e usando muitas linhas diferentes de raciocínio. É importante, também, nos familiarizarmos totalmente com uma única meditação completa sobre a vacuidade por meio de contínua contemplação, entendendo exatamente como usar os raciocínios que conduzem a uma experiência da vacuidade. Poderemos, então, nos concentrar de modo estritamente focado na vacuidade e tentar misturar nossa mente com ela, como água misturando-se com água.

A UNIÃO DAS DUAS VERDADES

Rigorosamente falando, quando dizemos "a união da verdade convencional e da verdade última", a verdade convencional refere-se, neste contexto, somente à verdade convencional sutil, que significa "as coisas existindo como meras aparências". Essa verdade convencional sutil e a verdade última estão em união, o que significa que elas são não duais, ou um único objeto. Assim, a verdade convencional sutil não é a verdade convencional propriamente dita, mas uma verdade última, um objeto não enganoso. Do ponto de vista da verdade, verdades convencionais não existem; elas são objetos falsos, criados pela mente ignorante do agarramento ao em-si. No entanto, as verdades convencionais existem para os seres comuns, que não compreendem a vacuidade, mas elas não existem para os seres superiores, que realizaram diretamente a vacuidade. A instrução sobre a união das duas verdades, a união de aparência e vacuidade, é a visão última e a intenção última de Buda. Quando recebemos a quarta iniciação do Tantra Ioga Supremo, recebemos as instruções orais dessa união. Quando, por meio de treinar continuamente essa união, realizarmos diretamente a união das duas verdades – a união de aparência e vacuidade – iremos nos tornar um Buda iluminado, que é completamente livre da aparência equivocada sutil, e teremos a capacidade de beneficiar todos e cada um dos seres vivos todos os dias através das nossas incontáveis emanações.

Quando algo, como o nosso corpo, aparece para nós, tanto o corpo quanto o corpo inerentemente existente aparecem simultaneamente. Isso é aparência dual, que é uma aparência equivocada sutil. Apenas os Budas estão livres dessas aparências equivocadas. O principal propósito de compreender e meditar na união das duas verdades é impedir as aparências duais (aparências de existência inerente à mente que está meditando na vacuidade) e, por meio disso, permitir que a nossa mente se dissolva na vacuidade. Uma vez que consigamos fazer isso, nossa meditação na vacuidade irá se tornar muito poderosa para eliminar as nossas delusões. Se identificarmos e negarmos corretamente o corpo inerentemente existente, o corpo que normalmente vemos, e meditarmos com forte concentração na mera ausência desse corpo, sentiremos o nosso corpo normal se dissolvendo na vacuidade. Compreenderemos que a verdadeira natureza do nosso corpo é vacuidade, e que o nosso corpo é meramente uma manifestação da vacuidade.

A vacuidade é como o céu, e o nosso corpo é como o azul do céu. Assim como o azul é uma manifestação do próprio céu e não pode ser separado dele, o nosso corpo "semelhante" ao azul do céu é, simplesmente, uma manifestação do "céu" de sua vacuidade e não pode ser separado dele. Se compreendermos e realizarmos isso, quando nos focarmos na vacuidade do nosso corpo sentiremos que nosso corpo se dissolve em sua natureza última. Desse modo, poderemos facilmente superar a aparência convencional do corpo em nossas meditações e nossa mente irá se misturar, de modo natural, com a vacuidade.

No *Sutra Coração*, Avalokiteshvara diz: "Forma não é algo que não vacuidade". Isso significa que os fenômenos convencionais, como o nosso corpo, não existem separados de sua vacuidade. Quando meditamos na vacuidade do nosso corpo com esse entendimento, compreendemos que a vacuidade que aparece à nossa mente é a verdadeira natureza do nosso corpo, e que não existe corpo separado dessa vacuidade. Meditar desse modo enfraquecerá em muito a nossa mente de agarramento ao em-si. Se realmente acreditarmos que o nosso corpo e sua vacuidade são a mesma natureza, nosso agarramento ao em-si irá se enfraquecer, definitivamente.

Embora possamos classificar as vacuidades a partir do ponto de vista de suas bases e falar sobre a vacuidade do corpo, a vacuidade do *eu* e assim por diante, na verdade todas as vacuidades são a mesma natureza. Se olharmos para dez garrafas, poderemos distinguir dez espaços diferentes – o espaço que está dentro de cada garrafa; mas, na verdade, esses espaços são a mesma natureza e, se quebrarmos as garrafas, os espaços irão se tornar indistinguíveis. Do mesmo modo, embora possamos falar da vacuidade do corpo, da vacuidade da mente, da vacuidade do *eu* e assim por diante, na verdade essas vacuidades são a mesma natureza e são indistinguíveis. O único modo pelo qual elas podem ser distinguidas é por suas bases convencionais.

Há dois benefícios principais em compreender que todas as vacuidades são a mesma natureza: na sessão de meditação, nossa mente irá se misturar mais facilmente com a vacuidade e, no intervalo entre as meditações, seremos capazes de perceber todas as aparências como equivalentes - ou seja, como manifestações de suas vacuidades.

Enquanto sentirmos que há uma distância entre a nossa mente e a vacuidade - que a nossa mente está *aqui* e a vacuidade está *ali* - nossa mente não irá se misturar com a vacuidade. Compreender que todas as vacuidades são a mesma natureza ajuda a reduzir essa distância. Na vida comum, experienciamos muitos objetos diferentes - bons e maus, atraentes e não atraentes - e nossos sentimentos diferem em relação a eles. Como sentimos que as diferenças existem do lado dos objetos, nossa mente fica desequilibrada e desenvolvemos apego por objetos atraentes, aversão por objetos não atraentes e indiferença por objetos neutros. É muito difícil misturar uma mente desequilibrada como essa com a vacuidade. Para misturar nossa mente com a vacuidade precisamos saber que, embora os fenômenos apareçam sob muitos aspectos diferentes, em essência eles são vazios. As diferenças que vemos são apenas aparências para mentes equivocadas; do ponto de vista da verdade última, todos os fenômenos são iguais na vacuidade. Para um meditador qualificado, absorto de modo estritamente focado na vacuidade, não há diferença entre produção e desintegração, impermanência e permanência, ir e vir, singularidade e pluralidade – tudo é igual na vacuidade, e todos os problemas de apego, raiva e ignorância do agarramento ao em-si encontram-se solucionados. Nessa experiência, tudo se torna muito pacífico e confortável, equilibrado e harmonioso, alegre e maravilhoso. Não há calor nem frio, nem baixo nem alto, não há aqui nem ali, não há *self* nem outro, não há samsara – tudo é igual na paz da vacuidade. Essa realização é denominada "o ioga de equalizar o samsara e o nirvana" e é explicada em detalhe tanto nos Sutras quanto nos Tantras.

Já que todas as vacuidades são a mesma natureza, a natureza última de uma mente que está meditando na vacuidade é a mesma natureza que a natureza última de seu objeto. Quando meditamos pela primeira vez na vacuidade, nossa mente e a vacuidade aparecem como sendo dois fenômenos separados, mas, quando compreendermos que todas as vacuidades são a mesma natureza, compreenderemos que esse sentimento de separação é apenas a experiência de uma mente equivocada. Na verdade, a nossa mente e a vacuidade são, basicamente, um mesmo sabor. Se aplicarmos essa compreensão em nossas meditações, ela ajudará a impedir a aparência da natureza convencional da nossa mente e permitirá que nossa mente se dissolva na vacuidade.

Tendo misturado nossa mente com a vacuidade, quando sairmos da meditação experienciaremos uniformemente todos os fenômenos como manifestações de suas vacuidades. Em vez de sentir que os objetos atraentes, não atraentes e neutros que vemos são inerentemente diferentes, compreenderemos que, em essência, eles são a mesma natureza. Do mesmo modo que, no oceano, a mais suave e a mais violenta das ondas são igualmente água, tanto as formas atraentes quanto as não atraentes ou repulsivas são, igualmente, manifestações da vacuidade. Compreendendo e realizando isso, nossa mente irá se tornar equilibrada e pacífica. Reconheceremos todas as aparências convencionais como sendo o teatro mágico da mente e não iremos nos aferrar fortemente às suas diferenças aparentes.

Quando, certa vez, Milarepa ensinou a vacuidade a uma mulher, ele comparou a vacuidade com o céu e as verdades convencionais com as nuvens, e disse a ela para meditar sobre o céu. Ela seguiu suas instruções com grande sucesso, mas tinha um problema: quando meditava a respeito do "céu" da vacuidade, tudo desaparecia, e ela não conseguia entender como os fenômenos podiam existir convencionalmente. A mulher disse a Milarepa: "Acho fácil meditar sobre o céu, mas difícil explicar a existência das nuvens. Por favor, ensina-me como meditar a respeito das nuvens". Milarepa respondeu: "Se tua meditação no céu estiver indo bem, as nuvens não serão um problema. As nuvens simplesmente aparecem no céu – elas surgem do céu e se dissolvem novamente no céu. À medida que tua experiência do céu se aperfeiçoar, naturalmente virás a compreender as nuvens".

Em tibetano, a palavra utilizada para designar tanto o céu quanto o espaço é "*namkha*", embora *espaço* seja diferente de *céu*. Existem dois tipos de espaço: o espaço produzido e o espaço não produzido. O espaço produzido é o espaço visível que podemos ver dentro de um quarto ou no céu. Esse espaço pode se tornar escuro à noite e claro durante o dia e, como esse espaço passa por mudanças, ele é, por esse motivo, um fenômeno impermanente. A propriedade característica do espaço produzido é que ele não obstrui objetos: se há espaço em um quarto, podemos colocar objetos nesse quarto sem nenhuma obstrução. De modo semelhante, pássaros podem voar pelo espaço do céu porque o céu carece de obstrução, mas eles não podem voar através de uma montanha! Por essa razão, fica claro que o espaço produzido carece, ou é vazio, de contato obstrutivo. Essa mera carência, ou vazio, de contato obstrutivo é o espaço não produzido.

Como o espaço não produzido é a mera ausência de contato obstrutivo, ele não pode passar por mudanças momentâneas – ou seja, instante a instante; por essa razão, o espaço não produzido é um fenômeno permanente. Ao passo que o espaço produzido é visível e mais fácil de ser compreendido, o espaço não produzido é a mera ausência de contato obstrutivo e, por isso, muito mais sutil. No entanto, uma vez que compreendamos o espaço não produzido, acharemos mais fácil compreender a vacuidade.

A única diferença entre a vacuidade e o espaço não produzido são os seus objetos negados. O objeto negado do espaço não produzido é o contato obstrutivo, ao passo que o objeto negado pela vacuidade é a existência inerente. Como o espaço não produzido é a melhor analogia para compreender a vacuidade, ele é utilizado nos Sutras e em muitas escrituras. O espaço não produzido é um fenômeno negativo não afirmativo – um fenômeno que é realizado por uma mente que meramente elimina seu objeto negado sem que estabeleça ou realize outro fenômeno positivo. O espaço produzido é um fenômeno afirmativo, ou positivo – um fenômeno que é realizado sem que a mente elimine explicitamente um objeto negado. Mais detalhes sobre esses dois tipos de fenômenos podem ser encontrados nos livros *Novo Coração de Sabedoria* e *Oceano de Néctar*.

A PRÁTICA DA VACUIDADE EM NOSSAS ATIVIDADES DIÁRIAS

A terceira linha da estrofe, "E que vê todos os fenômenos como ilusórios", ensina-nos como praticar a vacuidade em nossas atividades diárias. Nas nossas atividades diárias, devemos acreditar que todas as aparências são ilusórias. Embora as coisas apareçam para nós como inerentemente existentes, devemos lembrar que essas aparências são enganosas e que, na verdade, as coisas que normalmente vemos não existem. No *Sutra Rei da Concentração*, Buda diz:

> Um mágico cria várias coisas
> Como cavalos, elefantes e assim por diante.
> Suas criações não existem verdadeiramente;
> Deves conhecer todas as coisas do mesmo modo.

As duas últimas linhas dessa estrofe significam que, assim como sabemos que cavalos e elefantes criados por um mágico não existem, devemos compreender que, do mesmo modo, todas as coisas que normalmente vemos não existem de fato. Este capítulo, *Treinar a Bodhichitta Última*, explicou extensivamente como todas as coisas que normalmente vemos não existem.

Quando um mágico cria um cavalo ilusório, um cavalo aparece de modo muito claro à sua mente, mas ele sabe que o cavalo é apenas uma ilusão. De fato, a própria aparição do cavalo faz com que o mágico se dê conta de que não há cavalo algum à sua frente. Do mesmo modo, quando estivermos muito familiarizados com a vacuidade, o simples fato de que as coisas aparecem como sendo inerentemente existentes irá nos recordar que elas não são inerentemente existentes. Portanto, devemos reconhecer que tudo o que aparece para nós em nossa vida diária é como uma ilusão e carece de existência inerente. Desse modo, nossa sabedoria crescerá dia após dia, e nossa ignorância do agarramento ao em-si e demais delusões diminuirão naturalmente.

Entre as sessões de meditação, devemos ser como um ator. Quando um ator interpreta o papel de um rei, ele se veste, fala e age como um rei, mas ele sabe o tempo todo que não é um rei de verdade. Do mesmo modo, devemos viver e agir no mundo convencional lembrando sempre que nós mesmos, nosso ambiente e as pessoas ao nosso redor que normalmente vemos não existem de modo algum.

Se pensarmos assim, seremos capazes de viver no mundo convencional sem nos agarrarmos a ele. Vamos tratá-lo com leveza e teremos flexibilidade mental para reagir a qualquer situação de modo construtivo. Compreendendo que tudo o que aparece à nossa mente é mera aparência, quando objetos atraentes aparecerem, não iremos nos aferrar a eles e não desenvolveremos apego, e quando objetos não atraentes aparecerem, não iremos nos aferrar a eles e não desenvolveremos aversão ou raiva.

Em *Treinar a Mente em Sete Pontos*, Geshe Chekhawa diz: "Pense que todos os fenômenos são como sonhos". Algumas das coisas que vemos em nossos sonhos são bonitas e algumas são feias, mas todas elas são meras aparências à nossa mente de sonho. Elas não existem do seu próprio lado e são vazias de existência inerente. O mesmo vale para os objetos que percebemos quando estamos acordados – eles também são meras aparências à mente e carecem de existência inerente.

Todos os fenômenos carecem de existência inerente. Quando olhamos para um arco-íris, ele aparece como se ocupasse um determinado lugar no espaço, parecendo que, se fôssemos em busca dele, seríamos capazes de encontrar o lugar onde o arco-íris toca o chão. No entanto, sabemos que, por mais que procuremos, nunca seremos capazes de encontrar o fim do arco-íris, pois, tão logo cheguemos ao lugar onde vimos o arco-íris tocar o chão, o arco-íris terá desaparecido. Se não procurarmos pelo arco-íris, o arco-íris aparece claramente; mas, quando procuramos pelo arco-íris, o arco-íris não se encontra lá. Todos os fenômenos são assim. Se não os analisarmos, eles aparecerão claramente; mas quando fazemos uma busca analítica por eles, tentando isolá-los de tudo mais, eles não são encontrados.

Se alguma coisa existisse inerentemente e a investigássemos, separando-a de todos os demais fenômenos, seríamos capazes de encontrá-la. No entanto, todos os fenômenos são como arco-íris: se procurarmos por eles, nunca iremos encontrá-los. A princípio, é possível que achemos essa ideia muito desconfortável e difícil de aceitar, mas isso é muito natural. Com mais familiaridade, acharemos esses raciocínios mais aceitáveis e, por fim, compreenderemos e realizaremos que isso é verdadeiro.

É importante compreender que a vacuidade não significa um nada, uma inexistência. Embora as coisas não existam do seu próprio lado, independentes da mente, elas existem no sentido de serem conhecidas por uma mente válida. O mundo que experienciamos quando estamos acordados é semelhante ao mundo que experienciamos quando estamos sonhando. Não podemos dizer que as coisas sonhadas não existem, mas se acreditarmos que elas existem para além de meras aparências à mente, existindo "lá fora", então estaremos equivocados e descobriremos isso quando acordarmos.

O PROPÓSITO DE MEDITAR NA VACUIDADE

Na última linha da estrofe, "Que eu e todos os seres vivos sejamos libertados da escravidão das aparências e concepções equivocadas", Bodhisattva Langri Tangpa explica o propósito de meditar na vacuidade. Neste contexto, "concepção equivocada" refere-se à mente de ignorância do agarramento ao em-si – uma mente conceitual que se aferra aos objetos como sendo inerentemente existentes; e "aparência equivocada" refere-se à aparência de objetos inerentemente existentes. A primeira é uma obstrução à libertação, e a segunda é uma obstrução à onisciência. Somente um Buda abandonou ambas as obstruções. O propósito principal de meditar na bodhichitta última é libertar nossa mente dessas duas obstruções e nos tornarmos um Buda.

Como foi mencionado anteriormente, não há melhor método para experienciar paz mental e felicidade do que compreender e meditar na vacuidade. Já que o nosso agarramento ao em-si é o que nos mantém confinados à prisão do samsara e é a fonte de todo o nosso sofrimento, a meditação na vacuidade é a solução universal para todos os problemas. É o remédio que cura todas as doenças físicas e mentais e é o néctar que concede a felicidade duradoura do nirvana e da iluminação.

UM TREINO SIMPLES EM BODHICHITTA ÚLTIMA

Começamos pensando:

> *Eu preciso alcançar a iluminação para beneficiar diretamente todos e cada um dos seres vivos, todos os dias. Com este propósito, vou obter uma realização direta do modo como as coisas realmente são.*

Com essa motivação de bodhichitta, contemplamos:

> *Normalmente, vejo o meu corpo dentro de suas partes – as mãos, as costas, e assim por diante – mas nem as partes individuais nem a coleção das partes são o meu corpo, porque elas são as partes do meu corpo e não o corpo em si. No entanto, não existe "meu corpo" para além de suas partes. Deste modo, ao procurar o meu corpo com sabedoria, realizo que o meu corpo é impossível de ser encontrado. Essa é uma razão válida para provar que*

o meu corpo que normalmente vejo não existe de modo algum.

Contemplando este ponto, tentamos perceber a mera ausência do corpo que normalmente vemos. Essa mera ausência do corpo que normalmente vemos é a vacuidade do nosso corpo, e meditamos estritamente focados nessa vacuidade pelo maior tempo possível.

Devemos praticar continuamente essa contemplação e meditação e, então, passar para a próxima etapa, a meditação na vacuidade do nosso *self*. Devemos contemplar e pensar:

> *Normalmente, vejo meu self dentro do meu corpo e mente, mas nem o meu corpo, nem a minha mente, nem a coleção, ou conjunto, do meu corpo e mente são o meu self, porque eles são minhas posses e o meu self é o possuidor; e possuidor e posses não podem ser o mesmo. No entanto, não existe "meu self" para além do meu corpo e mente. Procurando com sabedoria pelo meu self desse modo, realizo que meu self é impossível de ser encontrado. Essa é uma razão válida para provar que meu self que normalmente vejo não existe de modo algum.*

Contemplando este ponto, tentamos perceber a mera ausência do nosso *self* que normalmente vemos. Essa mera ausência do nosso *self* que normalmente vemos é a vacuidade do nosso *self*, e meditamos estritamente focados nessa vacuidade pelo maior tempo possível.

Devemos praticar continuamente essa contemplação e meditação e, então, passar para a próxima etapa, a meditação na vacuidade de todos os fenômenos. Devemos contemplar e pensar:

> *Assim como meu corpo e o meu self, todos os demais fenômenos são impossíveis de serem encontrados quando os procuro com sabedoria. Essa é uma razão válida para provar que todos os fenômenos que normalmente vejo ou percebo não existem de modo algum.*

Contemplando este ponto, tentamos perceber a mera ausência de todos os fenômenos que normalmente vemos ou percebemos. Essa mera ausência de todos os fenômenos que normalmente vemos ou percebemos é a vacuidade de todos os fenômenos. Com a motivação de bodhichitta, meditamos continuamente nessa vacuidade de todos os fenômenos até sermos capazes de manter claramente nossa concentração por um minuto toda vez que meditarmos nisso. A nossa concentração que possui essa habilidade é denominada "concentração do posicionamento da mente".

No segundo estágio, com a concentração do posicionamento da mente, meditamos continuamente na vacuidade de todos os fenômenos até sermos capazes de manter claramente nossa concentração por cinco minutos toda vez que meditarmos nisso. A nossa concentração que possui essa habilidade é denominada "concentração do contínuo-posicionamento". No terceiro estágio, com a concentração do contínuo-posicionamento, meditamos continuamente na vacuidade de todos os fenômenos até sermos capazes de relembrar, imediatamente, o nosso objeto de meditação – a mera ausência de todos os fenômenos que normalmente vemos ou percebemos – sempre que o perdermos durante a meditação. A nossa concentração que possui essa habilidade é denominada "concentração do reposicionamento". No quarto estágio, com a concentração do reposicionamento, meditamos continuamente na vacuidade de todos os fenômenos até sermos capazes de manter claramente a nossa concentração durante toda a sessão de meditação, sem esquecer o objeto de meditação. A nossa concentração que possui essa habilidade é denominada "concentração do estreito-posicionamento". Nesse estágio, temos uma concentração muito clara e estável, focada na vacuidade de todos os fenômenos.

Então, com a concentração do estreito-posicionamento, meditamos continuamente na vacuidade de todos os fenômenos até obtermos, por fim, a concentração do tranquilo-permanecer focada na vacuidade, que nos faz experienciar maleabilidade física e mental e êxtase especiais. Com essa concentração do tranquilo-permanecer, desenvolveremos uma sabedoria especial que realiza muito claramente a vacuidade de todos os fenômenos. Essa sabedoria é denominada "visão superior". Meditando continuamente na concentração do tranquilo-permanecer associada com a visão superior, a nossa sabedoria da visão superior irá se transformar na sabedoria que realiza diretamente a vacuidade de todos os fenômenos. Essa realização direta da vacuidade é a bodhichitta última propriamente dita, efetiva. No momento que alcançarmos a sabedoria da bodhichitta última, tornamo-nos um Bodhisattva superior. Como já foi mencionado anteriormente, a bodhichitta convencional tem a natureza da compaixão, e a bodhichitta última tem a natureza da sabedoria. Essas duas bodhichittas são como as duas asas de um pássaro, com as quais podemos voar e alcançar, muito rapidamente, o mundo iluminado.

Em *Conselhos do Coração de Atisha*, Atisha diz:

> Amigos, até que alcancem a iluminação, o professor espiritual
> é indispensável; portanto, confiem no sagrado Guia Espiritual.

Precisamos confiar em nosso Guia Espiritual até obtermos a iluminação. A razão para isso é muito simples. A meta suprema e última da vida humana é alcançar a iluminação e isso depende de recebermos continuamente as bênçãos especiais de Buda através do nosso Guia Espiritual. Buda alcançou a iluminação com a única intenção de conduzir todos os seres vivos pelas etapas do caminho à iluminação por meio de suas emanações. Quem é a sua emanação que está nos conduzindo pelas etapas do caminho à iluminação? Está claro que é o nosso professor espiritual atual que, sincera e corretamente, nos conduz pelos caminhos da renúncia, bodhichitta e visão correta da vacuidade, dá esses ensinamentos e mostra um exemplo prático de alguém que os está praticando sinceramente. Com essa compreensão, devemos acreditar fortemente que nosso Guia Espiritual é uma emanação de Buda e desenvolver e manter profunda fé nele ou nela.

Atisha também disse:

Até que realizem a verdade última, ouvir é indispensável;
portanto, ouçam as instruções do Guia Espiritual.

Mesmo se estivéssemos enxergando equivocadamente duas luas no céu, essa aparência equivocada iria nos lembrar que, na verdade, não há duas luas, mas apenas uma. De modo semelhante, se ver coisas inerentemente existentes lembrar-nos de que não existem coisas inerentemente existentes, isso indicará que nossa compreensão da vacuidade, ou verdade última, é correta. Até que a nossa compreensão da vacuidade seja perfeita e nos impeça de cair num dos dois extremos - o extremo da existência e o extremo da não existência - devemos ouvir, ler e contemplar as instruções do nosso Guia Espiritual. Uma explicação mais detalhada sobre confiar no nosso Guia Espiritual pode ser encontrada no livro *Caminho Alegre da Boa Fortuna*.

Vajradhara Trijang Rinpoche

Como Integrar a Prática dessas Instruções

Como foi explicado em *Treinar a Mente em Sete Pontos*, de Geshe Chekhawa, precisamos treinar a prática das *Oito Estrofes do Treino da Mente* em associação com as cinco forças. Ao aplicar essas cinco forças a cada prática específica, podemos fazer progressos facilmente. Portanto, devemos integrar nossas práticas do treino da mente à nossa vida diária por meio das cinco forças. São elas: a força da motivação, a força da familiaridade, a força da semente branca, a força da destruição e a força da prece de aspiração.

A FORÇA DA MOTIVAÇÃO

Neste contexto, a força da motivação, ou intenção, significa ter um forte desejo de praticar as instruções do treino da mente e tomar uma forte decisão: "De agora em diante, praticarei essas instruções com sinceridade e zelosamente". Se tivermos essa forte motivação, aplicaremos um esforço poderoso e consistente em nossa prática; o resultado é que obteremos, com certeza, realizações. Com esforço, qualquer coisa pode ser realizada, até aquelas que, anteriormente, pareciam estar além da nossa imaginação. Uma vez que o esforço depende de motivação, a força da motivação é de importância fundamental.

Para nos ajudar a gerar um forte desejo de colocar os ensinamentos do treino da mente em prática, devemos ler este livro tantas vezes quanto pudermos, de maneira atenciosa e precisa, até compreendermos e apreciarmos profundamente seu sentido. Devemos nos lembrar do nosso desejo de praticar esses ensinamentos em todos os momentos. Ao acordar, podemos adotar diariamente uma resolução especial: "Eu preciso tentar praticar o treino da mente durante todo o dia" e, então, confiando em contínua-lembrança (*mindfulness*) e vigilância, devemos manter essa determinação. Tudo o que fazemos depende de tomarmos a decisão de fazê-lo. Por exemplo, se antes de dormir tomarmos a firme decisão de acordar cedo, nós o faremos. Do mesmo modo, se tomarmos todos os dias, ao acordar, a firme decisão de praticar esses ensinamentos durante o dia inteiro, seremos capazes de fazê-lo. É assim que aplicamos a força da motivação à prática do treino da mente.

A FORÇA DA FAMILIARIDADE

Aplicar a força da familiaridade à prática do treino da mente significa familiarizar nossa mente com essa prática. Tendo gerado a força da motivação, devemos praticar essas instruções repetidamente, tanto na sessão de meditação como durante o intervalo entre as meditações, até alcançarmos uma experiência profunda e estável. Para obter uma realização, precisamos praticar repetidamente os métodos para treinar nossa mente, de modo que nos tornemos muito bem familiarizados com eles. É como aprender a usar um computador. No início, é difícil aprender todos os diferentes comandos e cometemos muitos enganos, mas, com a prática, gradualmente ganhamos familiaridade até que, por fim, podemos usar o computador com facilidade e eficiência. Do mesmo modo, as meditações sobre o treino da mente podem ser difíceis no início, mas, com uma prática regular, iremos nos familiarizar com elas e nossa experiência irá se desenvolver naturalmente.

Para adquirir habilidade na prática do treino da mente, bem como em todas as atividades, precisamos tanto de motivação como de familiaridade. Por exemplo, se tivermos alguma compreensão da vacuidade, é importante nos tornarmos muito familiarizados com esse conhecimento por meio de contemplação e meditação constantes e sinceras. Desse modo, seremos capazes de acordar do sono da ignorância e de nos libertar dos problemas-semelhantes-a-um-sonho do samsara. Não devemos desperdiçar esta oportunidade rara e preciosa.

A FORÇA DA SEMENTE BRANCA

"Sementes brancas" são as virtudes, que são as sementes da nossa felicidade futura. No entanto, neste contexto, "semente branca" refere-se ao nosso mérito acumulado. A obtenção de uma experiência pura do treino da mente e o aumento dessa experiência dependem, ambos, do nosso mérito acumulado. Dentre os muitos métodos para aumentar nosso mérito, um que é especialmente importante é a prática diária das seis práticas preparatórias e, em particular, a prática de fazer oferendas. Podemos, também, oferecer a todos os Budas e Bodhisattvas a primeira porção de tudo o que comemos ou bebemos, com a seguinte prece:

À Joia Buda, supremo Abençoado,
À Joia Dharma, supremo Protetor,
À Joia Sangha, supremos Guias,
À vós, as mais sublimes Três Joias, faço oferendas.

É também importante que, sempre que praticarmos ações virtuosas, dedicá-las para o benefício de todos os seres sencientes-mães. Isso direciona o mérito que criamos à mais elevada de todas as metas e garante que ele não será desperdiçado ou destruído. Aqueles que acumularam mérito suficiente podem satisfazer todos os seus desejos e, com facilidade, obter realizações espirituais.

A FORÇA DA DESTRUIÇÃO

Para obter realizações autênticas das *Oito Estrofes do Treino da Mente*, devemos também empregar a força da destruição, que significa aplicar esforço vigoroso para eliminar obstáculos interiores e exteriores. Obstáculos interiores incluem forte agarramento ao em-si, autoapreço, preguiça e visões errôneas, bem como as marcas das ações negativas que cometemos no passado. Obstáculos exteriores incluem não encontrar um professor qualificado, não ter a oportunidade de praticar o Dharma, ter uma vida curta e não dispor de condições básicas para viver. Uma vez que todos esses obstáculos surgem das marcas do carma negativo que temos acumulado ao longo de muitas vidas, precisamos purificá-las por meio de nos empenharmos com sinceridade na prática de purificação. Mais detalhes sobre purificação podem ser encontrados no livro *O Voto Bodhisattva*.

A FORÇA DA PRECE DE ASPIRAÇÃO

Devemos começar qualquer prática do treino da mente fazendo preces especiais para obter a realização dessa prática, e devemos concluí-la dedicando o mérito que criamos para obtermos a realização plena dessa prática. Por exemplo, se formos meditar em amor apreciativo, devemos começar fazendo repetidos pedidos a todos os seres iluminados para que nos concedam suas bênçãos a fim de que possamos alcançar essa realização específica; depois de concluir a meditação, devemos fazer uma prece dedicando nosso mérito para a obtenção dessa realização. Fazer repetidas preces e pedidos aos seres sagrados é um método poderoso para recebermos suas bênçãos. Nossa habilidade de concluir o caminho espiritual depende de recebermos as bênçãos dos seres iluminados, pois, sem essas bênçãos, somos impotentes e faremos pouco ou nenhum progresso.

Se nos empenharmos sinceramente nas práticas do treino da mente das *Oito Estrofes do Treino da Mente*, desde apreciar os outros até a prática da bodhichitta última, em associação com as cinco forças, reuniremos todas as causas e condições para obter as realizações das *Oito Estrofes*. Se todas as causas e condições estiverem reunidas para obtermos realizações profundas e genuínas, nada pode impedir o efeito.

OS COMPROMISSOS E PRECEITOS DO TREINO DA MENTE

Outra maneira de proteger e de aprimorar nossa prática do treino da mente é observar os dezoito compromissos e os 22 preceitos do treino da mente. Eles foram mencionados no texto de Geshe Chekhawa *Treinar a Mente em Sete Pontos* e explicados em detalhes no livro *Compaixão Universal*. Não precisamos tomar esses compromissos e preceitos diante de nossos Guias Espirituais ou dos Budas e Bodhisattvas visualizados, como fazemos com os demais votos, mas podemos simplesmente assumir a determinação de mantê-los. Alguns desses compromissos e preceitos nos incentivam a praticar ações positivas, enquanto outros nos aconselham a evitar ações negativas.

Observar esses compromissos e preceitos é uma prática especial de disciplina moral. A disciplina moral é como uma vasilha preciosa, na qual conservamos o néctar das realizações espirituais; sem disciplina moral, é impossível manter qualquer experiência espiritual em nossa mente. Ainda que consigamos gerar alguns sentimentos positivos durante a meditação, se não nos esforçarmos para nos protegermos de cometer ações negativas de corpo, fala e mente, tais sentimentos desaparecerão rapidamente. Manter disciplina moral pura garante que todas as nossas ações físicas, verbais e mentais sejam puras e positivas, e, por meio disso, possibilita que incorporemos, em nossa vida diária, os *insights* e experiências positivas que obtivemos durante nossas sessões de meditação. Não devemos considerar os compromissos e preceitos como restrições ou leis que irão resultar em punições se as transgredirmos, mas como diretrizes para uma mente saudável e um estilo de vida mais feliz.

Embora não sejamos capazes de manter todos esses compromissos e preceitos imediatamente, com certeza podemos começar a nos abster de muitas ações negativas e a superar nossos maus hábitos. Por exemplo, se ingerimos bebidas alcoólicas em grande quantidade, podemos começar reduzindo seu consumo imediatamente; se ficamos com raiva facilmente, podemos tentar ser menos agressivos e hostis; e se somos propensos a sentir inveja, podemos tentar nos regozijar mais com a felicidade e a boa fortuna dos outros. Se não nos esforçarmos para reduzir nossas delusões mais grosseiras e maus hábitos, eles nos impedirão de fazer qualquer progresso em nossa prática espiritual.

Para colocar essas instruções do treino da mente em prática, não precisamos abandonar nossas atividades diárias; o que precisamos é mudar nossa atitude mental em relação a elas. Como diz Geshe Chekhawa: "Permanece natural enquanto mudas tua aspiração". Estamos vivendo numa sociedade humana e, portanto, devemos nos comportar de maneiras que estejam de acordo com o modo como as outras pessoas se comportam. Não precisamos fazer uma exibição pública de nossa prática espiritual. É claro que devemos nos abster de ações prejudiciais, mas o que precisamos fazer, principalmente, é mudar nossa mente. Se transformarmos nossa mente comum atual em amor e compaixão, naturalmente agiremos de uma maneira positiva, que será um bom exemplo para os outros e irá inspirá-los a ingressar no caminho espiritual. Gradualmente, por meio de integrar as instruções especiais de Geshe Langri Tangpa em nossas vidas, iremos nos tornar um ser muito especial, um Bodhisattva, e, por fim, alcançaremos a plena iluminação. Teremos, então, o poder de dar felicidade a todos os seres vivos, onde quer que eles estejam. Que maravilhoso!

Venerável Geshe Kelsang Gyatso Rinpoche

Dedicatória

Pelas virtudes que coletei ao escrever este livro, que nunca surjam neste mundo os tormentos de doença incurável, fome ou guerra, ou os perigos de terremotos, incêndios, enchentes, tempestades e assim por diante. Por mais que existam seres vivos experienciando sofrimento, que seus sofrimentos cessem e que eles encontrem felicidade e alegria duradouras. O Budadharma é o remédio supremo que alivia toda dor mental, e, por essa razão, que esta preciosa Joia Dharma permeie todos os mundos por todo o espaço.

Apêndice I

O Texto Raiz: Oito Estrofes do Treino da Mente

por Geshe Langri Tangpa (1054–1123)

O Texto Raiz: Oito Estrofes do Treino da Mente

Primeiro visualizamos, contemplamos e recitamos o seguinte:

No espaço à minha frente, está Buda Shakyamuni vivo, rodeado por todos os Budas e Bodhisattvas, como a lua cheia rodeada pelas estrelas.

O TEXTO-RAIZ PROPRIAMENTE DITO:
Oito Estrofes do Treino da Mente

Com a intenção de alcançar
O objetivo supremo e último
Que supera até a joia-que-concede-desejos,
Que eu aprecie constantemente todos os seres vivos.

Nossa mente transforma-se na intenção "Que eu aprecie constantemente todos os seres vivos" e nela permanece de modo estritamente focado pelo maior tempo possível.

Essa maneira de meditar pode ser aplicada às demais sete estrofes.

Sempre que me relacionar com os outros,
Que eu me considere como o mais inferior de todos;
E, com uma pura intenção,
Que eu aprecie os outros como supremos.

Examinando meu *continuum* mental em todas as minhas ações,
Tão logo a delusão do autoapreço se desenvolva,
Pela qual eu ou os outros agiríamos inadequadamente,
Que eu a enfrente e a rejeite firmemente.

Sempre que eu vir seres desafortunados,
Oprimidos por maldade e violento sofrimento,
Que eu os aprecie como se houvesse encontrado
Um raro e precioso tesouro.

Mesmo se alguém que eu ajudei
E em quem depositei grandes esperanças
Não obstante, prejudicar-me intencionalmente,
Que eu o veja, ou a ela, como meu sagrado Guia Espiritual.

Quando os outros, por inveja ou raiva,
Prejudicarem-me ou insultarem-me,
Que eu tome sobre mim a derrota
E ofereça-lhes a vitória.

Em resumo, que eu, direta e indiretamente,
Ofereça ajuda e felicidade a todas as minhas mães
E, secretamente, tome sobre mim
Todos os seus males e sofrimentos.

Ademais, por meio de todas essas práticas,
Associadas a uma mente incontaminada pelas manchas das concepções dos oito extremos
E que vê todos os fenômenos como ilusórios,
Que eu e todos os seres vivos sejamos libertados da escravidão das aparências e concepções equivocadas.

Cólofon: Este texto foi traduzido por
Venerável Geshe Kelsang Gyatso Rinpoche.

Apêndice II

O Sentido Condensado do Comentário

O Sentido Condensado do Comentário

O comentário às *Oito Estrofes do Treino da Mente* tem cinco partes:

1. As preeminentes qualidades do autor, Bodhisattva Langri Tangpa;
2. As preeminentes qualidades dessas instruções;
3. As práticas preliminares;
4. A prática principal: treinar as duas bodhichittas;
5. Como integrar a prática dessas instruções.

As práticas preliminares tem seis partes:

1. Limpar o local de meditação e montar um altar;
2. Dispor belas oferendas;
3. Sentar-se na postura correta de meditação, buscar refúgio e gerar a bodhichitta;
4. Visualizar o Campo para Acumular Mérito;
5. Oferecer os sete membros e o mandala;
6. Pedir aos seres sagrados que concedam suas bênçãos.

Limpar o local de meditação e montar um altar tem duas partes:

1. A prática de limpeza;
2. Montar um altar.

Sentar-se na postura correta de meditação, buscar refúgio e gerar a bodhichitta tem três partes:

1. Sentar-se na postura correta de meditação;
2. Buscar refúgio;
3. Gerar a bodhichitta.

Oferecer os sete membros e o mandala tem oito partes:

1. Prostração;
2. Oferenda;
3. Confissão;
4. Regozijo;
5. Rogar aos seres sagrados que permaneçam;
6. Pedir aos seres sagrados que girem a Roda do Dharma;
7. Dedicatória;
8. Oferecer o mandala.

Pedir aos seres sagrados que concedam suas bênçãos tem duas partes:

1. Pedir bênçãos;
2. Receber bênçãos.

A prática principal: treinar as duas bodhichittas tem duas partes:

1. Treinar a bodhichitta convencional;
2. Treinar a bodhichitta última.

Treinar a bodhichitta convencional tem oito partes:

1. Aprender a apreciar os outros;
2. Aprimorar o amor apreciativo;
3. Trocar eu por outros;
4. Grande compaixão;

5. Grande amor;
6. Aceitar a derrota e oferecer a vitória;
7. Tomar e Dar;
8. A preciosa mente de bodhichitta.

Aprender a apreciar os outros tem duas partes:

1. A bondade dos outros;
2. Os benefícios de apreciar os outros.

Aprimorar o amor apreciativo tem quatro partes:

1. Reconhecer nossas falhas no espelho do Dharma;
2. Ver todos os seres vivos como supremos;
3. Os seres vivos não têm falhas;
4. Desenvolver humildade.

Trocar eu por outros tem cinco partes:

1. O que é o autoapreço?
2. As falhas do autoapreço;
3. Como destruir o autoapreço;
4. Como é possível trocar eu por outros?
5. A prática efetiva de trocar eu por outros.

Grande compaixão tem três partes:

1. O que é compaixão?
2. Como desenvolver compaixão;
3. A riqueza interior da compaixão.

Grande amor tem duas partes:

1. Como desenvolver grande amor;
2. Transformar condições adversas.

Tomar e Dar tem três partes:

1. Tomar por meio de compaixão;
2. Dar por meio de amor;
3. Montar o tomar e dar na respiração.

Tomar por meio de compaixão tem três partes:

1. Tomar nosso próprio sofrimento futuro;
2. Os benefícios de tomar o sofrimento dos outros;
3. A meditação efetiva em tomar.

A preciosa mente de bodhichitta tem duas partes:

1. Desenvolver a bodhichitta;
2. Aprimorar a bodhichitta.

Treinar a bodhichitta última tem dez partes:

1. O que é a vacuidade?
2. A vacuidade do nosso corpo;
3. A vacuidade da nossa mente;
4. A vacuidade do nosso *eu*;
5. A vacuidade que é vazia dos oito extremos;
6. Verdade convencional e verdade última;
7. A união das duas verdades;
8. A prática da vacuidade em nossas atividades diárias;
9. O propósito de meditar na vacuidade;
10. Um treino simples em bodhichitta última.

A vacuidade que é vazia dos oito extremos tem oito partes:

1. O extremo dos fenômenos produzidos;
2. O extremo da desintegração;

3. O extremo dos fenômenos impermanentes;
4. O extremo dos fenômenos permanentes;
5. O extremo do ir;
6. O extremo do vir;
7. O extremo da singularidade;
8. O extremo da pluralidade.

Como integrar a prática dessas instruções tem duas partes:

1. Aplicar as cinco forças;
2. Os compromissos e preceitos do treino da mente.

Aplicar as cinco forças tem cinco partes:

1. A força da motivação;
2. A força da familiaridade;
3. A força da semente branca;
4. A força da destruição;
5. A força da prece de aspiração.

Apêndice III

Sadhanas

Prece Libertadora

Louvor a Buda Shakyamuni

Ó Abençoado, Shakyamuni Buda,
Precioso tesouro de compaixão,
Concessor de suprema paz interior,

Tu, que amas todos os seres sem exceção,
És a fonte de bondade e felicidade,
E nos guias ao caminho libertador.

Teu corpo é uma joia-que-satisfaz-os-desejos,
Tua fala é um néctar purificador e supremo
E tua mente, refúgio para todos os seres vivos.

Com as mãos postas, me volto para ti,
Amigo supremo e imutável,
E peço do fundo do meu coração:

Por favor, concede-me a luz de tua sabedoria
Para dissipar a escuridão da minha mente
E curar o meu *continuum* mental.

Por favor, me nutre com tua bondade,
Para que eu possa, por minha vez, nutrir todos os seres
Com um incessante banquete de deleite.

Por meio de tua compassiva intenção,
De tuas bênçãos e feitos virtuosos
E por meu forte desejo de confiar em ti,

Que todo o sofrimento rapidamente cesse,
Que toda a felicidade e alegria aconteçam
E que o sagrado Dharma floresça para sempre.

Cólofon: Esta prece foi escrita por Venerável Geshe Kelsang Gyatso Rinpoche e é recitada regularmente no início de ensinamentos, meditações e preces nos Centros Budistas Kadampa em todo o mundo.

Essência da Boa Fortuna

PRECES PARA AS SEIS PRÁTICAS PREPARATÓRIAS PARA MEDITAÇÃO NAS ETAPAS DO CAMINHO À ILUMINAÇÃO

Introdução

Desenvolver as realizações das etapas do caminho à iluminação depende de quatro coisas: acumular mérito, purificar negatividades, receber bênçãos dos Budas, Bodhisattvas e Guias Espirituais, e treinar a mente na meditação efetiva das etapas do caminho. O método supremo para realizar as três primeiras são:

1. Limpar o local de meditação e montar um altar com representações do corpo, fala e mente de Buda.
2. Dispor oferendas adequadas.
3. Sentar-se na postura correta de meditação, buscar refúgio, gerar e aprimorar a bodhichitta.
4. Visualizar o Campo para Acumular Mérito.
5. Acumular mérito e purificar negatividade por meio de oferecer a prática dos sete membros e o mandala.
6. Pedir ao Campo para Acumular Mérito em geral e aos Gurus-linhagem em particular que concedam suas bênçãos.

A essência dessas seis práticas preparatórias está contida nas preces a seguir, que devem ser recitadas em cada sessão de meditação.

Para mais informações sobre as seis práticas preparatórias, consultar *Novo Manual de Meditação* ou *Caminho Alegre da Boa Fortuna*.

Geshe Kelsang Gyatso
1986

Essência da Boa Fortuna

Purificar mentalmente o ambiente

Que o solo inteiro
Torne-se completamente puro,
Plano como a palma da mão
E liso como o lápis-lazúli.

Preparar mentalmente oferendas puras

Que todo o espaço cubra-se
Com oferendas de deuses e homens,
Ambas, as efetivas e as imaginadas,
Como as oferendas do Todo-Generoso.

Visualizar os objetos de refúgio

No espaço à minha frente, sobre um trono de leões, numa almofada de lótus, sol e lua, senta-se Buda Shakyamuni, a essência de todos os meus bondosos mestres, rodeado pela assembleia de gurus diretos e indiretos, Yidams, Budas, Bodhisattvas, Ouvintes, Conquistadores Solitários, Heróis, Dakinis e Protetores do Dharma.

Gerar as causas de refúgio

Eu e todas as minhas bondosas mães, temendo os tormentos do samsara, nos voltamos para Buda, Dharma e Sangha, as únicas fontes de refúgio. Doravante, até a iluminação, buscamos refúgio nas Três Joias.

Prece curta de refúgio

Eu e todos os seres sencientes, até alcançarmos a iluminação,
Nos refugiamos em Buda, Dharma e Sangha. (7x, 100x etc.)

Gerar a bodhichitta

Pelas virtudes que coleto, praticando o dar e as outras perfeições,
Que eu me torne um Buda para o benefício de todos. (3x)

Purificação e receber bênçãos

Do coração de todos os objetos de refúgio, luzes e néctares fluem e se dissolvem em mim e em todos os seres vivos, purificando carma negativo e obstruções, aumentando nossas vidas, virtudes e realizações de Dharma.

Gerar as quatro incomensuráveis

Que cada um seja feliz,
Que cada um se liberte da dor,
Que ninguém jamais seja separado de sua felicidade,
Que todos tenham equanimidade, livres do ódio e do apego.

Convidar o Campo para Acumular Mérito

Ó Protetor de todos os seres,
Grande Destruidor das hostes de demônios,
Por favor, ó Abençoado, Conhecedor de Tudo,
Vem a nós com teu séquito.

Prece dos sete membros

Com meu corpo, fala e mente, humildemente me prostro
E faço oferendas, efetivas e imaginadas.
Confesso meus erros em todos os tempos
E regozijo-me nas virtudes de todos.
Peço, permanece até o cessar do samsara

E gira a Roda do Dharma para nós.
Dedico todas as virtudes à grande iluminação.

Oferecimento do mandala

O chão espargido com perfume e salpicado de flores,
A Grande Montanha, quatro continentes, sol e lua,
Percebidos como Terra de Buda e assim oferecidos.
Que todos os seres desfrutem dessas Terras Puras.

Ofereço, sem nenhum sentimento de perda,
Os objetos que fazem surgir meu apego, ódio e confusão,
Meus amigos, inimigos e estranhos, nossos corpos e prazeres.
Peço, aceita-os e abençoa-me, livrando-me diretamente dos três venenos.

IDAM GURU RATNA MANDALAKAM NIRYATAYAMI

Pedidos ao Campo para Acumular Mérito e aos Gurus da linhagem Lamrim

Agora, meu mais bondoso Guru-raiz,
Por favor, senta-te no lótus e lua em minha coroa,
E concede-me, graças à tua grande bondade,
Tuas conquistas de corpo, fala e mente.

Visualize que seu Guru-raiz vem à coroa de sua cabeça e que faz os seguintes pedidos juntamente com você:

Rogo a ti, Buda Shakyamuni,
Cujo corpo provém de incontáveis virtudes,
Cuja fala realiza as esperanças dos mortais,
Cuja mente vê, com clareza, toda a existência.

Rogo a vós, Gurus da linhagem de extensas proezas,
Venerável Maitreya, Nobre Asanga, Vasubandhu,
E a todos os demais preciosos mestres
Que revelaram o caminho da vastidão.

Rogo a vós, Gurus da linhagem da visão profunda,
Venerável Manjushri, Nagarjuna, Chandrakirti,
E a todos os demais preciosos mestres
Que revelaram o mais profundo caminho.

Rogo a vós, Gurus da linhagem do Mantra Secreto,
Conquistador Vajradhara, Tilopa e Naropa,
E a todos os demais preciosos mestres
Que revelaram o caminho do Tantra.

Rogo a vós, Gurus da Antiga Linhagem Kadam,
O segundo Buda Atisha, Dromtonpa, Geshe Potowa,
E a todos os demais preciosos mestres
Que revelaram a união dos caminhos vasto e profundo.

Rogo a vós, Gurus da Nova Linhagem Kadam,
Venerável Tsongkhapa, Jampel Gyatso, Khedrubje,
E a todos os demais preciosos mestres
Que revelaram a união do Sutra e do Tantra.

Rogo a ti, Venerável Kelsang Gyatso,
Protetor de um vasto oceano de seres vivos,
Inigualável Mestre dos caminhos à libertação e à iluminação,
Que conquistou e explica tudo o que foi revelado
Pelo Quarto Libertador deste Afortunado Éon.

Rogo a ti, meu bondoso e precioso Mestre,
Que cuida daqueles com mentes incontroladas,
Indomadas por todos os prévios Budas,
Como se fossem discípulos afortunados.

Pedir os três grandes propósitos

Peço, derramai vossas inspiradoras bênçãos sobre mim e todas as minhas mães, para interrompermos rapidamente todas as mentes perversas, do desrespeito ao nosso bondoso Mestre à mais sutil aparência dual.

Peço, derramai vossas inspiradoras bênçãos, para gerarmos rapidamente mentes puras, do respeito ao nosso bondoso Mestre à suprema mente de União.

Peço, derramai vossas inspiradoras bênçãos, para pacificar todas as obstruções externas e internas. (3x)

Receber bênçãos e purificar

Do coração de todos os seres sagrados, fluem correntes de luz e néctar, concedendo bênçãos e purificando.

Prece das Etapas do Caminho

O caminho começa com firme confiança
No meu bondoso mestre, fonte de todo bem;
Ó, abençoa-me com essa compreensão
Para segui-lo com grande devoção.

Esta vida humana, com todas as suas liberdades,
Extremamente rara, com tanta significação;
Ó, abençoa-me com essa compreensão,
Dia e noite, para captar a sua essência.

Meu corpo, qual bolha-d'água,
Decai e morre tão rapidamente;
Após a morte, vêm os resultados do carma,
Qual sombra de um corpo.

Com esse firme conhecimento e lembrança,
Abençoa-me, para ser extremamente cauteloso,
Evitando sempre ações nocivas
E reunindo abundante virtude.

Os prazeres do samsara são enganosos,
Não trazem contentamento, apenas tormentos;
Abençoa-me, para ter o esforço sincero
Para obter o êxtase da liberdade perfeita.

Ó, abençoa-me, para que desse pensamento puro
Resulte contínua-lembrança e imensa cautela,
A fim de manter como minha prática essencial
A raiz da doutrina, o Pratimoksha.

Assim como eu, todas as minhas bondosas mães
Estão se afogando no oceano do samsara;
Para que logo eu possa libertá-las,
Abençoa-me, para treinar a bodhichitta.

Mas não posso tornar-me um Buda
Apenas com isso, sem as três éticas;
Assim, abençoa-me com a força de praticar
Os votos do Bodhisattva.

Por pacificar minhas distrações
E analisar perfeitos sentidos,
Abençoa-me, para logo alcançar a união
Da visão superior com o tranquilo-permanecer.

Quando me tornar um puro recipiente
Pelos caminhos comuns, abençoa-me, para ingressar
Na essência da prática da boa fortuna,
O supremo veículo, Vajrayana.

As duas conquistas dependem, ambas,
De meus sagrados votos e compromissos;
Abençoa-me, para entender isso claramente
E conservá-los à custa da minha vida.

Por sempre praticar em quatro sessões
A via explicada pelos santos mestres,
Ó, abençoa-me, para obter ambos os estágios
Que são a essência dos Tantras.

Que os que me guiam no bom caminho
E meus companheiros tenham longas vidas;
Abençoa-me, para pacificar inteiramente
Todos os obstáculos internos e externos.

Que eu sempre encontre perfeitos mestres
E deleite-me no sagrado Dharma,
Conquiste todos os solos e caminhos velozmente
E obtenha o estado de Vajradhara.

Você pode fazer sua meditação neste ponto ou em qualquer outro momento das Preces das Etapas do Caminho.

Recitação do mantra

Após a nossa meditação, contemplamos que do coração de Buda Shakyamuni, o principal Campo de Mérito à nossa frente, emanam infinitos raios de luz que alcançam todos os ambientes e todos os seres. Os seres e os ambientes dissolvem-se em luz e gradualmente se juntam ao Campo de Mérito. Este dissolve-se na figura central, Buda Shakyamuni, que, por sua vez, se dissolve em nosso Guru-raiz, que está na coroa de nossa cabeça, transformando-o instantaneamente no aspecto de Guru Buda Shakyamuni. Ele, então, diminui de tamanho, entra por nossa coroa e desce até o coração. Sua mente e a nossa tornam-se uma só natureza. Recitamos o mantra:

OM MUNI MUNI MAHA MUNIYE SÖHA (7x, 100x, etc.)

Preces dedicatórias

Pelas virtudes que coletei
Praticando as etapas do caminho,
Que todos os seres vivos tenham a oportunidade
De praticar da mesma forma

Por mais que existam seres vivos
Experienciando sofrimento físico e mental,
Que seus sofrimentos cessem pelo poder do meu mérito
E que todos encontrem eterna felicidade e alegria.

Que cada um experiencie
A felicidade de humanos e deuses

E rapidamente alcance a iluminação,
Para que o samsara seja finalmente extinto.

Para o benefício de todos os seres vivos, tão vastos como o espaço,
Que eu realize grande sabedoria como a de Manjushri,
Grande compaixão como a de Avalokiteshvara,
Grande poder como o de Vajrapani.

O Budadharma é o remédio supremo
Que alivia toda dor mental,
Portanto, que essa preciosa Joia Dharma
Permeie todos os mundos por todo o espaço.

Que surja na mente de todos os seres vivos,
Grande fé em Buda, Dharma e Sangha
E que assim eles sempre recebam
As bênçãos das Três Joias Preciosas.

Que jamais surjam neste mundo
O infortúnio da doença incurável, fome ou guerra,
Ou o perigo de terremotos, incêndios,
Enchentes, tempestades e assim por diante.

Que todos os seres-mães encontrem preciosos mestres,
Que revelam as etapas do caminho à iluminação,
E, por praticarem esse caminho,
Alcancem rapidamente a paz suprema da plena iluminação.

Pelas bênçãos dos Budas e Bodhisattvas,
Pela verdade das ações e seus efeitos
E pelo poder da minha pura intenção superior
Que todas as minhas preces sejam satisfeitas.

Preces pela Tradição Virtuosa

Para que a tradição de Je Tsongkhapa,
O Rei do Dharma, floresça,
Que todos os obstáculos sejam pacificados
E todas as condições favoráveis sejam abundantes.

Pelas duas coleções, minhas e dos outros
Reunidas ao longo dos três tempos,
Que a doutrina do Conquistador Losang Dragpa
Floresça para sempre.

Prece *Migtsema* de nove versos

Tsongkhapa, ornamento-coroa dos eruditos da Terra das Neves,
Tu és Buda Shakyamuni e Vajradhara, a fonte de todas as conquistas,
Avalokiteshvara, o tesouro de inobservável compaixão,
Manjushri, a suprema sabedoria imaculada,
E Vajrapani, o destruidor das hostes de maras.
Ó Venerável Guru Buda, síntese das Três Joias,
Com meu corpo, fala e mente, respeitosamente faço pedidos.
Peço, concede tuas bênçãos para amadurecer e libertar a mim e aos outros,
E confere-nos as aquisições comuns e a suprema. (3x)

Se não pudermos recitar todas as preces das seis praticas preparatórias em cada sessão de meditação, devemos, ao menos, sempre nos lembrar de Guru Buda Shakyamuni sobre a coroa de nossa cabeça, recordando que a mente de Guru Buda Shakyamuni e a síntese de todas as Joias Buda, sua fala e a síntese de todas as Joias Dharma, e seu corpo e a síntese de todas as Joias Sangha. Depois, com forte fé, devemos: buscar refugio, recitando a breve prece de buscar refugio; gerar a bodhichitta, por meio das palavras "Pelas virtudes que coleto... para o beneficio de todos"; oferecer o mandala; pedir os três grandes propósitos; e receber bênçãos e purificar.

Se fizermos essas três praticas todas as vezes que sentarmos para meditar – a saber, acumular mérito, purificar carma negativo e fazer pedidos para receber bênçãos e inspiração – cumpriremos os três propósitos de nos empenharmos nas praticas preparatórias. Ao concluir cada sessão de meditação, devemos dedicar nosso mérito.

Cólofon: Essas preces foram compiladas de fontes tradicionais por Venerável Geshe Kelsang Gyatso Rinpoche. A estrofe de pedidos a Venerável Geshe Kelsang Gyatso Rinpoche foi escrita pelo Protetor do Dharma Duldzin Dorje Shugden e incluída nas preces a pedido dos discípulos devotados de Venerável Geshe Kelsang.

Preces para Meditação

PRECES PREPARATÓRIAS CURTAS PARA MEDITAÇÃO

Introdução

Todos nós temos o potencial para obter as realizações de todas as etapas do caminho à iluminação. Esses potenciais são como sementes no campo da nossa mente, e a nossa prática de meditação é como cultivar essas sementes. Porém, nossa prática de meditação só será bem-sucedida se, antes, fizermos boas preparações.

Se quisermos cultivar uma plantação exterior, começamos fazendo cuidadosos preparativos. Primeiro, removemos do solo tudo que possa obstruir o desenvolvimento das plantas, como pedras e ervas daninhas. Em segundo lugar, enriquecemos o solo com adubo, para fortalecê-lo e sustentar o crescimento da plantação. Em terceiro lugar, providenciamos calor e umidade – as condições necessárias para que as sementes germinem e as plantas cresçam. Do mesmo modo, para cultivar nossas plantações interiores das realizações de Dharma precisamos, também, começar fazendo cuidadosos preparativos.

Primeiro, precisamos purificar nossa mente para eliminar o carma negativo que acumulamos no passado, porque se não purificarmos esse carma, ele obstruirá o desenvolvimento das realizações de Dharma. Em segundo lugar, precisamos acumular mérito, para dar à nossa mente vigor para sustentar o crescimento das realizações de Dharma. Em terceiro lugar, precisamos receber as bênçãos dos seres sagrados, para ativar e sustentar o desenvolvimento das realizações de Dharma.

As preces curtas a seguir contêm a essência dessas três preparações. Para mais informações, consultar os livros *Novo Manual de Meditação* ou *Caminho Alegre da Boa Fortuna*.

Geshe Kelsang Gyatso
1987

Preces para Meditação

Buscar refúgio

Eu e todos os seres sencientes, até alcançarmos a iluminação,
Nos refugiamos em Buda, Dharma e Sangha. (3x, 7x, 100x etc.)

Gerar bodhichitta

Pelas virtudes que coleto, praticando o dar e as outras perfeições,
Que eu me torne um Buda para o benefício de todos. (3x)

Gerar as quatro incomensuráveis

Que cada um seja feliz,
Que cada um se liberte da dor,
Que ninguém jamais seja separado de sua felicidade,
Que todos tenham equanimidade, livres do ódio e do apego.

Visualizar o Campo para Acumular Mérito

No espaço à minha frente está Buda Shakyamuni vivo, rodeado por todos os Budas e Bodhisattvas, como a lua cheia rodeada pelas estrelas.

Prece dos sete membros

Com meu corpo, fala e mente, humildemente me prostro
E faço oferendas, efetivas e imaginadas.
Confesso meus erros em todos os tempos

E regozijo-me nas virtudes de todos.
Peço, permanece até o cessar do samsara
E gira a Roda do Dharma para nós.
Dedico todas as virtudes à grande iluminação.

Oferecimento do mandala

O chão espargido com perfume e salpicado de flores,
A Grande Montanha, quatro continentes, sol e lua,
Percebidos como Terra de Buda e assim oferecidos.
Que todos os seres desfrutem dessas Terras Puras.

Ofereço, sem nenhum sentimento de perda,
Os objetos que fazem surgir meu apego, ódio e confusão,
Meus amigos, inimigos e estranhos, nossos corpos e prazeres.
Peço, aceita-os e abençoa-me, livrando-me diretamente dos três venenos.

IDAM GURU RATNA MANDALAKAM NIRYATAYAMI

Prece das Etapas do Caminho

O caminho começa com firme confiança
No meu bondoso mestre, fonte de todo bem;
Ó, abençoa-me com essa compreensão
Para segui-lo com grande devoção.

Esta vida humana, com todas as suas liberdades,
Extremamente rara, com tanta significação;
Ó, abençoa-me com essa compreensão,
Dia e noite, para captar a sua essência.

Meu corpo, qual bolha-d'água,
Decai e morre tão rapidamente;
Após a morte, vêm os resultados do carma,
Qual sombra de um corpo.

Com esse firme conhecimento e lembrança,
Abençoa-me, para ser extremamente cauteloso,

Evitando sempre ações nocivas
E reunindo abundante virtude.

Os prazeres do samsara são enganosos,
Não trazem contentamento, apenas tormentos;
Abençoa-me, para ter o esforço sincero
Para obter o êxtase da liberdade perfeita.

Ó, abençoa-me, para que desse pensamento puro
Resulte contínua-lembrança e imensa cautela,
A fim de manter como minha prática essencial
A raiz da doutrina, o Pratimoksha.

Assim como eu, todas as minhas bondosas mães
Estão se afogando no oceano do samsara;
Para que logo eu possa libertá-las,
Abençoa-me, para treinar a bodhichitta.

Mas não posso tornar-me um Buda
Apenas com isso, sem as três éticas;
Assim, abençoa-me com a força de praticar
Os votos do Bodhisattva.

Por pacificar minhas distrações
E analisar perfeitos sentidos,
Abençoa-me, para logo alcançar a união
Da visão superior com o tranquilo-permanecer.

Quando me tornar um puro recipiente
Pelos caminhos comuns, abençoa-me, para ingressar
Na essência da prática da boa fortuna,
O supremo veículo, Vajrayana.

As duas conquistas dependem, ambas,
De meus sagrados votos e compromissos;
Abençoa-me, para entender isso claramente
E conservá-los à custa da minha vida.

Por sempre praticar em quatro sessões
A via explicada pelos santos mestres,
Ó, abençoa-me, para obter ambos os estágios
Que são a essência dos Tantras.

Que os que me guiam no bom caminho
E meus companheiros tenham longas vidas;
Abençoa-me, para pacificar inteiramente
Todos os obstáculos internos e externos.

Que eu sempre encontre perfeitos mestres
E deleite-me no sagrado Dharma,
Conquiste todos os solos e caminhos velozmente
E obtenha o estado de Vajradhara.

Receber bênçãos e purificar

Do coração de todos os seres sagrados, fluem correntes de luz e néctar, concedendo bênçãos e purificando.

Neste ponto, fazemos a contemplação e a meditação. Após a meditação, dedicamos nosso mérito enquanto recitamos as seguintes preces:

Preces dedicatórias

Pelas virtudes que coletei
Praticando as etapas do caminho,
Que todos os seres vivos tenham a oportunidade
De praticar da mesma forma.

Que cada um experiencie
A felicidade de humanos e deuses
E rapidamente alcance a iluminação,
Para que o samsara seja finalmente extinto.

Preces pela Tradição Virtuosa

Para que a tradição de Je Tsongkhapa,
O Rei do Dharma, floresça,
Que todos os obstáculos sejam pacificados
E todas as condições favoráveis sejam abundantes.

Pelas duas coleções, minhas e dos outros
Reunidas ao longo dos três tempos,
Que a doutrina do Conquistador Losang Dragpa
Floresça para sempre.

Prece *Migtsema* de nove versos

Tsongkhapa, ornamento-coroa dos eruditos da Terra das Neves,
Tu és Buda Shakyamuni e Vajradhara, a fonte de todas as conquistas,
Avalokiteshvara, o tesouro de inobservável compaixão,
Manjushri, a suprema sabedoria imaculada,
E Vajrapani, o destruidor das hostes de maras.
Ó Venerável Guru Buda, síntese das Três Joias,
Com meu corpo, fala e mente, respeitosamente faço pedidos.
Peço, concede tuas bênçãos para amadurecer e libertar a mim e aos outros,
E confere-nos as aquisições comuns e a suprema. (3x)

Cólofon: Estas preces foram compiladas de fontes tradicionais por Venerável Geshe Kelsang Gyatso Rinpoche.

Apêndice IV

O Estilo de Vida Kadampa

A PRÁTICA ESSENCIAL
DO LAMRIM KADAM

Introdução

A prática essencial do Lamrim Kadam, conhecida como *O Estilo de Vida Kadampa*, contém dois textos: *Conselhos do Coração de Atisha* e *Os Três Principais Aspectos do Caminho à Iluminação*, este último de Je Tsongkhapa. O primeiro condensa o estilo de vida dos antigos praticantes kadampa, cujo exemplo de pureza e sinceridade devemos todos tentar imitar. O segundo texto é um profundo guia para a meditação nas etapas do caminho, o Lamrim, que Je Tsongkhapa escreveu com base nas instruções recebidas diretamente do Buda da Sabedoria Manjushri.

Se nos esforçarmos, no melhor de nossa capacidade, para colocar os conselhos de Atisha em prática, e meditarmos no Lamrim de acordo com as instruções de Je Tsongkhapa, desenvolveremos uma mente pura e feliz e progrediremos gradualmente em direção à paz suprema da plena iluminação. Como o Bodhisattva Shantideva diz:

> Confiando neste barco da forma humana,
> Podemos cruzar o grande oceano de sofrimento.
> Já que no futuro será muito difícil encontrar novamente tal embarcação,
> Não é hora de dormir, ó tolos!

Praticar desse modo é a verdadeira essência do estilo de vida kadampa.

Geshe Kelsang Gyatso
1994

Conselhos do Coração de Atisha

QUANDO VENERÁVEL ATISHA chegou ao Tibete, ele foi primeiro para Ngari, onde permaneceu por dois anos dando muitos ensinamentos aos discípulos de Jangchub Ö. Após dois anos, Atisha decidiu retornar à Índia, e Jangchub Ö solicitou-lhe que desse um último ensinamento antes de partir. Atisha respondeu que já havia dado todos os conselhos de que necessitavam, mas Jangchub Ö insistiu em seu pedido; por essa razão, Atisha aceitou o pedido e deu os seguintes conselhos.

Que maravilhoso!

Amigos, já que vocês já possuem grande conhecimento e clara compreensão, ao passo que não possuo importância alguma e tenho pouca sabedoria, não é adequado para vocês que me peçam conselhos. No entanto, uma vez que vocês, queridos amigos, a quem aprecio de coração, fizeram esse pedido, eu lhes darei estes conselhos essenciais vindos de minha mente inferior e infantil.

Amigos, até que alcancem a iluminação, o professor espiritual é indispensável; portanto, confiem no sagrado Guia Espiritual.

Até que realizem a verdade última, ouvir é indispensável; portanto, ouçam as instruções do Guia Espiritual.

Já que não podem tornar-se um Buda meramente por compreender o Dharma, pratiquem sinceramente com discernimento.

Evitem lugares que perturbem sua mente e sempre permaneçam onde suas virtudes aumentem.

Até que alcancem realizações estáveis, diversões mundanas são prejudiciais; portanto, permaneçam em lugares onde não haja tais distrações.

Evitem amigos que fazem com que suas delusões aumentem, e confiem naqueles que aumentam suas virtudes. Isto vocês devem levar a sério.

Já que nunca há um momento no qual as atividades mundanas cheguem ao fim, limitem suas atividades.

Dediquem suas virtudes ao longo do dia e da noite, e sempre vigiem sua mente.

Por terem recebido conselhos pratiquem, toda vez em que não estiverem meditando, sempre de acordo com o que seu Guia Espiritual disse.

Se praticarem com grande devoção, resultados surgirão imediatamente, sem que tenham que esperar por muito tempo.

Se, do fundo dos seus corações, vocês praticarem de acordo com o Dharma, comida e recursos naturalmente chegarão às suas mãos.

Amigos, as coisas que desejam dão tanta satisfação quanto beber água do mar; portanto, pratiquem contentamento.

Evitem todas as mentes altivas, presunçosas, orgulhosas e arrogantes, e permaneçam pacíficos e mansos.

Evitem as atividades que são consideradas como meritórias, mas que, na verdade, são obstáculos ao Dharma.

Proveito e respeito são armadilhas dos maras; portanto, coloquem-nas de lado, como se fossem pedras no caminho.

Palavras de elogio e fama servem apenas para nos seduzir; assim, soprem-nas como se assoassem o nariz.

Já que a felicidade, os prazeres e os amigos que vocês reúnem nesta vida duram somente um instante, coloquem-nos todos em segundo plano.

Já que as vidas futuras duram por um tempo muito longo, reúnam riquezas para suprir o futuro.

Vocês terão de partir deixando tudo para trás; portanto, não se apeguem a nada.

Gerem compaixão pelos seres inferiores e, especialmente, evitem desprezá-los ou humilhá-los.

Não tenham ódio pelos inimigos, e nem apego pelos amigos.

Não fiquem com inveja das boas qualidades dos outros, mas, por admiração, adotem-nas pessoalmente.

Não procurem falhas nos outros; procurem falhas em vocês mesmos e purguem-nas como sangue ruim.

Não contemplem suas boas qualidades; contemplem as boas qualidades dos outros e respeitem todos como um servo o faria.

Considerem todos os seres vivos como seus pais e mães, e amem-nos como se vocês fossem filhos deles.

Mantenham sempre uma expressão sorridente e uma mente amorosa, e falem de modo sincero e sem maldade.

Se falarem muito, dizendo coisas com pouco significado, vocês irão cometer equívocos; portanto, falem com moderação e somente quando necessário.

Se vocês se envolverem em muitas atividades sem sentido, suas atividades virtuosas irão se degenerar; portanto, interrompam as atividades que não sejam espirituais.

É completamente sem sentido investir esforço em atividades que não têm essência.

Se as coisas que vocês desejam não se realizam é devido ao carma criado há muito tempo; portanto, mantenham uma mente feliz e descontraída.

Cuidado, ofender um ser sagrado é pior que morrer; portanto, sejam honestos e francos.

Já que toda felicidade e sofrimento desta vida surgem de ações passadas, não culpem os outros.

Toda felicidade vem das bênçãos de seu Guia Espiritual; portanto, retribuam sempre sua bondade.

Já que não podem domar as mentes dos outros até que tenham domado a de vocês próprios, comecem domando a própria mente de vocês.

Já que, por fim, terão que partir sem a riqueza que acumularam, não acumulem negatividade em nome de riqueza.

Prazeres distrativos não têm essência; portanto, pratiquem generosidade sinceramente.

Mantenham sempre disciplina moral pura, pois ela leva a ter beleza nesta vida e felicidade desde agora e nas vidas futuras.

Já que o ódio é abundante nestes tempos impuros, vistam a armadura da paciência, livres de raiva.

Vocês permanecem no samsara devido ao poder da preguiça; portanto, acendam a chama do esforço de aplicação.

Já que esta vida humana é desperdiçada por sermos complacentes com as distrações, agora é a hora de praticar concentração.

Por estarem sob a influência de visões errôneas, vocês não compreendem a natureza última das coisas; portanto, investiguem os significados corretos.

Amigos, não há felicidade neste pântano do samsara; por isso, mudem-se para o solo firme da libertação.

Meditem de acordo com o conselho de seu Guia Espiritual e drenem o rio do sofrimento samsárico.

Vocês devem refletir muito sobre tudo isto, pois não são apenas palavras vindas da boca, mas conselhos sinceros vindos do coração.

Se praticarem desse modo, vocês irão me deleitar, e vocês irão trazer felicidade para vocês mesmos e para os outros.

Eu, que sou um ignorante, peço a vocês que guardem esses conselhos no coração.

Esses são os conselhos que o ser sagrado Venerável Atisha deu ao Venerável Jangchub Ö.

Cólofon: Este texto foi traduzido sob a compassiva orientação de Venerável Geshe Kelsang Gyatso Rinpoche.

Os Três Principais Aspectos do Caminho à Iluminação

pelo Buda da Sabedoria Je Tsongkhapa

Homenagem ao Venerável Guia Espiritual

Explicarei, com o melhor de minha habilidade,
O significado essencial dos ensinamentos de todos os Budas [renúncia],
O caminho principal dos Bodhisattvas, que têm compaixão por todos os seres vivos [bodhichitta],
E o caminho último dos afortunados que buscam a libertação [a visão correta da vacuidade].

Tu não deves estar apegado aos prazeres mundanos,
Mas empenhar-te para encontrar o verdadeiro significado da vida humana
Por ouvir e praticar as instruções dadas aqui,
As quais todos os Budas anteriores praticaram com deleite.

O apego à satisfação dos teus próprios desejos, o desejo descontrolado,
É a causa principal de todos os teus próprios problemas e sofrimentos,
E não há método para abandoná-lo sem, primeiro, desenvolver renúncia.
Portanto, deves aplicar grande esforço para desenvolver e manter renúncia pura.

Quando, por meio do treino diário, gerares os pensamentos
espontâneos:
"Pode ser que eu morra hoje" e "Uma preciosa vida humana é tão rara",
E meditares na verdade do carma e nos sofrimentos do ciclo
de vida impura, o samsara,
O teu apego aos prazeres mundanos cessará.

Desse modo, quando o desejo descontrolado por prazeres mundanos
Não surgir sequer por um momento,
Mas uma mente ávida por libertação, nirvana, surgir ao longo
do dia e da noite,
Nesse momento, renúncia pura terá sido gerada.

No entanto, se essa renúncia não for mantida
Pela compassiva mente de bodhichitta,
Ela não será uma causa da felicidade insuperável, a iluminação;
Portanto, deves aplicar esforço para gerar a preciosa mente
de bodhichitta.

Arrastadas pelas correntezas dos quatro poderosos rios [nascimento,
envelhecimento, doença e morte],
Acorrentadas firmemente pelos grilhões do carma, tão difíceis
de soltar,
Capturadas na rede de ferro do agarramento ao em-si,
Completamente envoltas pela densa escuridão da ignorância,

Renascendo muitas e muitas vezes no ilimitado samsara
E atormentadas ininterruptamente pelos três sofrimentos [sensações
dolorosas, sofrimento-que-muda e sofrimento-que-permeia] –
Por contemplares o estado das tuas mães, todos os seres vivos,
em condições como essas,
Gera a suprema mente de bodhichitta.

Porém, embora possas estar familiarizado com renúncia e bodhichitta,
Se não possuíres a sabedoria que realiza o modo como as coisas
realmente são,

Não serás capaz de cortar a raiz do samsara;
Portanto, empenha-te de modo a realizares a relação-dependente.

Quando vires claramente fenômenos – como samsara e nirvana, e causa e efeito – tal como existem
E, ao mesmo tempo, vires que todos os fenômenos que normalmente vês ou percebes não existem
Terás ingressado no caminho da visão correta da vacuidade,
Deleitando, assim, todos os Budas.

Se perceberes e acreditares que a aparência – os fenômenos –
E o vazio – a vacuidade dos fenômenos –
São duais,
Não terás, ainda, realizado a intenção de Buda.

Se, por apenas veres que as coisas existem
Na dependência dos seus meros nomes,
O teu agarramento ao em-si reduzir ou cessar,
Nesse momento, concluíste a tua compreensão da vacuidade.

Além disso, se negares o extremo da existência
Através de simplesmente realizares que os fenômenos são apenas meras aparências,
E se negares o extremo da não existência
Através de simplesmente realizares que todos os fenômenos que normalmente vês ou percebes não existem,

E se realizares como, por exemplo, a vacuidade de causa e efeito
É percebida como causa e efeito,
Porque não existe causa e efeito que não vacuidade,
Com essas realizações, tu não serás prejudicado pela visão extrema.

Quando, desse modo, tiveres realizado corretamente os pontos essenciais
Dos três principais aspectos do caminho,
Querido, recolhe-te em retiro solitário, gera e mantém forte esforço
E alcança, rapidamente, a meta final.

Cólofon: Este texto foi retraduzido por Venerável Geshe Kelsang Gyatso Rinpoche no Dia em que Buda Girou a Roda do Dharma, 4 de junho de 2017.

Glossário

Amitayus Buda que aumenta nosso tempo de vida, mérito e sabedoria. Ele é o aspecto Corpo-de-Deleite de Buda Amitabha.

Aparência dual A aparência de um objeto à mente juntamente com a aparência da existência inerente do objeto. Consultar *Novo Coração de Sabedoria.*

Apego Fator mental deludido que observa seu objeto contaminado, considera-o como causa de felicidade e deseja-o. Consultar *Caminho Alegre da Boa Fortuna* e *Como Entender a Mente.*

Asanga Um grande iogue budista indiano e erudito que viveu no século V, autor de *Compêndio do Abhidharma.* Consultar *Viver Significativamente, Morrer com Alegria.*

Atisha (982–1054) Famoso erudito budista indiano e mestre de meditação. Ele foi abade do grande monastério budista de Vikramashila durante o período em que o Budismo Mahayana florescia na Índia. Foi convidado, posteriormente, a ir ao Tibete com o objetivo de reintroduzir o puro Budismo naquele país. Ele é o autor do primeiro texto sobre as etapas do caminho, *Luz para o Caminho.* Sua tradição ficou conhecida posteriormente como "a Tradição Kadampa". Consultar *Caminho Alegre da Boa Fortuna* e *Budismo Moderno.*

Avalokiteshvara "Chenrezig", em tibetano. A corporificação da compaixão de todos os Budas. Consultar *Viver Significativamente, Morrer com Alegria.*

Brahma Um deus mundano. Consultar *Oceano de Néctar.*

Caminho profundo O caminho profundo inclui todas as práticas de sabedoria que conduzem a uma realização direta da vacuidade e, por fim, ao Corpo-Verdade de um Buda. Consultar *Caminho Alegre da Boa Fortuna* e *Oceano de Néctar.*

Caminho vasto O caminho vasto inclui todas as práticas do método, desde o cultivo inicial da compaixão até a aquisição final do Corpo-Forma de um Buda. Consultar *Caminho Alegre da Boa Fortuna.*

Canais Corredores interiores sutis do corpo através dos quais fluem gotas sutis, movidas pelos ventos interiores. Consultar *Clara-Luz de Êxtase*, *Budismo Moderno* e *Mahamudra-Tantra.*

Clara-luz-significativa Uma mente muito sutil que realiza a vacuidade diretamente, sem uma imagem genérica. Consultar *Mahamudra-Tantra* e *Clara-Luz de Êxtase.*

Concentração Fator mental que faz sua mente primária permanecer estritamente focada em seu objeto. Consultar *Caminho Alegre da Boa Fortuna* e *Contemplações Significativas.*

Conhecedor válido Conhecedor que é não enganoso com respeito ao seu objeto conectado. Existem dois tipos de conhecedores válidos: conhecedores válidos subsequentes e conhecedores válidos diretos. Consultar *Novo Coração de Sabedoria* e *Como Entender a Mente.*

Conhecedor válido subsequente Um conhecedor completamente confiável, cujo objeto é compreendido ou realizado na dependência direta de uma razão conclusiva. Consultar *Como Entender a Mente.*

Conquistador Solitário Um dos dois tipos de praticante hinayana. Ver também Ouvinte.

Contentamento Sentir-se satisfeito com suas próprias condições exteriores e interiores, motivado por uma intenção virtuosa.

Contínua-lembrança (mindfulness) Fator mental que atua, ou funciona, para não esquecer o objeto compreendido pela mente primária. Consultar *Como Entender a Mente* e *Contemplações Significativas*.

Corpo-de-Deleite Ver Corpos de Buda.

Corpo-Emanação Ver Corpos de Buda.

Corpo-Forma Ver Corpos de Buda.

Corpo-Verdade Ver Corpos de Buda.

Corpos de Buda Um Buda possui quatro corpos: o Corpo-Verdade-Sabedoria, o Corpo-Natureza, o Corpo-de-Deleite e o Corpo-Emanação. O Corpo-Verdade-Sabedoria é a mente onisciente de Buda. O Corpo-Natureza é a vacuidade, ou natureza última, de sua mente. O Corpo-de-Deleite é seu Corpo-Forma sutil. O Corpo-Emanação, a partir do qual cada Buda manifesta um número incontável de corpos, é o Corpo-Forma denso, visível aos seres comuns. O Corpo-Verdade-Sabedoria e o Corpo-Natureza estão, ambos, incluídos no Corpo-Verdade, e o Corpo-de-Deleite e o Corpo-Emanação estão, ambos, incluídos no Corpo-Forma. Consultar *Caminho Alegre da Boa Fortuna*.

Crença correta Um conhecedor nao válido que compreende ou realiza seu objeto concebido. Consultar *Como Entender a Mente*.

Dakinis Budas tântricos femininos e mulheres que alcançaram a realização da clara-luz-significativa. Dakas são os equivalentes masculinos. Consultar *Novo Guia à Terra Dakini*.

Deidade "Yidam", em tibetano. Um ser iluminado tântrico.

Demônio Ver mara.

Destruidor de Inimigos "*Arhat*", em sânscrito. Refere-se a um praticante que abandonou todas as delusões e suas sementes por meio de treinar em caminhos espirituais e que nunca mais renascerá no samsara. Neste contexto, o termo "inimigo" refere-se às delusões.

Deuses Seres do reino dos deuses, o mais elevado dos seis reinos do samsara. Consultar *Caminho Alegre da Boa Fortuna*.

Discriminação Fator mental que atua apreendendo os sinais particulares de um objeto. Consultar *Como Entender a Mente*.

Emanação Forma animada ou inanimada manifestada pelos Budas ou elevados Bodhisattvas para o benefício dos outros.

Éon Afortunado Nome dado a esta era do mundo. A razão dessa denominação é porque mil Budas fundadores aparecerão durante este éon. Buda Shakyamuni foi o quarto, e Buda Maitreya será o quinto. O éon no qual nenhum Buda aparece é chamado "Éon de Trevas".

Equanimidade De modo geral, uma mente equilibrada, livre de forte apego e aversão. Consultar *Caminho Alegre da Boa Fortuna*.

Espíritos famintos Seres do reino dos espíritos famintos, o segundo reino inferior dos seis reinos do samsara (o inferno é o mais inferior de todos). Consultar *Caminho Alegre da Boa Fortuna*.

Estágio de conclusão Realizações do Tantra Ioga Supremo desenvolvidas na dependência de os ventos interiores entrarem, permanecerem e se dissolverem no canal central por força de meditação. Consultar *Solos e Caminhos Tântricos* e *Budismo Moderno*.

Estágio de geração Realização de um ioga criativo antes da aquisição do estágio de conclusão efetivo. A realização do estágio de geração é obtida por meio da prática de trazer os três corpos para o caminho, na qual alguém gera a si mesmo como uma Deidade tântrica e seu ambiente como o mandala da Deidade. A meditação no estágio de geração é denominada "ioga criativo" porque seu objeto é criado, ou gerado, por meio de imaginação correta. Consultar *Mahamudra-Tantra, Budismo Moderno* e *Solos e Caminhos Tântricos.*

Fator mental Conhecedor que apreende, principalmente, um atributo específico de um objeto. Existem 51 fatores mentais específicos. Cada momento da mente contém uma mente primária e vários fatores mentais. Consultar *Como Entender a Mente.*

Fé Mente naturalmente virtuosa, que atua principalmente para se opor à percepção de falhas em seu objeto observado. Existem três tipos de fé: fé de acreditar, fé de admirar e fé de almejar. Consultar *Caminho Alegre da Boa Fortuna, Budismo Moderno* e *Como Entender a Mente.*

Geshe Título concedido pelos monastérios kadampa para eruditos budistas realizados. "Geshe" é uma abreviação de "*ge wai she nyem*", que, em tibetano, significa literalmente "amigo virtuoso".

Geshe Chekhawa (1102–1176) Um grande Bodhisattva kadampa que escreveu o texto *Treinar a Mente em Sete Pontos*, um comentário às *Oito Estrofes do Treino da Mente*, de Geshe Langri Tangpa. Geshe Chekhawa difundiu o estudo e a prática do treino da mente por todo o Tibete. Consultar *Compaixão Universal.*

Guia Espiritual "*Guru*", em sânscrito, e "*Lama*", em tibetano. O professor que nos guia ao longo do caminho espiritual. Consultar *Caminho Alegre da Boa Fortuna* e *Grande Tesouro de Mérito.*

Guia do Estilo de Vida do Bodhisattva Texto budista mahayana clássico, escrito pelo grande iogue e erudito budista indiano Shantideva, que apresenta todas as práticas de um Bodhisattva, desde as primeiras etapas de gerar a bodhichitta até a conclusão da prática das seis perfeições. Para ler a tradução dessa obra, consultar *Guia do Estilo de Vida do Bodhisattva*. Para um comentário completo a esse texto, ler *Contemplações Significativas.*

Guru-Ioga Maneira especial de confiar em nosso Guia Espiritual, com o propósito de receber suas bênçãos. Consultar *Grande Tesouro de Mérito* e *Joia-Coração.*

Gurus-linhagem *Continuum*, ou série, de Guias Espirituais por meio dos quais uma instrução específica tem sido transmitida.

Gyalwa Ensapa (1505–1566) Grande iogue e Guru-linhagem do Mahamudra. Consultar *Grande Tesouro de Mérito.*

Herói e Heroína Um Herói é uma Deidade tântrica masculina, que é a corporificação do método. Uma Heroína é uma Deidade tântrica feminina, que é a corporificação da sabedoria. Consultar *Novo Guia à Terra Dakini.*

Heruka Principal Deidade do Tantra-Mãe e a corporificação de êxtase e vacuidade indivisíveis. Consultar *Essência do Vajrayana* e *Budismo Moderno.*

Hinayana Palavra sânscrita para "Pequeno Veículo". A meta hinayana é meramente a conquista, para si próprio, da libertação do sofrimento, obtida pelo completo abandono das delusões. Consultar *Caminho Alegre da Boa Fortuna.*

Humildade Fator mental virtuoso cuja função principal é reduzir o orgulho deludido.

Imagem genérica O objeto aparecedor de uma mente conceitual. Uma imagem genérica, ou imagem mental, de um objeto é semelhante ao reflexo desse objeto. Mentes conceituais conhecem seu objeto por meio da aparência de uma imagem genérica do objeto e não porque veem o objeto diretamente. Consultar *Novo Coração de Sabedoria* e *Como Entender a Mente.*

Indra Um deus mundano. Consultar *Novo Coração de Sabedoria.*

Iogue/Ioguine Termos sânscritos normalmente utilizados para se referir a um meditador masculino ou feminino que alcançou a união do tranquilo-permanecer com a visão superior.

Jangchub Ö Sobrinho de Yeshe Ö, rei tibetano que viveu no século XI. Juntos, suportaram muitos sofrimentos e privações para convidar ao Tibete o grande mestre budista indiano Atisha – Yeshe Ö deu a sua vida nesse processo. Como resultado de sua bondade altruísta, o puro Budadharma floresceu novamente por todo o Tibete. Esse Budadharma passou a ser conhecido como "Budismo Kadampa" e continua a florescer nos dias atuais por todo o mundo. Consultar *Caminho Alegre da Boa Fortuna* e *Budismo Moderno*.

Je Tsongkhapa (1357–1419) Je Tsongkhapa foi uma emanação do Buda da Sabedoria Manjushri. Sua aparição no século XIV como um monge e detentor da linhagem da visão pura e de feitos puros, no Tibete, foi profetizada por Buda. Je Tsongkhapa difundiu um Budadharma muito puro por todo o Tibete, mostrando como combinar as práticas de Sutra e de Tantra e como praticar o puro Dharma durante tempos degenerados. Sua tradição ficou conhecida posteriormente como "Gelug" ou "Tradição Ganden". Consultar *Joia-Coração* e *Grande Tesouro de Mérito*.

Kadampa Palavra tibetana na qual "Ka" significa "palavra" e refere-se a todos os ensinamentos de Buda; "dam" refere-se às instruções de Lamrim especiais de Atisha, conhecidas como "etapas do caminho à iluminação"; e "pa" refere-se ao seguidor do Budismo Kadampa, que integra em sua prática de Lamrim todos os ensinamentos de Buda que ele conhece. Ver também Tradição Kadampa. Consultar *Budismo Moderno*.

Khedrubje (1385–1438) Um dos principais discípulos de Je Tsongkhapa. Após o falecimento de Je Tsongkhapa, Khedrubje trabalhou muito para promover a tradição iniciada por seu mestre. Consultar *Grande Tesouro de Mérito*.

Lamrim Termo tibetano que significa literalmente "etapas do caminho". O Lamrim é uma organização especial de todos os ensinamentos de Buda, que é fácil de compreender e de ser colocado em prática. Ele revela todas as etapas do caminho à iluminação. Para um comentário completo ao Lamrim, consultar *Caminho Alegre da Boa Fortuna* e *Novo Manual de Meditação.*

Linhagem *Continuum* de instruções transmitido de Guia Espiritual para discípulo, em que cada Guia Espiritual da linhagem obteve uma experiência pessoal da instrução antes de passá-la para os outros.

Mahamudra Termo sânscrito que significa literalmente "grande selo". De acordo com os Sutras, refere-se à visão profunda da vacuidade. Como a vacuidade é a natureza de todos os fenômenos, ela é chamada de "selo", e como uma realização direta da vacuidade permite-nos realizar o grande propósito – a libertação completa dos sofrimentos do samsara – ele também é chamado de "grande". De acordo com o Mantra Secreto, "grande selo" é a união de grande êxtase espontâneo e vacuidade. Consultar *Mahamudra-Tantra, As Instruções Orais do Mahamudra, Clara-Luz de Êxtase* e *Grande Tesouro de Mérito.*

Mahayana Termo sânscrito para "Grande Veículo", o caminho espiritual à grande iluminação. A meta mahayana é conquistar a Budeidade para o benefício de todos os seres vivos, por meio do abandono completo das delusões e de suas marcas. Consultar *Caminho Alegre da Boa Fortuna* e *Contemplações Significativas.*

Maitreya A corporificação da bondade amorosa de todos os Budas. No tempo de Buda Shakyamuni, Maitreya manifestou-se como um discípulo Bodhisattva a fim de mostrar, aos discípulos de Buda, como ser um perfeito discípulo mahayana. No futuro, ele irá se manifestar como o quinto Buda fundador.

Mala Rosário utilizado para contar recitações de preces ou mantras.

Mantra Termo sânscrito que significa literalmente "proteção da mente". O mantra protege a mente contra aparências e concepções comuns. Consultar *Mahamudra-Tantra* e *Solos e Caminhos Tântricos.*

Mantra Secreto Sinônimo de Tantra. Os ensinamentos do Mantra Secreto diferem dos ensinamentos de Sutra por revelarem métodos para treinar a mente por meio de trazer o resultado futuro – a Budeidade – para o caminho atual. O Mantra Secreto é o caminho supremo à plena iluminação. O termo "mantra" indica que se trata de uma instrução especial de Buda para proteger a nossa mente das aparências e concepções comuns. Os praticantes do Mantra Secreto superam as aparências e concepções comuns visualizando o seu corpo, ambiente, prazeres e atividades como sendo os de um Buda. O termo "secreto" indica que as práticas devem ser feitas reservadamente e apenas pelos que receberam uma iniciação tântrica. Consultar *As Instruções Orais do Mahamudra*, *Mahamudra-Tantra*, *Budismo Moderno* e *Solos e Caminhos Tântricos.*

Mara Mara é o termo sânscrito para "demônio", e refere-se a qualquer coisa que obstrua a conquista da libertação ou da iluminação. Existem quatro tipos principais de mara: o mara das delusões, o mara dos agregados contaminados, o mara da morte descontrolada e os maras Devaputra. Dentre os quatro tipos de mara, apenas os maras Devaputra são seres sencientes. Consultar *Novo Coração de Sabedoria.*

Marca(s) Existem dois tipos de marca: marcas das ações e marcas das delusões. Cada ação que fazemos deixa uma marca na mente, e essas marcas são potencialidades cármicas para experienciar determinados efeitos no futuro. As marcas deixadas pelas delusões permanecem mesmo depois das próprias delusões terem sido removidas, do mesmo modo que o cheiro de alho permanece num recipiente depois do alho ter sido removido. As marcas das delusões são obstruções à onisciência e são totalmente abandonadas apenas pelos Budas.

Meditação Meditação é uma mente que se concentra em um objeto virtuoso, e é também uma ação mental que é a causa principal de paz mental. Existem dois tipos de meditação: meditação analítica e meditação posicionada. Quando usamos nossa imaginação, contínua-lembrança (*mindfulness*) e capacidade de raciocínio para encontrar nosso objeto de meditação, isso é *meditação analítica*. Quando encontramos nosso objeto e o retemos de modo estritamente focado, isso é *meditação posicionada*. Existem diferentes tipos de objeto. Alguns, como a impermanência ou a vacuidade, são objetos apreendidos pela mente. Outros, como amor, compaixão e renúncia, são estados mentais propriamente ditos. Empenhamo-nos em meditação analítica até que o objeto específico que buscamos apareça de modo claro para a nossa mente ou até que surja o estado mental específico que desejamos gerar. Esse objeto ou estado mental é o nosso objeto de meditação posicionada. Consultar *Novo Manual de Meditação* e *Caminho Alegre da Boa Fortuna*.

Meditação analítica Ver meditação.

Meditação posicionada Ver meditação.

Mente não conceitual Conhecedor para o qual seu objeto aparece com clareza, sem estar misturado com uma imagem genérica. Consultar *Como Entender a Mente*.

Mente primária Conhecedor que apreende, principalmente, a mera entidade de um objeto. Sinônimo de *consciência*. Existem seis mentes primárias: consciência visual, consciência auditiva, consciência olfativa, consciência gustativa, consciência tátil e consciência mental. Cada momento da mente contém uma mente primária e vários fatores mentais. Uma mente primária e seus fatores mentais acompanhantes são a mesma entidade, mas atuam (ou funcionam) de maneiras diferentes. Consultar *Como Entender a Mente*.

Mente-raiz Mente muito sutil localizada no centro da roda-canal do coração. É conhecida como "mente-raiz" porque todas as outras mentes surgem dela e nela se dissolvem. Consultar *Mahamudra--Tantra*.

Mente sutil Existem diferentes tipos de mente: densa, sutil e muito sutil. As mentes sutis manifestam-se quando os ventos interiores se reúnem e se dissolvem no canal central. Ver também mente-raiz. Consultar *Clara-Luz de Êxtase* e *Mahamudra-Tantra*.

Mérito Boa fortuna criada por ações virtuosas. O mérito é um poder potencial para aumentar nossas boas qualidades e produzir felicidade.

Método Qualquer caminho espiritual que atua, ou funciona, para amadurecer nossa linhagem búdica. Treinar em renúncia, compaixão e bodhichitta são exemplos de práticas do método.

Milarepa (1040–1123) Um grande meditador budista tibetano e discípulo de Marpa. Ele é celebrado por suas belas canções de realização.

Naga Ser não humano que, normalmente, não é visível aos humanos. Diz-se que a metade superior de seu corpo tem forma humana e, a metade inferior, de serpente. Os nagas costumam viver nos oceanos, mas, algumas vezes, habitam em terra firme, em regiões rochosas e em árvores. Eles são muito poderosos – alguns são benevolentes, ao passo que outros são malévolos. Muitas doenças, conhecidas como "doenças naga", são causadas pelos nagas e somente podem ser curadas por meio da execução de rituais naga apropriados.

Nagarjuna Grande erudito budista indiano e mestre de meditação que reviveu o Mahayana no primeiro século por trazer à luz os ensinamentos dos *Sutras Perfeição de Sabedoria*. A extraordinária vida e obras de Nagarjuna foram profetizadas por Buda Shakyamuni. Consultar *Oceano de Néctar*.

Nyungne Retiro de purificação e jejum, associado a Avalokiteshvara de Onze Faces.

Objeto de negação Ver objeto negado.

Objeto negado Objeto explicitamente negado por uma mente que compreende ou realiza um fenômeno negativo. Também conhecido como "objeto de negação".

Objeto observado Qualquer objeto sobre o qual a mente esteja focada. Consultar *Como Entender a Mente.*

Obstruções à libertação Obstruções que impedem a conquista da libertação. Todas as delusões, como ignorância, apego e raiva, juntamente com suas sementes, são obstruções à libertação. São também denominadas "delusões-obstruções".

Obstruções à onisciência Marcas das delusões, que impedem a realização simultânea e direta de todos os fenômenos. Somente os Budas superaram essas obstruções.

Oferenda ao Guia Espiritual "*Lama Chopa*", em tibetano. Um Guru-Ioga especial de Je Tsongkhapa, no qual nosso Guia Espiritual é visualizado no aspecto de Lama Losang Tubwang Dorjechang. *Oferenda ao Guia Espiritual* é uma prática preliminar ao Mahamudra Vajrayana. Para uma tradução e comentário completo a essa prática, consultar *Grande Tesouro de Mérito.*

Oito preocupações mundanas, As Os objetos das oito preocupações mundanas, ou interesses mundanos, são: felicidade e sofrimento, riqueza e pobreza, louvor e crítica, boa reputação e má reputação. Eles são conhecidos como "as oito preocupações mundanas" porque as pessoas mundanas estão constantemente preocupadas com eles, desejando alguns e tentando evitar outros. Eles também são conhecidos como "os oito dharmas mundanos". Consultar *Caminho Alegre da Boa Fortuna.*

Ouvinte Um dos dois tipos de praticantes hinayana. Ouvintes e Conquistadores Solitários são, ambos, hinayanistas; porém, diferem em sua motivação, comportamento, mérito e sabedoria. Consultar *Oceano de Néctar.*

Percebedor direto Conhecedor que apreende seu objeto manifesto. Consultar *Como Entender a Mente.*

Percepção errônea Conhecedor que está equivocado com relação a seu objeto conectado, ou apreendido. Consultar *Como Entender a Mente.*

Pratimoksha Palavra sânscrita que significa "libertação individual". Consultar *O Voto Bodhisattva.*

Prostração Ação por meio da qual demonstramos respeito com o corpo, a fala ou a mente. Consultar *Caminho Alegre da Boa Fortuna* e *O Voto Bodhisattva.*

Protetor do Dharma Emanação de um Buda ou de um Bodhisattva, cuja principal função é eliminar obstáculos e reunir todas as condições necessárias para os praticantes puros de Dharma. Também chamado "Dharmapala", em sânscrito. Consultar *Joia-Coração.*

Quarto Libertador Refere-se a Buda Shakyamuni. Ver também éon afortunado.

Raiva Fator mental deludido que observa seu objeto contaminado, exagera suas más qualidades, considera-o indesejável ou desagradável e deseja prejudicá-lo. Consultar *Como Entender a Mente* e *Como Solucionar Nossos Problemas Humanos.*

Realização Experiência estável e não equivocada de um objeto virtuoso, que nos protege diretamente do sofrimento.

Reino do inferno O reino mais inferior dos seis reinos do samsara. Consultar *Caminho Alegre da Boa Fortuna.*

Renúncia O desejo de se libertar do samsara. Consultar *Caminho Alegre da Boa Fortuna.*

Roda-Canal "*Chakra*", em sânscrito. O chakra é um centro focal de onde canais secundários ramificam-se a partir do canal central.

Meditar nesses pontos pode fazer com que os ventos interiores entrem no canal central. Ver também canais. Consultar *Clara-Luz de Êxtase*, *Budismo Moderno* e *Mahamudra-Tantra*.

Sabedoria Mente inteligente virtuosa que faz sua mente primária compreender ou realizar seu objeto por inteiro. A sabedoria é um caminho espiritual que atua, ou funciona, para libertar nossa mente das delusões ou das marcas das delusões. Um exemplo de sabedoria é a visão correta da vacuidade. Consultar *Novo Coração de Sabedoria* e *Como Entender a Mente*.

Seis reinos Existem seis reinos no samsara. Listados em ordem ascendente, de acordo com o tipo de carma que causa o renascimento neles, temos: o reino dos seres-do-inferno, o reino dos espíritos famintos, o reino dos animais, o reino dos seres humanos, o reino dos semideuses e o reino dos deuses. Os primeiros três reinos são reinos inferiores, ou migrações infelizes, e os três reinos restantes são reinos elevados, ou migrações felizes. Consultar *Caminho Alegre da Boa Fortuna* e *Novo Manual de Meditação*.

Semente de delusão A semente de uma delusão é a potencialidade para que essa delusão surja; ela é a causa substancial da delusão. Até que tenhamos abandonado por completo uma delusão, a semente dessa delusão permanecerá em nossa mente, mesmo quando a própria delusão não está manifesta. As sementes de delusões podem ser erradicadas somente pela sabedoria que realiza diretamente a vacuidade. Consultar *Como Entender a Mente*.

Sensação Fator mental que atua, ou funciona, para experienciar objetos agradáveis, desagradáveis ou neutros. Consultar *Como Entender a Mente*.

Ser comum Qualquer pessoa que não realizou diretamente a vacuidade.

Ser senciente Qualquer ser que tenha a mente contaminada pelas delusões ou pelas marcas das delusões. Os termos "ser senciente" e "ser vivo" são utilizados para fazer a distinção entre os seres cujas mentes estão contaminadas por essas duas obstruções (ou por uma delas) e os Budas, cujas mentes são completamente livres dessas duas obstruções.

Shantideva (687–763) Grande erudito budista indiano e mestre de meditação. Escreveu *Guia do Estilo de Vida do Bodhisattva*. Consultar *Contemplações Significativas* e *Guia do Estilo de Vida do Bodhisattva*.

Solos Bodhisattva Esses dez solos são as realizações dos Bodhisattvas superiores. Consultar *Oceano de Néctar*.

Sutra Ensinamentos de Buda abertos para a prática de todos, sem necessidade de uma iniciação. Os ensinamentos de Sutra incluem os ensinamentos de Buda das três giradas da Roda do Dharma.

Sutra Coração Um dos diversos *Sutras Perfeição de Sabedoria* ensinados por Buda. Embora seja muito menor do que os demais *Sutras Perfeição de Sabedoria*, o *Sutra Coração* contém explícita ou implicitamente todo o seu significado. É também conhecido como *Sutra Essência da Sabedoria*. Para a leitura de sua tradução e comentário completo, consultar *Novo Coração de Sabedoria*.

Sutras Perfeição de Sabedoria Sutras da segunda girada da Roda do Dharma, na qual Buda revelou sua visão final sobre a natureza última de todos os fenômenos – a vacuidade de existência inerente. Consultar *Novo Coração de Sabedoria* e *Oceano de Néctar*.

Sutras Vinaya Sutras nos quais Buda explica, principalmente, a prática de disciplina moral e, em particular, a disciplina moral Pratimoksha.

Tantra Ver mantra secreto.

Tara/Arya Tara Um Buda feminino que é uma manifestação da sabedoria última de todos os Budas. "*Arya*" significa "Superior", e "Tara" significa "Libertadora" ou "Salvadora". Porque ela é um Buda de sabedoria e uma manifestação do elemento vento completamente purificado, Tara é capaz de nos ajudar muito rapidamente.

Tempos sem início De acordo com a visão budista sobre o mundo, não há um início para a mente e, portanto, não há um início para o tempo. Por esta razão, todos os seres vivos tiveram incontáveis renascimentos.

Terra Pura Ambiente puro onde não há verdadeiros sofrimentos. Existem muitas Terras Puras. Por exemplo: Tushita é a Terra Pura de Buda Maitreya; Sukhavati é a Terra Pura de Buda Amitabha; e a Terra Dakini, ou Keajra, é a Terra Pura de Buda Vajrayogini e Buda Heruka. Consultar *Viver Significativamente, Morrer com Alegria* e *Joia-Coração*.

Tradição Kadampa A pura tradição do Budismo estabelecido por Atisha. Os seguidores dessa tradição, até a época de Je Tsongkhapa, são conhecidos como "Antigos Kadampas", e os seguidores após a época de Je Tsongkhapa são conhecidos como "Novos Kadampas". Ver também Kadampa.

Tranquilo-permanecer Concentração que possui o êxtase especial da maleabilidade física e mental, obtida na dependência da conclusão das nove permanências mentais. Consultar *Contemplações Significativas*, *Caminho Alegre da Boa Fortuna* e *As Instruções Orais do Mahamudra*.

Três principais aspectos do caminho, Os As realizações de renúncia, bodhichitta e a sabedoria que realiza a vacuidade. Consultar *Caminho Alegre da Boa Fortuna*.

Trijang Rinpoche, Vajradhara (1901–1981) Um lama tibetano especial que viveu no século XX. Também conhecido como "Dorjechang Trijang Rinpoche" e "Losang Yeshe".

União Refere-se à União-do-Não-Mais-Aprender, sinônimo de plena iluminação.

Vajradhara O fundador do Vajrayana, ou Tantra. Vajradhara é o mesmo *continuum* mental que Buda Shakyamuni, mostrando porém um aspecto diferente. Buda Shakyamuni aparece no aspecto de um Corpo-Emanação, ao passo que Conquistador Vajradhara aparece no aspecto de um Corpo-de-Deleite. Consultar *Grande Tesouro de Mérito*.

Vajradharma Manifestação da fala de todos os Budas. Ele se parece com Conquistador Vajradhara, exceto pela cor do seu corpo, que é vermelho. Consultar *Novo Guia à Terra Dakini*.

Vajrapani A corporificação do poder de todos os Budas. Ele aparece com um aspecto irado, mostrando seu poder de superar obstáculos exteriores, interiores e secretos.

Vajrayana O veículo do Mantra Secreto. Ver também mantra secreto.

Vajrayogini Deidade feminina do Tantra Ioga Supremo que é a corporificação do êxtase e vacuidade indivisíveis. Ela é a mesma natureza que Heruka. Consultar *Novo Guia à Terra Dakini*.

Ventos interiores Ventos sutis especiais relacionados com a mente e que fluem pelos canais do nosso corpo. Nosso corpo e nossa mente não podem funcionar sem esses ventos. Consultar *Mahamudra-Tantra*, *Budismo Moderno* e *Clara-Luz de Êxtase*.

Vigilância Fator mental que é um tipo de sabedoria que examina nossas atividades de corpo, fala e mente e que identifica se falhas estão se desenvolvendo ou não. Consultar *Como Entender a Mente*.

Visão errônea Uma percepção errônea intelectualmente formada que nega a existência de um objeto que é necessário compreender para se alcançar a libertação ou a iluminação – por exemplo, negar a existência de seres iluminados, do carma ou a existência de renascimentos. Consultar *Caminho Alegre da Boa Fortuna*.

Visão superior Sabedoria especial que vê ou percebe seu objeto claramente e que é mantida pelo tranquilo-permanecer e pela maleabilidade especial induzida por investigação. Consultar *Caminho Alegre da Boa Fortuna* e *As Instruções Orais do Mahamudra.*

Yidam Ver Deidade.

Bibliografia

Venerável Geshe Kelsang Gyatso Rinpoche é um mestre de meditação e erudito altamente respeitado da tradição do Budismo Mahayana fundada por Je Tsongkhapa. Desde sua chegada ao Ocidente, em 1977, Venerável Geshe Kelsang Gyatso Rinpoche tem trabalhado incansavelmente para estabelecer o puro Budadharma no mundo inteiro. Durante esse tempo, deu extensos ensinamentos sobre as principais escrituras mahayana. Esses ensinamentos proporcionam uma exposição completa das práticas essenciais de Sutra e de Tantra do Budismo Mahayana.

Consulte o *website* da Tharpa Brasil para conferir os títulos disponíveis em língua portuguesa.

Livros

Budismo Moderno O caminho da compaixão e sabedoria. (3ª edição, 2015)

Caminho Alegre da Boa Fortuna O completo caminho budista *à iluminação*. (4ª edição, 2010)

Clara-Luz de Êxtase Um manual de meditação tântrica.

Como Entender a Mente A natureza e o poder da mente. (edição revista pelo autor, 2014. Edição anterior, com o título *Entender a Mente*, 2002)

Como Solucionar Nossos Problemas Humanos As Quatro Nobres Verdades. (4ª edição, 2012)

Como Transformar a sua Vida Uma jornada de êxtase. (edição revista pelo autor, 2017. Edição anterior, com o título *Transforme sua Vida*, 2014)

Compaixão Universal Soluções inspiradoras para tempos difíceis. (3ª edição, 2007)

Contemplações Significativas Como se tornar um amigo do mundo. (2009)

Essência do Vajrayana A prática do Tantra Ioga Supremo do mandala de corpo de Heruka.

Grande Tesouro de Mérito Como confiar num Guia Espiritual. (2013)

Guia do Estilo de Vida do Bodhisattva Como desfrutar uma vida de grande significado e altruísmo. Uma tradução da famosa obra-prima em versos de Shantideva. (2ª edição, 2009)

Introdução ao Budismo Uma explicação do estilo de vida budista. (6ª edição, 2012)

As Instruções Orais do Mahamudra A verdadeira essência dos ensinamentos, de Sutra e de Tantra, de Buda (2016)

Joia-Coração As práticas essenciais do Budismo Kadampa. (2ª edição, 2016)

Mahamudra-Tantra O supremo néctar da Joia-Coração. (2ª edição, 2014)

Novo Coração de Sabedoria Uma explicação do Sutra Coração. (edição revista pelo autor, 2013. Edição anterior, com o título *Coração de Sabedoria*, 2005)

Novo Guia à Terra Dakini A prática do Tantra Ioga Supremo de Buda Vajrayogini. (edição revista pelo autor, 2015. Edição anterior, com o título *Guia à Terra Dakini*, 2001)

Novo Manual de Meditação Meditações para tornar nossa vida feliz e significativa. (3ª edição, 2016)

Novo Oito Passos para a Felicidade O caminho budista da bondade amorosa. (edição revista pelo autor, 2017. Edições anteriores, como *Oito Passos para a Felicidade:* 2013 – também revista pelo autor – e 2007)

Oceano de Néctar A verdadeira natureza de todas as coisas.

Solos e Caminhos Tântricos Como ingressar, progredir e concluir o Caminho Vajrayana. (2016)

Viver Significativamente, Morrer com Alegria A prática profunda da transferência de consciência. (2007)

O Voto Bodhisattva Um guia prático para ajudar os outros. (2ª edição, 2005)

Sadhanas

Venerável Geshe Kelsang Gyatso Rinpoche também supervisionou a tradução de uma coleção essencial de sadhanas, ou livretos de orações, para aquisições espirituais. Consulte o *website* da Tharpa Brasil para conferir os títulos disponíveis em língua portuguesa.

Caminho de Compaixão para quem Morreu Sadhana de Powa para o benefício dos que morreram.

Caminho de Êxtase A sadhana condensada de autogeração de Vajrayogini.

Caminho Rápido ao Grande Êxtase A sadhana extensa de autogeração de Vajrayogini.

Caminho à Terra Pura Sadhana para o treino em Powa (a transferência de consciência).

As Centenas de Deidades da Terra Alegre de Acordo com o Tantra Ioga Supremo O Guru-Ioga de Je Tsongkhapa como uma Prática Preliminar ao Mahamudra.

Cerimônia de Powa Transferência de consciência de quem morreu.

Cerimônia de Refúgio Mahayana e Cerimônia do Voto Bodhisattva.

A Confissão Bodhisattva das Quedas Morais A prática de purificação do Sutra Mahayana dos Três Montes Superiores.

Essência da Boa Fortuna Preces das seis práticas preparatórias para a meditação sobre as Etapas do Caminho à iluminação.

Essência do Vajrayana Sadhana de autogeração do mandala de corpo de Heruka, de acordo com o sistema de Mahasiddha Ghantapa.

Essência do Vajrayana Condensado Sadhana de autogeração do mandala de corpo de Heruka.

O Estilo de Vida Kadampa As práticas essenciais do Lamrim Kadam.
Festa de Grande Êxtase Sadhana de autoiniciação de Vajrayogini.
Gota de Néctar Essencial Uma prática especial de jejum e de purificação em associação com Avalokiteshvara de Onze Faces.
Grande Libertação do Pai Preces preliminares para a meditação no Mahamudra em associação com a prática de Heruka.
Grande Libertação da Mãe Preces preliminares para a meditação no Mahamudra em associação com a prática de Vajrayogini.
A Grande Mãe Um método para superar impedimentos e obstáculos pela recitação do *Sutra Essência da Sabedoria* (o *Sutra Coração*).
O Ioga de Avalokiteshvara de Mil Braços Sadhana de autogeração.
O Ioga de Buda Amitayus Um método especial para aumentar tempo de vida, sabedoria e mérito.
O Ioga de Buda Heruka A sadhana essencial de autogeração do mandala de corpo de Heruka & Ioga Condensado em Seis Sessões.
O Ioga de Buda Maitreya Sadhana de autogeração.
O Ioga de Buda Vajrapani Sadhana de autogeração.
Ioga da Dakini A sadhana mediana de autogeração de Vajrayogini.
O Ioga da Grande Mãe Prajnaparamita Sadhana de autogeração.
O Ioga Incomum da Inconceptibilidade A instrução especial sobre como alcançar a Terra Pura de Keajra com este corpo humano.
O Ioga da Mãe Iluminada Arya Tara Sadhana de autogeração.
O Ioga de Tara Branca, Buda de Longa Vida.
Joia-Coração O Guru-Ioga de Je Tsongkhapa, associado à sadhana condensada de seu Protetor do Dharma.
Joia-que-Satisfaz-os-Desejos O Guru-Ioga de Je Tsongkhapa, associado à sadhana de seu Protetor do Dharma.
Libertação da Dor Preces e pedidos às 21 Taras.
Manual para a Prática Diária dos Votos Bodhisattva e Tântricos.
Meditação e Recitação de Vajrasattva Solitário.
Melodioso Tambor Vitorioso em Todas as Direções O ritual extenso de cumprimento e de renovação de compromissos com o Protetor do Dharma, o grande rei Dorje Shugden, juntamente com Mahakala, Kalarupa, Kalindewi e outros Protetores do Dharma.

Nova Essência do Vajrayana A prática de autogeração do mandala de corpo de Heruka, uma instrução da Linhagem Oral Ganden.

Oferenda ao Guia Espiritual (Lama Chöpa) Uma maneira especial de confiar no Guia Espiritual.

Paraíso de Keajra O comentário essencial à prática do Ioga Incomum da Inconceptibilidade.

Pedido ao Sagrado Guia Espiritual Venerável Geshe Kelsang Gyatso, de seus Fiéis Discípulos.

Prece do Buda da Medicina Um método para beneficiar os outros.

Preces para Meditação Preces preparatórias breves para meditação.

Preces pela Paz Mundial.

Preces Sinceras Preces para o rito funeral em cremações ou enterros.

Sadhana de Avalokiteshvara Preces e pedidos ao Buda da Compaixão.

Sadhana do Buda da Medicina Um método para obter as aquisições do Buda da Medicina.

O Tantra-Raiz de Heruka e Vajrayogini Capítulos Um e Cinquenta e Um do Tantra-Raiz Condensado de Heruka.

O Texto-Raiz: As Oito Estrofes do Treino da Mente

Tesouro de Sabedoria A sadhana do Venerável Manjushri.

União do Não-Mais-Aprender Sadhana de autoiniciação do mandala de corpo de Heruka.

Vida Pura A prática de tomar e manter os Oito Preceitos Mahayana.

Os Votos e Compromissos do Budismo Kadampa.

Os livros e sadhanas de Venerável Geshe Kelsang Gyatso Rinpoche podem ser adquiridos nos Centros Budistas Kadampa e Centros de Meditação Kadampa e suas filiais. Você também pode adquiri-los diretamente pelo *site* da Editora Tharpa Brasil.

Editora Tharpa Brasil

Rua Artur de Azevedo, 1360	Tel: (11) 3476-2328
Pinheiros	Web: www.tharpa.com/br
05404-003 São Paulo – SP	E-mail: contato.br@tharpa.com

Programas de Estudo do Budismo Kadampa

O Budismo Kadampa é uma escola do Budismo Mahayana fundada pelo grande mestre budista indiano Atisha (982–1054). Seus seguidores são conhecidos como "Kadampas": "Ka" significa "palavra" e refere-se aos ensinamentos de Buda, e "dam" refere-se às instruções especiais de Lamrim ensinadas por Atisha, conhecidas como "as Etapas do Caminho à iluminação". Integrando o conhecimento dos ensinamentos de Buda com a prática de Lamrim, e incorporando isso em suas vidas diárias, os budistas kadampas são incentivados a usar os ensinamentos de Buda como métodos práticos para transformar atividades diárias em caminho à iluminação. Os grandes professores kadampas são famosos não apenas por serem grandes eruditos, mas também por serem praticantes espirituais de imensa pureza e sinceridade.

A linhagem desses ensinamentos, tanto sua transmissão oral como suas bênçãos, foi passada de mestre a discípulo e se espalhou por grande parte da Ásia e, agora, por diversos países do mundo ocidental. Os ensinamentos de Buda, conhecidos como "Dharma", são comparados a uma roda que gira, passando de um país a outro segundo as condições e tendências cármicas de seus habitantes. As formas externas de se apresentar o Budismo podem mudar de acordo com as diferentes culturas e sociedades, mas sua autenticidade essencial é assegurada pela continuidade de uma linhagem ininterrupta de praticantes realizados.

O Budismo Kadampa foi introduzido no Ocidente em 1977 pelo renomado mestre budista Venerável Geshe Kelsang Gyatso Rinpoche. Desde então, ele vem trabalhando incansavelmente para expandir o Budismo Kadampa por todo o mundo, dando extensos ensinamentos, escrevendo textos profundos sobre o Budismo Kadampa e fundando a Nova Tradição Kadampa-União Budista Kadampa Internacional (NKT–IKBU), que hoje congrega mais de mil Centros Budistas e grupos kadampa em todo o mundo. Esses centros oferecem programas de estudo sobre a psicologia e a filosofia budistas, instruções para meditar e retiros para todos os níveis de praticantes. A programação enfatiza a importância de incorporarmos os ensinamentos de Buda na vida diária, de modo que possamos solucionar nossos problemas humanos e propagar paz e felicidade duradouras neste mundo.

O Budismo Kadampa da NKT–IKBU é uma tradição budista totalmente independente e sem filiações políticas. É uma associação de centros budistas e de praticantes que se inspiram no exemplo e nos ensinamentos dos mestres kadampas do passado, conforme a apresentação feita por Venerável Geshe Kelsang Gyatso Rinpoche.

Existem três razões pelas quais precisamos estudar e praticar os ensinamentos de Buda: para desenvolver nossa sabedoria, cultivar um bom coração e manter a paz mental. Se não nos empenharmos em desenvolver nossa sabedoria, sempre permaneceremos ignorantes da verdade última – a verdadeira natureza da realidade. Embora almejemos felicidade, nossa ignorância nos faz cometer ações não virtuosas, a principal causa do nosso sofrimento. Se não cultivarmos um bom coração, nossa motivação egoísta destruirá a harmonia e tudo o que há de bom nos nossos relacionamentos com os outros. Não teremos paz nem chance de obter felicidade pura. Sem paz interior, a paz exterior é impossível. Se não mantivermos um estado mental apaziguado, não conseguiremos ser felizes, mesmo que estejamos desfrutando de condições ideais. Por outro lado, quando nossa mente está em paz, somos felizes ainda que as condições exteriores sejam ruins. Portanto, o desenvolvimento dessas qualidades é da maior importância para nossa felicidade diária.

Venerável Geshe Kelsang Gyatso Rinpoche, ou "Geshe-la", como é carinhosamente chamado por seus discípulos, organizou três programas espirituais especiais para o estudo sistemático e a prática do Budismo Kadampa. Esses programas são especialmente adequados para a vida moderna – o Programa Geral (PG), o Programa Fundamental (PF) e o Programa de Formação de Professores (PFP).

PROGRAMA GERAL

O Programa Geral (PG) oferece uma introdução básica aos ensinamentos, à meditação e à prática budistas, e é ideal para iniciantes. Também inclui alguns ensinamentos e práticas mais avançadas de Sutra e de Tantra.

PROGRAMA FUNDAMENTAL

O Programa Fundamental (PF) oferece uma oportunidade de aprofundar nossa compreensão e experiência do Budismo por meio do estudo sistemático de seis textos:

1. *Caminho Alegre da Boa Fortuna* – um comentário às instruções de Lamrim, as Etapas do Caminho à Iluminação, de Atisha.
2. *Compaixão Universal* – um comentário ao *Treino da Mente em Sete Pontos*, do Bodhisattva Chekhawa.
3. *Novo Oito Passos para a Felicidade* – um comentário às *Oito Estrofes do Treino da Mente*, do Bodhisattva Langri Tangpa.
4. *Novo Coração de Sabedoria* – um comentário ao *Sutra Coração*.

5. *Contemplações Significativas* – um comentário ao *Guia do Estilo de Vida do Bodhisattva*, escrito pelo Venerável Shantideva.
6. *Como Entender a Mente* – uma explicação detalhada da mente, com base nos trabalhos dos eruditos budistas Dharmakirti e Dignaga.

Os benefícios de estudar e praticar esses textos são:

(1) *Caminho Alegre da Boa Fortuna* – obtemos a habilidade de colocar em prática todos os ensinamentos de Buda: de Sutra e de Tantra. Podemos facilmente fazer progressos e concluir as etapas do caminho à felicidade suprema da iluminação. Do ponto de vista prático, o Lamrim é o corpo principal dos ensinamentos de Buda, e todos os demais ensinamentos são como seus membros.

(2) *Compaixão Universal* e (3) *Novo Oito Passos para a Felicidade* – obtemos a habilidade de incorporar os ensinamentos de Buda em nossa vida diária e de solucionar todos os nossos problemas humanos.

(4) *Novo Coração de Sabedoria* – obtemos a realização da natureza última da realidade. Por meio dessa realização, podemos eliminar a ignorância do agarramento ao em-si, que é a raiz de todos os nossos sofrimentos.

(5) *Contemplações Significativas* – transformamos nossas atividades diárias no estilo de vida de um Bodhisattva, tornando significativo cada momento de nossa vida humana.

(6) *Como Entender a Mente* – compreendemos a relação entre nossa mente e seus objetos exteriores. Se entendermos que os objetos dependem da mente subjetiva, poderemos mudar a maneira como esses objetos nos aparecem, por meio de mudar nossa própria mente. Aos poucos, vamos adquirir a habilidade de controlar nossa mente e de solucionar todos os nossos problemas.

PROGRAMA DE FORMAÇÃO DE PROFESSORES

O Programa de Formação de Professores (PFP) foi concebido para as pessoas que desejam treinar para se tornarem autênticos professores de Dharma. Além de concluir o estudo de quatorze textos de Sutra e de Tantra (e que incluem os seis textos acima citados), o estudante deve observar alguns compromissos que dizem respeito ao seu comportamento e estilo de vida e concluir um determinado número de retiros de meditação.

Um Programa Especial de Formação de Professores é também mantido pelo KMC London, e pode ser realizado presencialmente ou por correspondência. Esse programa especial de estudo e meditação consiste de seis cursos desenvolvidos ao longo de três anos, fundamentados nos seguintes livros de Venerável Geshe Kelsang Gyatso Rinpoche: *Como Entender a Mente*; *Budismo Moderno*; *Novo Coração de Sabedoria*; *Solos e Caminhos Tântricos*; *Guia do Estilo de Vida do Bodhisattva*, de Shantideva, e seu comentário – *Contemplações Significativas*; e *Oceano de Néctar*.

Todos os Centros Budistas Kadampa são abertos ao público. Anualmente, celebramos festivais nos EUA e Europa, incluindo dois festivais na Inglaterra, nos quais pessoas do mundo inteiro reúnem-se para receber ensinamentos e iniciações especiais e desfrutar de férias espirituais. Por favor, sinta-se à vontade para nos visitar a qualquer momento!

Para mais informações sobre o Budismo Kadampa
e para conhecer o Centro Budista mais próximo de você
por favor, entre em contato com:

Centro de Meditação
Kadampa Brasil
www.budismokadampa.org.br

Centro de Meditação
Kadampa Rio de Janeiro
www.meditario.org.br

Centro de Meditação
Kadampa Mahabodhi
www.meditadoresurbanos.org.br

Centro de Meditação
Kadampa Campinas
www.budismocampinas.org.br

Escritórios da Editora Tharpa no Mundo

Atualmente, os livros da Tharpa são publicados em inglês (americano e britânico), alemão, chinês, espanhol, francês, italiano, japonês e português (do Brasil e de Portugal). Os livros na maioria desses idiomas estão disponíveis em qualquer um dos escritórios da Editora Tharpa listados a seguir.

Inglaterra
Tharpa Publications UK
Conishead Priory
ULVERSTON
Cumbria, LA12 9QQ, UK
Tel: +44 (0)1229-588599
Web: www.tharpa.com/uk
E-mail: info.uk@tharpa.com

Estados Unidos
Tharpa Publications USA
47 Sweeney Road
GLEN SPEY NY 12737, USA
Tel: +1 845-856-5102
Toll-free: 888-741-3475
Fax: +1 845-856-2110
Web: www.tharpa.com/us
E-mail: info.us@tharpa.com

África do Sul
26 Menston Road, Westville
DURBAN, 2629, KZN
REP. OF SOUTH AFRICA
Tel : +27 (0) 31 266 0096
Mobile: +27 (0) 72 551 3429
Web: www.tharpa.com/za
E-mail: info.za@tharpa.com

Alemanha
Tharpa Verlag Deutschland
Chausseestraße 108,
10115 BERLIN, GERMANY
Tel: +49 (030) 430 55 666
Web: www.tharpa.com/de
E-mail: info.de@tharpa.com

Ásia
Tharpa Asia
1st Floor Causeway Tower,
16-22 Causeway Road,
Causeway Bay,
HONG KONG
Tel: +(852) 2507 2237
Web: tharpa.com/hk-en
E-mail: info.asia@tharpa.com

Austrália
Tharpa Publications Australia
25 McCarthy Road
MONBULK, VIC 3793
AUSTRALIA
Tel: +61 (3) 9756-7203
Web: www.tharpa.com/au
E-mail: info.au@tharpa.com

Brasil
Editoria Tharpa Brasil
Rua Artur de Azevedo, 1360
Pinheiros, 05404-003
São Paulo – SP
BRASIL
Tel: +55 (11) 3476-2328
Web: www.tharpa.com/br
E-mail: contato.br@tharpa.com

Canadá
Tharpa Publications Canada
631 Crawford Street
TORONTO ON, M6G 3K1
CANADA
Tel: (+1) 416-762-8710
Toll-free: 866-523-2672
Fax: (+1) 416-762-2267
Web (Eng): www.tharpa.com/ca
Web (Fr): www.tharpa.com/ca-fr
E-mail: info.ca@tharpa.com

Espanha
Editorial Tharpa España
Calle La Fábrica 8, 28221
Majadahonda, MADRID
ESPAÑA
Tel.: +34 911 124 914
Web: www.tharpa.com/es
E-mail: info.es@tharpa.com

França
Editions Tharpa
Château de Segrais
72220 SAINT-MARS-D'OUTILLÉ
FRANCE
Tél /Fax: +33 (0)2 43 87 71 02
Web: www.tharpa.com/fr
E-mail: info.fr@tharpa.com

Japão
Tharpa Japan
KMC TOKYO, JAPAN
Web: kadampa.jp
E-mail: info@kadampa.jp

México
Tharpa México
Enrique Rébsamen Nº 406,
Col. Narvate Poniente
CIUDAD DE MÉXICO, CDMX,
C.P. 03020, MÉXICO
Tel: +52 (55) 56 39 61 80
+52 (55) 56 39 61 86
Web: www.tharpa.com/mx
Email: info.mx@tharpa.com

Portugal
Publicações Tharpa Portugal
Rua Moinho do Gato, 5
Várzea de Sintra
SINTRA, 2710-661
PORTUGAL
Tel.: +351 219 231 064
Web: tharpa.pt
E-mail: info.pt@tharpa.com

Suiça
Tharpa Verlag Schweiz
Mirabellenstrasse 1
CH-8048 ZÜRICH
SWITZERLAND
Tel: +41 44 401 02 20
Fax: +41 44 461 36 88
Web: www.tharpa.com/ch
E-mail: info.ch@tharpa.com

Índice Remissivo

a letra "g" indica entrada para o glossário

A

B

C

G

M

Q

R

S

T

U

V

Y

Leituras Recomendadas

Se você apreciou a leitura deste livro e deseja encontrar mais informações sobre o pensamento e a prática budistas, apresentamos outros livros do Venerável Geshe Kelsang Gyatso Rinpoche que você poderá gostar de ler ou ouvir. Eles estão disponíveis pela Editora Tharpa Brasil.

BUDISMO MODERNO
O Caminho de Compaixão e Sabedoria

Ao desenvolver e manter compaixão e sabedoria na vida diária, podemos transformar nossas vidas, melhorar nossos relacionamentos com os outros e ver além das aparências, enxergando o modo como as coisas realmente existem. Dessa maneira, podemos solucionar todos os nossos problemas diários e realizar o verdadeiro sentido da nossa vida humana. Com compaixão e sabedoria, como as duas asas de um pássaro, podemos alcançar rapidamente o mundo iluminado de um Buda.

Você pode baixar gratuitamente as versões eBook ou PDF do livro *Budismo Moderno* no endereço www.budismomoderno.org.br

COMO TRANSFORMAR A SUA VIDA
Uma Jornada de Êxtase

Um manual prático para a vida diária, que mostra como podemos desenvolver e manter paz interior, reduzir e interromper a experiência de nossos problemas e como podemos promover mudanças positivas nas nossas vidas, que nos permitirão experienciar felicidade profunda e duradoura. Esta é uma nova edição, substancialmente revista, de um dos mais populares e acessíveis livros do Venerável Geshe Kelsang.

Para uma versão eBook gratuita de *Como Transformar a sua Vida*, por favor, acesse www.comotransformarasuavida.org.

COMPAIXÃO UNIVERSAL
Soluções Inspiradoras para Tempos Difíceis

O coração dos ensinamentos de Buda são o amor e a compaixão incondicionais. Essa explicação inspiradora do popular poema budista Treinar a Mente em Sete Pontos revela métodos poderosos e abrangentes para desenvolvermos esses estados altruístas. Técnicas meditativas centenárias que têm sido testadas e aprovadas por séculos são trazidas à vida e tornadas relevantes para as nossas experiências do dia a dia.

> "A leitura deste livro pode ser muito benéfica para qualquer pessoa cuja religião requeira o exercício da compaixão."
> *Faith and Freedom*

CONTEMPLAÇÕES SIGNIFICATIVAS
Como nos Tornar um Amigo do Mundo

Muitas pessoas têm o desejo compassivo de beneficiar os outros, mas poucas compreendem como realizá-lo efetivamente na vida diária. Os Bodhisattvas são amigos do mundo; eles possuem uma compaixão tão forte que são capazes de transformar todas as suas atividades diárias em meios através dos quais beneficiam os outros.

O caminho dos Bodhisattvas foi primorosamente explicado no poema universalmente amado Guia do Estilo de Vida do Bodhisattva. Com este comentário, a profundidade e efetividade desse maravilhoso poema são plenamente reveladas e apresentadas de modo prático para o nosso tempo.

NOVO CORAÇÃO DE SABEDORIA
Ensinamentos Profundos vindos do Coração de Buda

Esta apresentação completamente nova oferece, verdadeiramente, insights libertadores e conselhos para o leitor contemporâneo. Este livro revela o significado profundo da essência dos ensinamentos de Buda – os Sutras Perfeição de Sabedoria. O autor mostra como todos os nossos problemas e sofrimento vêm da nossa ignorância sobre a natureza última das coisas e como podemos abandoná-la e desfrutar de felicidade pura e duradoura através de uma sabedoria especial associada com compaixão por todos os seres vivos.

"... um livro tanto excelente como abrangente." *North American Board for East West Dialogue*

"Um livro excelente... para alguém que estuda seriamente o Budismo, é difícil encontrar um livro melhor." *The Middle Way*

CAMINHO ALEGRE DA BOA FORTUNA
O Caminho Budista Completo à Iluminação

Todos nós temos o potencial para a autotransformação e uma capacidade ilimitada para o desenvolvimento de boas qualidades, mas para realizar esse potencial precisamos saber o que fazer a cada etapa da nossa jornada espiritual. Com este livro, Venerável Geshe Kelsang Gyatso oferece uma orientação passo-a-passo sobre práticas de meditação que nos conduzirão à paz interior e felicidade duradouras. Com extraordinária clareza, o autor apresenta todos os ensinamentos de Buda na ordem em que devem ser praticados, enriquecendo sua explicação com histórias e analogias esclarecedoras.

"Este livro é de valor incalculável." *World Religions in Education*

COMO ENTENDER A MENTE
A Natureza e o Poder da Mente

Este livro oferece um insight profundo sobre a nossa mente e mostra como uma compreensão da sua natureza e de suas funções pode ser utilizada praticamente na nossa experiência diária para melhorar nossa vida. A primeira parte é um guia prático para desenvolver e manter uma mente leve e positiva, mostrando como identificar e abandonar estados mentais que nos prejudicam e substituí-los por estados mentais pacíficos e benéficos. A segunda parte descreve, em detalhe, diferentes tipos de mente, revelando a extensão e profundidade da compreensão budista sobre a mente. O livro conclui com uma explicação detalhada sobre meditação, mostrando como podemos obter um estado de alegria duradoura através de controlar e transformar nossa mente, independente das condições exteriores.

Para encomendar qualquer um de nossos livros ou outros produtos sobre Budismo e meditação, por favor, visite www.tharpa.com/br ou entre em contato com o Centro Kadampa ou Editora Tharpa mais próximos (para uma lista das Editoras Tharpas em todo o mundo, ver páginas 333-335).

Encontre um Centro de Meditação Kadampa Próximo de Você

Para aprofundar sua compreensão deste livro e de outros livros publicados pela Editora Tharpa Brasil, assim como a aplicação desses ensinamentos na vida diária, você pode receber ajuda e inspiração de professores e praticantes qualificados.

As Editoras Tharpa são parte da comunidade espiritual da Nova Tradição Kadampa. Esta tradição tem um número crescente de Centros e filiais em mais de 40 países ao redor do mundo. Cada Centro oferece programas especiais de estudo em Budismo moderno e meditação, ensinados por professores qualificados. Para mais detalhes, consulte Programas de Estudo do Budismo Kadampa (ver páginas 327-331).

Esses programas são fundamentados no estudo dos livros de Venerável Geshe Kelsang Gyatso Rinpoche e foram concebidos para se adequarem confortavelmente ao estilo de vida moderno.

Para encontrar o seu Centro Kadampa local, visite:
tharpa.com/br/encontre-centro